Carl-Auer

Für die Mütter

Gertrud und Beate

Werner Vogd
Dunja Batarilo

Mitten ins Leben – Frieden finden mit Vipassana-Meditation

2022

Themenreihe »Reden reicht nicht!?«
hrsg. von Michael Bohne, Gunther Schmidt
und Bernhard Trenkle
Reihengestaltung: Uwe Göbel
Umschlaggestaltung: Heinrich Eiermann
Umschlagfoto: © ryabis – stock.adobe.com
Redaktion: Anja Bachert
Satz: Drißner-Design u. DTP, Meßstetten
Printed in Germany
Druck und Bindung: CPI books GmbH, Leck

MIX
Papier aus verantwortungsvollen Quellen
FSC® C083411

CPI klimaneutral
Mehr Bäume.Weniger CO_2

Erste Auflage, 2022
ISBN 978-3-8497-0420-9 (Printausgabe)
ISBN 978-3-8497-8377-8 (ePUB)

Bibliografische Information der Deutschen Nationalbibliothek:
Die Deutsche Nationalbibliothek verzeichnet diese Publikation
in der Deutschen Nationalbibliografie; detaillierte bibliografische
Daten sind im Internet über http://dnb.d-nb.de abrufbar.

Informationen zu unserem gesamten Programm, unseren Autoren
und zum Verlag finden Sie unter: **https://www.carl-auer.de/**
Dort können Sie auch unseren Newsletter abonnieren.

Carl-Auer Verlag GmbH
Vangerowstraße 14 • 69115 Heidelberg
Tel. +49 6221 6438-0 • Fax +49 6221 6438-22
info@carl-auer.de

Inhalt

Teil I: Einführung **7**

1.1 Wege zu Vipassana 7
1.2 Buddha war kein Buddhist – der Weg in den Westen 11
Kurzer historischer Überblick 12
Vipassana für Laien – ein Ergebnis der Befreiung aus der Kolonialherrschaft? 15
Interkultureller Austausch – Vipassana goes West 17
1.3 Meditation wirkt. Das Allheilmittel des 21. Jahrhunderts? 19
Meditation – ist das nicht MBSR? Ein Missverständnis 21
Von Äpfeln und Birnen. Meditation ist nicht gleich Meditation 23
»Gut fürs Gehirn«. Positive Effekte von Meditation 24

Teil II: Auf dem Pfad **31**

2.1 Die Suche nach der Überwindung des Leids 31
Die Suche nach Befreiung – Auswege und Sackgassen 34
Sehen, was ist 35
Alles fließt – von anicca und anattā 38
2.2 Leben, Leiden, Loslassen 43
Blut, Schweiß und Tränen 44
Forscher in der inneren Serengeti – das Zusammenspiel von Geist und Körper erkunden 51
Sturm in der Stille – die Aggregatzustände von dukkha 57
2.3 Psychosomatischer Frühjahrsputz – saṅkhāras auflösen 58
Ich beobachte, also bin ich. Heilung durch Vipassana 59
Loslassen, was belastet 63
Mit sich selbst durch dick und dünn 65
Von Langeweile und Lustlosigkeit 69
Erkenne dich selbst 70
2.4 Einmal Paradies und zurück. Von bhaṅga und den dunklen Nächten der Seele 72
Bhaṅga als Lackmustest 75
Am Ende der Nacht das Morgengrauen 77
Freund und Feind 81
Der verkörperte Geist 82
Adiṭṭhāna – Meditieren im Dampfdrucktopf 84

2.5 Werde der Weg. Die Lehre von der Bedingten Entstehung 90
Mitten rein ins Leben 94
2.6 Der Mittlere Weg im Alltag. Von kleinen Schritten und Stolpersteinen 106
Hürden auf dem Weg 110
Geduld statt Schuld 110
Anstrengungslose Anstrengung 114
Zentrierung in einer beschleunigten Welt 116

Teil III: Nach Hause kommen **119**

3.1 Erleuchtung in Wanne-Eickel. Nibbāna ist für alle da 119
Endstation Sehnsucht 122
Ich kenne dich, Māra 124
Alles fließt 129
In den Strom eintreten 132
Ich weiß, dass ich nichts weiß – und das ist gut so 135
Von Lehre und Leere 139
3.2 Die Rückkehr. Mit Mitgefühl und Liebe der Welt begegnen 144
Liebe will ins Leben 146
Last but not least: mettā 147
Die Liebe ist ein Kind der Freiheit 151
Von Mitgefühl und Burn-out 152
Risiken und Nebenwirkungen: Glück 155
Vergebung, Versöhnung, Verantwortung 158
Von Kopf bis Fuß auf Liebe eingestellt 159
Die Alchemie des Leids 163
Vipassana als Institution – eine Ökonomie der Gnade 165
3.3 Leben in Gemeinschaft und Unvollkommenheit – Warum wir keine andere Wahl haben 171

Nachwort von Werner Vogd **174**
Anmerkungen **189**
Literatur **193**
Über den Autor und die Autorin **197**

Teil I: Einführung

1.1 Wege zu Vipassana

Sie sitzen da wie Salatköpfe auf einem Feld: in ordentlichen Reihen, alle im gleichen Abstand voneinander, reglos und schweigend. Die Gesichter nach vorne gewandt, die meisten von ihnen im Schneidersitz. Männer und Frauen aller Altersgruppen meditieren in einem schmucklosen Raum, durch eine unsichtbare Linie nach Geschlechtern getrennt. Ein tiefer Friede liegt über der Szene. Was hinter den geschlossenen Augen, was in den fast bewegungslosen Körpern vor sich geht, bleibt dem Beobachter verborgen. Sie atmen und fühlen – nur deshalb sind sie hier.

Von außen sichtbar: ein in Schweigen gehülltes Gebäude hinter einem Schutzwall von Schildern, die »Bitte Ruhe« und »Edle Stille« verlangen. In einem abgegrenzten Areal um das Haus sind vereinzelt einige wenige Menschen zu sehen, die ihre Runden drehen. Langsam und bedächtig gehend, wie in Zeitlupe, schweigend, in sich versunken. Eine Frau lächelt, einer anderen rollen Tränen über die Wangen, ein junger Mann lehnt sich an einen Baum, der nächste badet das Gesicht in staubflockendurchtanzten Sonnenstrahlen, die durch Buchenblätter fallen. Zur vollen Stunde ertönt ein Gong, der Außenbereich füllt sich. Auch im Inneren des Hauses bewegen sich die Menschen verlangsamt wie unter Wasser, niemand spricht, jeder ist mit sich allein, unter all den anderen.

Was anmutet wie Szenen aus einem Shaolin-Film, ist ein ganz normaler Tag auf einem Kurs in der Vipassana-Tradition. Diese sogenannten Retreats sind in der Szene auch als »Bootcamps« bekannt. Ein solcher Kurs verlangt von den Teilnehmern ein grundlegend anderes Commitment als ein Achtsamkeitskurs, den man zweimal die Woche besucht, oder als Meditationsübungen am Smartphone. Wer hierherkommt, will es wirklich wissen.

Ein Vipassana-Retreat ist eine Art Kloster auf Zeit. Vor Beginn verpflichten sich alle Meditierenden in spe, sich für die Dauer des Kurses an bestimmte Regeln zu halten: nicht zu stehlen, nicht zu lügen, keine Drogen zu nehmen und keine sexuellen Handlungen zu vollziehen. Es sind Verhaltensrichtlinien, wie sie auch viele konfessionelle und spirituelle Gemeinschaften kennen. Die Kommunikation wird eingestellt, auch die nonverbale; Zeichensprache und Gestikulieren sind nicht erwünscht. Die Organisatoren des Kurses schützen diese Stille nach außen hin: Telefone werden ausgestöpselt, Türklingeln abgestellt. Die Teilnehmer ihrerseits verzichten auf jeden Kontakt zur Außenwelt und geben alles ab, was ihre Konzentration stören könnte: Laptops, Bücher, Schreibzeug, ihr Mobiltelefon. Es ist eine kompromisslose Absichtserklärung: Man ist gekommen, um zu meditieren – nichts anderes. Die sogenannte Edle Stille soll dabei helfen, einen inneren Raum zu betreten, in dem es möglich ist zu lauschen. Zeit dazu ist reichlich: zehn Tage lang, zehn bis zwölf Stunden am Tag.

Tagesablauf eines Vipassana-Kurses nach S. N. Goenka	
4:00-4:30 Uhr	Gong – Aufstehen
4:30-6:30 Uhr	Meditation in der Halle oder auf dem Zimmer
6:30-8:00 Uhr	Frühstückspause
8:00-9:00 Uhr	Gruppenmeditation in der Halle
9:00-11:00 Uhr	Meditation in der Halle oder auf dem Zimmer
11:00-12:00 Uhr	Mittagessen
12:00-13:00 Uhr	Ruhepause
13:00-14:30 Uhr	Meditation in der Halle oder auf dem Zimmer
14:30-15:30 Uhr	Gruppenmeditation in der Halle
15:30-17:00 Uhr	Meditation in der Halle oder auf dem Zimmer
17:00-18:00 Uhr	Teepause
18:00-19:00 Uhr	Gruppenmeditation in der Halle
19:00-20:00 Uhr	Diskurs des Lehrers in der Halle
20:00-21:00 Uhr	Gruppenmeditation in der Halle
21:00-21:30 Uhr	Fragestunde in der Halle
21:30 Uhr	Nachtruhe, Licht aus

Das Kurssetting bildet eine Art Raumschiff, auf dem die Teilnehmer als schweigende Besatzung anheuern. Die Reise, die sie antreten, führt sie nicht ins Weltall, aber in einen ähnlich unbekannten Raum – das eigene Bewusstsein.

Ein Missverständnis, dem viele aufsitzen, die das erste Mal hierherkommen: dass zehn Tage Meditation Entspannung bedeuten. Runterkommen, Ruhe. Meditieren im Sinne von Vipassana heißt jedoch: »Sehen, was ist«. Beobachten. Mit Wellness und Sich-fallen-Lassen hat das nichts zu tun; das aktive Kultivieren der Aufmerksamkeit und Beobachten des eigenen Bewusstseins erfordert hohe Konzentration und unablässige Anstrengung. Ein Vipassana-Kurs ist eine herausfordernde und oft auch konfrontative Lernerfahrung auf vielen Ebenen und daher definitiv keine Wellnesswoche. Nicht umsonst sind auf jedem Kurs einige wenige Menschen dabei, die vorzeitig abbrechen.

Wer tut sich so etwas an und warum? Vipassana-Kurse haben weltweit jedes Jahr mehr Zulauf. Allein im deutschen Sprachraum werden derzeit jährlich über 50 einführende Zehntageskurse angeboten, mit jeweils 70–120 Teilnehmern. Bis zu 7000 Menschen pro Jahr lassen sich hierzulande auf diese Erfahrung ein, sie finden allein über Mundpropaganda zum Kursort. Viele sind Wiederholungstäter, und noch mehr warten sehnsüchtig darauf, einmal teilnehmen zu dürfen. Viele, viele Menschen, die ihren ersten Zehntageskurs absolviert haben, kommen aus dem Retreat und ziehen das Resümee: »Das war das Beste, was ich je gemacht habe.«

Wer sind diese Menschen, was zieht sie in die Kurszentren? Die einen sind von Neugier getrieben, andere wünschen sich mehr Tiefe im Leben. Die einen suchen Ruhe oder Sinn, wieder andere Heilung. Die israelische Soziologin Michal Pagis, die für ihre Doktorarbeit über Jahre hinweg als teilnehmende Beobachterin Kurse besucht hat, kommt zu dem Schluss, dass gut zwei Drittel aller Kursteilnehmer Auswege aus einer Lebenskrise suchen. Diese Beobachtung deckt sich mit dem Eindruck, den wir im Rahmen unserer Studie »Buddhismus im Westen« gewonnen haben: Viele Teilnehmer berichten von existenziellen Krisen, die der Auslöser waren, sich zum ersten Kurs anzumelden. Trennungen und Trauerfälle, chronische Krankheiten, Erschöpfung – die Liste der Motive ist lang und so vielfältig wie die Menschen, die den Weg zu Vipassana finden. Alle haben sie eines gemeinsam: den Wunsch nach Veränderung.

Viele Menschen, mit denen wir gesprochen haben, sagen über sich selbst, dass sie »auf der Suche« waren – und dass sie in der Vipassana-Meditation etwas gefunden haben. Es ist eine Suche, die oftmals über unmittelbare Symptome oder Leiden hinausgeht. Es ist eine Suchbewegung nach Antworten auf die Fragen, die das Leben selbst an den Menschen stellt. Erfahrungen von Geburt, Krankheit, Altern und Tod werfen Fragen nach der Bedeutung des eigenen Lebens auf, die früher zuverlässig von Religionsgemeinschaften beantwortet wurden. Je weniger man sich diesen traditionellen Zusammenhängen zugehörig fühlt, desto mehr ist man auf sich selbst gestellt in dem Versuch, diese Fragen für sich zu beantworten, das eigene Leben zu bewältigen und ihm Sinn zu geben. Stephen Batchelor, Schriftgelehrter und ehemaliger buddhistischer Mönch schottischer Abstammung, hält dieses »unbedingte Anliegen« sich existenziell zu verorten für eine anthropologische Konstante, die er so zusammenfasst:

> »Ich bin begierig danach zu hören, was diese alten Stimmen zu sagen haben, das meine gegenwärtige Verfassung als menschliches Tier auf diesem durch das Weltall rasenden Ball aus Fels und Wasser erhellen könnte.«[1]

Die Mehrzahl der Menschen, die in diesem Buch zu Wort kommen, stammt aus dem deutschen Sprachraum. Viele erzählen davon, in einem kirchlich, oft protestantisch geprägten Elternhaus aufgewachsen zu sein. Davon, dass es einen tragenden Glauben gab, der sie in der Kinderzeit umgab und der später von einem positivistischen Weltbild schwer erschüttert wurde. Einige haben sich bewusst von der Kirche abgewandt, andere konnten einfach nichts mehr damit anfangen.

Wieder andere sehen Vipassana als eine Praxis, die ihren Glauben ergänzt. Petra, seit mehr als zwanzig Jahren Vipassana-Lehrerin, spricht für viele andere, wenn sie sagt: »Ich denke, ich habe immer nach dem Sinn des Lebens gesucht.« Rosa, eine langjährige Meditierende, erzählt von der Verzweiflung, die sie als Schülerin im Biologie-Leistungskurs erfasste: »Wie jetzt, was? – Das sollen alles nur Atome sein, die zusammenhängen?« Der erste Vipassana-Kurs, den sie besuchte, war für sie »eine unglaubliche Antwort«.

Wer einen Zehntageskurs besucht, wird schnell feststellen: Die Halle, in der gemeinsam meditiert wird, ist ein nüchterner Raum. Kein Räucherwerk, keine Bilder, keine Mantras. Die fast klinisch anmutende Klarheit entspricht dem wissenschaftlichen Gestus, mit dem in die Technik eingeführt wird. Schon bald wird deutlich: Es geht in diesem Rahmen nicht darum, irgendwem irgendetwas zu glauben, sondern darum, sich selbst auf die Suche zu machen, dem eigenen Geist auf die Schliche zu kommen. Das scheint gerade für akademisch geprägte, intellektuell ausgerichtete Menschen attraktiv zu sein, die sich von allem, was nach Esoterik riecht, abgestoßen fühlen. Der amerikanische Psychiater und Meditationslehrer Paul R. Fleischman erinnert sich an seine eigene Ambivalenz in Bezug auf seinen bevorstehenden ersten Kurs: »Ich wollte Frieden und Harmonie, aber nicht um den Preis von Kompetenz oder einem lebendigen und selbstverantwortlichen Leben.« Wie viele andere hielt er Meditation für Nabelschau und für eine Praxis, die sich von der Welt abwendet, und hatte entsprechende Vorbehalte: »Ich wollte etwas über Meditation erfahren, aber ich wollte kein Nichtsnutz werden.«[2]

Solche Ängste sind unbegründet. Niemand, mit dem wir gesprochen haben, hat sich im Laufe der eigenen Meditationspraxis von der Welt abgewandt. – Im Gegenteil: Vipassana-Meditation scheint Menschen vielmehr dazu zu befähigen, ein volleres, intensiveres Leben zu führen, sich gleichsam in die Mitte des eigenen Lebens zu stellen. Mit Egozentrik hat das, wie wir noch sehen werden, nichts zu tun.

Dass diese Technik ursprünglich als Schlüssel zur Erleuchtung gedacht war, spielt für die meisten Meditierenden heute eine untergeordnete Rolle. Vielmehr ist Vipassana für viele Praktizierende ein Mittel, mit den Anforderungen ihres Alltags besser klarzukommen. Für einige wenige, die sich dem Weg bewusst voll und ganz verschreiben, spielt das Thema Erleuchtung wirklich eine Rolle – und durch die Hintertür vielleicht auch für alle. Dieses komplexe Spannungsfeld zwischen Weltlichkeit und Transzendenz, zwischen Körper und Geist, zwischen Zielstrebigkeit und Präsenz wollen wir im Laufe dieses Buches näher erkunden und untersuchen, was die Besonderheit von Vipassana ausmacht.

Was immer es ist, das so viele Menschen zu Vipassana bringt, – es scheint so zu sein, wie eine Kursteilnehmerin auf dem Weg nach Hause sagte: »Da passiert etwas zutiefst Heilsames.«

1.2 Buddha war kein Buddhist – der Weg in den Westen

Bis zur Jahrtausendwende hatte Meditation den Ruf, esoterisch zu sein, der Begriff roch nach Mottenkugeln und Mystizismus. Das ist endgültig vorbei. Meditation hat sich zu einem »sichtbaren und wachsenden Phänomen der Mittelschichten in postindustriellen Gesellschaften« gemausert, so die Soziologin Michal Pagis.[3] Allein in den Vereinigten Staaten meditieren etwa 30 Millionen Menschen. In Deutschland ist es schwer, an entsprechende Zahlen zu kommen. Laut einer Schätzung der Deutschen Buddhistischen Union bezeichneten sich im Jahr 2008 rund 300 000 Deutsche als Buddhisten; etliche Tausende mehr dürften heutzutage meditieren, ohne sich dieser Glaubensgemeinschaft zugehörig zu fühlen. Fragen um das Konvertieren von einer Religion oder Weltanschauung zu einer anderen spielen dabei keine Rolle. Diese Menschen praktizieren – nicht nur, aber auch – Vipassana.

Die »Zehntageskurse nach S. N. Goenka«, auf die wir uns in diesem Buch beziehen, werden derzeit in 108 Ländern der Welt angeboten, 225 entsprechende Meditationszentren gibt es momentan weltweit – Tendenz steigend. Die Menschen, die Vipassana meditieren oder sich dafür einsetzen, dass diese Kurse für die Teilnehmer kostenlos stattfinden können, bezeichnen sich selbst nicht als Buddhisten. Das ist umso erstaunlicher, weil Vipassana ursprünglich eine Praxis war, zu der über viele Jahrhunderte hinweg ausschließlich eingeweihte Mönche Zugang hatten. Meditationszentren, in denen Laien die Technik erlernen können, sind historisch ein sehr junges Phänomen. Die Methode hat sich von einer in Asien betriebenen Geheimwissenschaft zu einem globalisierten, über alle sozialen Schichten hinweg verfügbaren Angebot entwickelt, und das innerhalb weniger Jahrzehnte.[4]

Kurzer historischer Überblick

Der Begründer der buddhistischen Lehren, der historische Buddha, lebte etwa im 5. Jahrhundert v. Chr. Geboren als erster Sohn eines Fürsten, wuchs er unter dem bürgerlichen Namen Siddharta an einem adligen Hof in der nordindischen Stadt Kapilavastu auf, im heutigen Nepal. Die einzelnen Stationen seines Suchens und Findens werden wir im Hauptteil dieses Buches näher beleuchten. Der spätere Buddha (wörtlich: »der Erwachte«) entwickelte im Laufe seiner intensiven und kurvenreichen Suche nach einem Ausweg aus dem Leiden schließlich eine Meditationspraxis, mit der er zur Erleuchtung fand. Der Sage nach war dies Vipassana. Die Technik wurde zur zentralen Praxis des Theravāda-Buddhismus (auf Pali, der Sprache des Buddha: »Die Lehre der Ältesten«). Theravāda gilt als die älteste und ursprünglichste Linie des Buddhismus, heute vorwiegend praktiziert in Sri Lanka, Myanmar, Thailand und Kambodscha.

An dieser Stelle ein kleiner Vorgriff, für Kenner der Materie: Theravāda wird von manchen anderen buddhistischen Traditionen auch »Hinayāna«, »das kleine Fahrzeug«, genannt, um zu betonen, dass hier die Erleuchtung des Einzelnen und nicht das Glück aller Wesen im Vordergrund steht. Diese Fremdeinschätzung beruht allerdings auf einem Missverständnis der Lehre. Im Theravāda geht es zwar in erster Linie darum, den Geist zu beruhigen und zu reinigen, mit dem Ziel, einen Ausweg aus dem Leiden zu finden. Das geschieht jedoch, wie wir im letzten Kapitel sehen werden, mit dem Ziel, sich auf dieser Basis wieder der Welt öffnen zu können. Zunächst kann man sich merken, dass im Theravāda die Entwicklung von Konzentration und Selbsterkenntnis im Vordergrund steht. Der auf diese Weise geläuterte Geist verändert sich; er wird mit der Zeit immer stärker von einer mitfühlenden, liebevollen und gleichmütigen Haltung gleichsam durchflutet. Wer stetig und ausdauernd meditiert, der verändert auf Dauer nicht nur sein Verhalten, sondern schlussendlich auch seinen Charakter – dieser Prozess stellt sich von allein ein, die Sekundärtugenden folgen auf dem Fuße. Vor die großartigen Früchte der Meditation hat der »liebe Gott« jedoch den Schweiß gesetzt: Ohne gewissenhafte Arbeit an sich selbst passiert hier gar nichts.

Die Traditionslinien Mahāyāna und Vajrayāna spalteten sich erst etwa 500 Jahre später ab,* als der Buddhismus sich über ganz Asien verbreitete. Mahāyāna, auch das »Große Fahrzeug« genannt, erreichte über die Seidenstraße Zentral- und Ostasien. Hier ist die Didaktik anders gelagert, Ausgangspunkt der meditativen Schulung ist explizit und von vornherein die Entwicklung von tatkräftiger Liebe und Mitgefühl. Die Richtungen des Mahāyāna sind heute vorwiegend in Vietnam, Japan, Tibet, Bhutan, Taiwan, der Volksrepublik China und Korea vertreten. Auch der im Westen sehr beliebte Zen-Buddhismus entspringt dieser Linie – allerdings rückt hier eher wieder die Selbsterkenntnis in den Mittelpunkt.

Vajrayāna, auch »Diamantfahrzeug« genannt, hat sich besonders in Tibet und im südostasiatischen Raum verbreitet, in Bhutan ist diese Linie des Buddhismus Staatsreligion. Im Westen ist sie vor allem durch den Dalai Lama und den 16. Karmapa, den Linienhalter der Karma-Kagyü-Schule, bekannt geworden.

Keine dieser Traditionen erhebt den Anspruch, der wahre Buddhismus zu sein; sie bestehen nebeneinander. Es gibt innerhalb der vielfältigen, sich auf den historischen Buddha berufenden Bewegungen keine zentrale Autorität oder Lehrinstanz, die entscheidet, was die wahre Lehre ist. Alle Linien beziehen sich auf Schriften, die die Lehre des Buddha überliefern, und das in den verschiedensten Formen. Es handelt sich eher um unterschiedliche Ausprägungen verschiedener Aspekte dieser Lehre, die sich im Laufe der Zeit mit jeweils regional

---

* Der Mahāyāna-Buddhismus entwickelte sich in Folge der Lehren von Nāgārjuna und Asaṅga, etwa 500 Jahre nach Buddhas Tod. Der Vajrayāna-Buddhismus ist dann unter Integration von Elementen des indischen Tantrismus im 4. Jahrhundert in Indien entstanden und hat später im tibetischen Lamaismus Fuß fassen können. Siehe zum Überblick etwa Conze 1988.

unterschiedlichen lokalen Traditionen und Glaubenssystemen vermischten. Was wir heute im Westen als »Buddhismus« antreffen, hat ebenso bereits einen Veränderungsprozess durchlaufen und sich unserem christlich-säkularen Selbstverständnis, der Ideengeschichte, die unser Denken und Fühlen prägt, unauffällig angepasst.

Vipassana ist eine von vielen Formen, in denen das Phänomen Meditation in den Westen gefunden hat. Die Technik legt Wert darauf, keinen »-ismus« vor sich herzutragen, sie will explizit keine Religion sein und richtet sich an Angehörige aller Kulturen und Religionen, an Männer wie Frauen. Viele Textstellen legen nahe, dass auch der Buddha selbst zu seinen Lebzeiten diese Haltung lebte und lehrte. So wird von vielen Anhängern berichtet, die ein weltliches Leben führten, also ihrem Beruf nachgingen und für ihre Familie sorgten und dennoch tief in die Meditationspraxis eintauchten. Siddharta Gotama war überdies Feminist: Er unterrichtete auch Frauen, womit er die damalige patriarchale Kultur ordentlich vor den Kopf gestoßen haben dürfte. Doch die neue buddhistische Idee traf auf ein traditionelles Asien. Im Laufe der Jahrhunderte vermischte sich die Lehre mit den vorherrschenden gesellschaftlichen Strukturen. Sie passte sich einer hinduistisch geprägten, streng patriarchalen und nach Kasten getrennten Ordnung an, in der das Priestertum eine herausragende Rolle spielte und Frauen wieder zurückgedrängt wurden.[5]

Das große Ziel der Erleuchtung, zentral für die Lehre des Buddhas, wurde zu etwas, das im Leben der kleinen Leute nicht vorkam. Wer meditieren lernen wollte, musste ins Kloster gehen. Die große Befreiung – wenn überhaupt[6] – blieb den Mönchen vorbehalten, die sich in Orden organisierten, von allen weltlichen Aufgaben befreit waren und ihr Leben der Introspektion und Meditation widmeten. Der »Buddhismus« der Mönche sah und sieht noch heute völlig anders aus als der der großen Masse der Gläubigen. Mönche widmen sich der Meditation, für ihren Lebensunterhalt sind sie auf Spenden aus der Bevölkerung angewiesen. Im Gegenzug übernehmen sie ihrerseits eine spirituell ordnende Funktion in der Gesellschaft. Sie führen Rituale aus und übernehmen seelsorgerische Tätigkeiten für die Allgemeinheit. Das einfache Volk hingegen befolgt Riten und Gebräuche. Ähnlich wie in der christlichen Tradition war es lange ausschließlich der Klerus, der Zugang zu Texten der Lehre hatte und darauf seine Autorität begründete. Die Mönche hielten ihr Wissen lange Zeit vor Laien, Frauen und in späteren Jahrhunderten auch vor Menschen aus dem Westen verborgen. Vipassana sollte nur an diejenigen weitergegeben werden, die jahrelang durch Meditation ihren Geist geschult hatten. So blieb die Praxis lange Zeit einer kleinen Elite von Männern vorbehalten, die in Klöstern, Höhlen und Wäldern lebte.

Indien, die Heimat des Buddha, ist heute kein buddhistisches Land. Die größte Ausdehnung hatte der Buddhismus unter König Ashoka, der im 3. Jahrhundert v. Chr. diese Philosophie bis weit über die Grenzen Indiens hinaus verbreitete. Erst im 12. Jahrhundert wurde die Lehre des Buddha durch den Hinduismus und später auch den Islam verdrängt. Während letztere heute die prägenden Religionen des Subkontinents sind, geriet Vipassana im Laufe der Jahrhunderte in Vergessenheit. In einigen südostasiatischen Ländern, insbesondere in Myanmar, wurde die Technik jedoch unauffällig gehütet. In dem Bestreben, sie möglichst rein und unverändert zu erhalten, wurde die Praxis nur von Mönch zu Mönch, von Lehrer zu Schüler, weitergegeben. Unterweisung in Vipassana zu bekommen, war eine Auszeichnung. Bis heute ist der dankbare Rückbezug auf die Lehrer, auf deren Schultern alle heutigen Meditierenden gewissermaßen stehen, ein Charakteristikum der Vipassana-Bewegung. Auch deshalb soll die Geschichte der modernen Vipassana-Tradition an dieser Stelle den Raum bekommen, den sie verdient. Ohne all die vielen mutigen und inspirierenden Schritte derer, die vorangegangen sind, wäre es heute im Westen nicht möglich, diese Technik zu erlernen.

Es ist eine alte Prophezeiung überliefert: 2500 Jahre nach der Erleuchtung des Buddha sollte Vipassana von Myanmar aus zurück nach Indien finden und von dort aus in die ganze Welt. Prinzessin Vipassana fiel also in einen jahrhundertelangen Dornröschenschlaf. Als sie wieder erwachte, fand sie eine Welt vor, die sich grundlegend verändert hatte.

Vipassana für Laien – ein Ergebnis der Befreiung aus der Kolonialherrschaft?

Damit die Vipassana-Tradition, wie wir sie heute im Westen kennen, entstehen konnte, mussten zwei historische Strömungen zusammenfinden. Zum einen der sogenannte buddhistische Modernismus, eine im Kern politische Bewegung. In den vorwiegend britisch besetzten Gebieten des heutigen Indien und Myanmar formierte sich eine gebildete Mittelschicht, die die Kolonialherren abzuschütteln versuchte. Gegen Ende des 19. Jahrhunderts entdeckte sie den Buddhismus als eine Art Reformreligion. Es ging dabei weniger um spirituellen Gehalt als um ein ethnien- und schichtenübergreifendes kulturelles Erbe. Das damalige Burma oder Birma, heute Myanmar genannt, seit 1886 als indische Provinz von den Briten besetzt, war ein gespaltenes Land: Die Besatzungsmacht hatte das buddhistische Königshaus zerschlagen, etliche ethnische Gruppen bekämpften einander; Mönche und Laien verfolgten unterschiedliche Ziele.[7] Der Mönch und Gelehrte Ven Ledi Sayadaw (»Ven« steht für »ehrwürdiger Lehrer«), geboren 1846, gehörte einer Reformbewegung an, die die zerrissene Zivilgesellschaft vereinen wollte, um gegen die Kolonialmacht anzugehen. Buddhistische Meditation war etwas, worauf sich Laien und Mönche sowie die wirtschaftliche und die politische Elite des Landes gut einigen konnten. Hier kommt eine zweite Strömung ins Spiel, in der die Praxis die primäre Rolle spielt: Der Mönch und Gelehrte Ledi Sayadaw erinnerte sich an die alte Prophezeiung, entsprechend der die buddhistischen Lehren 2500 Jahre nach Buddhas Tod erneut in der Welt Fuß fassen würden. Er war der Erste, der völlig neue Wege beschritt, indem er zum ersten Mal die Vipassana-Technik an Laien weitergab – und ihnen wiederum auftrug, ihr Wissen weiterzugeben. »Meditiert, als ob eure Köpfe Feuer fingen«, wies er seine Adepten an.[8] Er vertrat eine Linie von spirituellen Lehrern, denen es darum ging, den wahren Gehalt der buddhistischen Lehren zu demokratisieren. Dhamma, die Lehre Buddhas, sollte nicht länger einer kleinen Elite vorbehalten sein. Seine Schüler, unter ihnen zum Beispiel auch der burmesische Meister Pa Auk Sayadaw, verbreiteten Vipassana in Burma und darüber hinaus. An dieser Stelle verzweigte sich die Bewegung, was bis heute sichtbar ist: Es gibt verschiedene Vipassana-Schulen, die die Technik in leicht variierter Form weitergeben. So wird zum Beispiel die Konzentration auf den Atem unterschiedlich gelehrt, es wird unterschiedlich viel Zeit auf das Vertiefen der Konzentration verwandt und auf die vier »Säulen der Achtsamkeit«. Dies sind: Betrachtung des Körpers, der Empfindungen, des Geistes und der mentalen Inhalte. Auch werden nicht alle Kurse kostenlos angeboten. Wenn im Laufe dieses Buches Bezug auf die Technik und auf die Organisation der Kurse genommen wird, dann ist stets die Schule nach S. N. Goenka gemeint.

Der erste Laienlehrer im großen Stil war Saya Thetgyi, ein Schüler Ledi Sayadaws. Ab 1914 unterrichtete er erstmals Feldarbeiter, später immer mehr Menschen aus unterschiedlichen sozialen Schichten, die zu ihm pilgerten, um sich unterweisen zu lassen. 1937 begann Sayagyi

U Ba Khin, der spätere oberste Buchhalter von Burma, zu meditieren. Der hohe Regierungsbeamte, berühmt-berüchtigt für seine Effizienz und den Kampf gegen Korruption in den burmesischen Behörden, begann schon bald seine Mitarbeiter selbst zu unterrichten. 1952 gründete er in der Hauptstadt Rangun das erste kleine Vipassana-Zentrum, wo er schon bald burmesische und auch westliche Schüler unterrichtete. Er gilt als Erfinder des Formats des bis heute gängigen Zehntageskurses.

Bevor Vipassana heim nach Indien finden konnte, musste noch S. N. Goenka auf den Plan treten. Er war bereits kein mönchisch geprägter Buddhist mehr, sondern brachte einen ganz anderen Hintergrund mit: Satya Narayan Goenka, der Begründer der gleichnamigen Vipassana-Bewegung, wurde 1924 im burmesischen Mandalay geboren, als Kind indischer Eltern. Der gläubige Hindu wurde ein erfolgreicher Geschäftsmann, den allerdings heftige Migräneattacken plagten. Jeder Mensch, der einmal chronische Schmerzen erlebt hat, kennt die verzweifelte Suche nach Heilung, das Pilgern von Arzt zu Arzt, das auch Goenka hinter sich bringen musste. Schließlich kam er auf Empfehlung eines Freundes zu Sayagyi U Ba Khin. Als Goenka den Lehrer um Hilfe bat, soll dieser ihn zunächst wieder weggeschickt haben – er weigerte sich, die Technik nur als Mittel zum Zweck weiterzugeben. Goenka konnte ihn offenbar überzeugen, im Jahr 1955 absolvierte er seinen ersten Kurs. 1969 zog er zusammen mit seiner Frau nach Indien und begann dort, Kurse in Vipassana zu erteilen. Das »Rad der Lehre« begann nun, sich deutlich schneller zu drehen. 1976 eröffnete er das erste offizielle Vipassana Meditationszentrum in Igatpuri, nördlich von Mumbai.

Interkultureller Austausch – Vipassana goes West

Nicht nur in Indien und Burma braute sich in Sachen Meditation etwas zusammen. Auch in Europa und Asien bahnten sich geistige und soziale Strömungen an, die später auf das in Indien bereitete Feld treffen sollten. Bereits um 1900 gab es im Westen eine frühe Welle der Faszination für östliches Gedankengut. Die Theosophen und später die Anthroposophen ließen sich von Motiven wie Wiedergeburt und Erleuchtung inspirieren, interessierten sich für Magisches und Okkultes und bauten die entsprechenden Funde in ihre Weltanschauungen ein. Das Interesse galt vorwiegend den alten Schriften, nur eine Handvoll Theosophen widmete sich auch der praktischen Seite von Meditation.[9]

Zahlenmäßig waren diese Avantgardisten eine Randerscheinung, sie bereiteten jedoch den geistigen Boden für einen späteren Boom.

In den 60er- und 70er-Jahren des 20. Jahrhunderts kamen die Hippies nach Indien, und das in Scharen. Das Land war für Westler war zwar weit entfernt, aber doch gut zugänglich: Die Kolonialisierung hatte ein gut funktionierendes Eisenbahnnetz und Englisch als Amtssprache hinterlassen; die Mönche waren es inzwischen gewohnt, auch mit Laien zu sprechen. Die 68er-Bewegung suchte nach Alternativen zu den verkrusteten, autoritären Strukturen, die ihre Elternhäuser geprägt hatten; der indische Subkontinent wurde ihr Selbsterfahrungslabor. Sich mit Buddhismus und Meditation zu beschäftigen, wurde hip: Die Beatles lernten Transzendentale Meditation, Osho gründete seinen berühmten Ashram in Puna, ein wahrer Exodus gen Osten setzte ein. Dieser war so deutlich, dass indische Bauern sich zu wundern begannen. Ob in Europa und den USA eine Dürre herrschte? – Ja, es war eine wohl eine Dürre. Aber eine von anderer, von spiritueller Art.[10] Immer mehr dieser jungen Reisenden stießen auch auf die Angebote von S. N. Goenka. Seine Kurse hatten den Ruf, relativ unesoterisch zu sein, frei von Gebeten, Symbolen und Ritualen – das war besonders für Menschen mit akademischer Vorprägung attraktiv. Schon bald bildete sich eine ganze Community von vorwiegend amerikanischen Meditierenden, die im Umfeld des heutigen Lehrzentrums Dhammagiri, etwa 120 Kilometer von Mumbai, wohnten und arbeiteten und sich jahrelang in Meditation ausbildeten. Viele von ihnen kehrten später zurück in ihre Heimat und machten dort Karrieren, die es ihnen ermöglichten, Meditation in die Institutionen zu tragen. Einige wurden prominent: Die Philosophen Joseph Goldstein und Sharon Salzberg zum Beispiel sind heute bekannte Zen-Meditationslehrer, der Molekularbiologe Jon Kabat-Zinn entwickelte die MBSR-Methode, der Psychologe Daniel Goleman wurde in den 1990er-Jahren mit seinem Buch *Emotionale Intelligenz* weltbekannt – und das ist nur eine kleine, willkürliche Auswahl. 1975 wurde im US-Bundesstaat Massachusetts die Insight Meditation Society gegründet, das erste Meditationszentrum im Westen. Viele östliche Lehrer reisten in dieser Zeit durch die Welt, um zu unterrichten, so auch S. N. Goenka. Er steckte all seine Unternehmerfähigkeiten in seine Mission, leitete hunderte von Meditationskursen in Asien, Europa und den USA und schreckte nicht davor zurück, gemeinsam mit seiner Frau monatelang im Wohnmobil durch die USA zu touren.

Was heute ausgesprochen gut organisiert daherkommt, begann mit improvisierten Kursen in Zeltlagern und Jugendherbergen. Der erste zehntägige Vipassana-Kurs in Deutschland wurde 1983 in Eschwege bei Kassel durchgeführt. In den 1990er-Jahren fand die wachsende deutsche Vipassana-Gemeinde Heimat in Bad Herrenalb im Nordschwarzwald. Im Jahr 2002 wurde das Zentrum Dhamma Dvara im sächsischen Vogtland eingeweiht. Heute finden in diesem Zentrum und in angemieteten Herbergen und Seminarzentren deutschlandweit mehr als 30 Kurse pro Jahr statt, zählt man den gesamten deutschen Sprachraum sowie deutsche Kurse in Polen und Belgien mit, sind es über 50. Es sind Angebote, an denen niemand auch nur einen Cent verdient.

Viele östliche Schulen, die ihren Weg in den Westen fanden, machten sich von ihren ursprünglichen Lehrern schon bald unabhängig. Im Unterschied dazu hat die Linie nach S. N. Goenka das Erbe des Lehrers sorgfältig bewahrt. Die Tradition legt Wert darauf, Goenkas Didaktik nicht zu verändern. Noch immer werden in den Kursen Audio- und Videotapes abgespielt, die Goenka in den 1990er-Jahren zeigen. Der Aktualität tut dies bislang keinen Abbruch. Die Aufnahmen ermöglichen es, Kurse überall auf der Welt in gleicher Weise abhalten zu können. Die Rolle des Lehrers ist daher in dieser Tradition eine sehr bescheidene. Wer nach einem Guru sucht, wird hier enttäuscht. S. N. Goenka starb im Jahr 2013, er benannte keinen Nachfolger. Sein Erbe ist eine echte Erfolgsstory: Aus einer vergessenen Tradition machte er einen Exportschlager, eine zeitgemäße Laienbewegung, die jedes Jahr aufs Neue mehr Menschen erreicht und deren Leben sie positiv verändert.

1.3 Meditation wirkt. Das Allheilmittel des 21. Jahrhunderts?

Auch im Westen hat das Phänomen Meditation in wenigen Jahren eine Entwicklung hingelegt, die ihresgleichen sucht. Noch vor wenigen Jahren eine Randerscheinung, die mit Räucherstäbchen und Guru-Hörigkeit assoziiert wurde, ist das Schlagwort »Meditation« heute eines, mit dem sich unterschiedlichste Produkte und Therapieangebote verkaufen lassen. Meditation, häufig »Achtsamkeit« genannt, wird vom Arzt verschrieben und ist aus Frauenzeitschriften, Manager-Ratgebern und App-Stores nicht mehr wegzudenken. Dasselbe gilt für die Forschung: Was Mitte der 1970er-Jahre mit einzelnen Studien begann, meist durchgeführt von Forschern, die selbst meditierten, hat sich in den letzten zehn Jahren zu einem Boom ausgewachsen, der die verschiedensten Disziplinen erobert hat. Die Hirnforscher und Psychologen Richard J. Davidson und Daniel Goleman gehörten zu den ersten, die meditierende Probanden verkabelten und alles prüften, was sie finden konnten. Sie hatten – übrigens bei Vipassana-Kursen in Indien, geleitet von S. N. Goenka persönlich – das faszinierende Potenzial von Meditation am eigenen Leib erlebt und wollten den wissenschaftlichen Beweis erbringen, dass Meditation wirkt. In den frühen 1970ern gab es noch keine funktionellen Magnetresonanztomografien (fMRTs) und keine Elektroenzephalogramme (EEGs). Goleman untersuchte in seinen ersten Studien Herz- und Atemfrequenz sowie Schweißreaktionen der Probanden. Diese frühen Studien und ihre vielversprechenden Ergebnisse waren Ausgangspunkte für eine Vielzahl neuer Fragen und Pionierschritte einer Forschungsrichtung, die seit den 2000er-Jahren exponentiell wächst. Im Jahr 2020 erschienen allein im englischsprachigen Raum mehr als 10 000 Veröffentlichungen zum Thema.* Die Doktoranden von damals sind heute gefeierte Bestsellerautoren, ihr Forschungsfeld ist heute als »Kontemplative Neurowissenschaft« bekannt. Davidson wurde für seine Hirnscan-Experimente mit meditierenden Mönchen weltbekannt. Im Jahr 2006 zählte das *Time Magazine*[11] ihn zu den 100 einflussreichsten Menschen der Erde.

Was bewirkt Meditation? – Jede Menge, suggerieren Medien und Onlinekurse, und immer genau das, was man gerade braucht. Meditation ist gut für und gegen alles, so die landläufige Botschaft. Der Dalai Lama, befragt nach dem Potenzial von Meditation für die Gesundheit, federte die übermäßige Erwartung mit dem für ihn typischen Humor allerdings doch ein wenig ab: »Wenn Meditation für alle Gesundheitsprobleme gleichermaßen gut wäre, dann hätte ich keine Schmerzen im Knie.«[12]

Wer genauer hinschaut, stellt schnell fest: Die Studienlage ist unübersichtlich, es mangelt an Vergleichbarkeit und Kontrollgruppen.[13] Randomisierte Doppelblindstudien durchzuführen, also den

* Allein in der medizinischen Datenbank PubMed finden sich unter dem Begriff »Meditation« an die 3000 Publikationen in den letzten fünf Jahren. Google Scholar listet für das Jahr 2020 für die Stichworte »Meditation« und »Effects« gar 19 800 Ergebnisse auf.

Goldstandard naturwissenschaftlicher Forschung einzuhalten, ist in diesem Feld herausfordernd bis unmöglich. Häufig werden Studien zum Thema Meditation von Forschern durchgeführt, die selbst meditieren – ihnen kann man leicht vorwerfen, dass sie geneigt sind, zu den Ergebnissen zu kommen, die sie für richtig halten. In anderen Fällen haben nichtmeditierende Studienleiter so wenig Ahnung von der Materie, die sie untersuchen, dass sie nicht wirklich in der Lage sind, die Ergebnisse gewinnbringend auszuwerten. Die Studienteilnehmer repräsentieren in den meisten Fällen eine Minderheit: Sie sind überwiegend weiß, gut ausgebildet, ökonomisch abgesichert und stammen aus industrialisierten, demokratischen Kulturen.

Es ist nicht weiter verwunderlich, dass selbst die Koryphäen Goleman und Davidson im Jahr 2018 zu dem Schluss kamen: »Angesichts des Hypes um Meditation als gesundheitsförderndes Mittel waren wir überrascht, wie wenig wir eigentlich sicher sagen können.«[14]

Sicher ist, dass regelmäßige Meditation Struktur und Aktivität des Gehirns verändert, und das teilweise schon nach relativ kurzer Zeit. Meditation hat positive Effekte auf eine ganze Reihe körperlicher Symptome. Dieses Kapitel ist der Versuch, einen Überblick zu schaffen und zusammenzutragen, was derzeit gesichert scheint.

Meditation – ist das nicht MBSR? Ein Missverständnis

Die am besten erforschte Form der Meditation ist »Achtsamkeitsbasierte Stressreduktion« (Mindfulness-Based Stress Reduction), bekannt unter dem Kürzel »MBSR«. Genau genommen handelt es sich bei dieser Meditationsform um eine Kombination mehrerer Meditations- oder Achtsamkeitstechniken, entwickelt vom US-Amerikaner Jon Kabat-Zinn in den späten 1970er-Jahren. Sein Ziel war es, Patienten mit unheilbaren oder chronischen Krankheiten dabei zu helfen, ihr Leiden an der Krankheit zu mindern. Die Methode kombiniert Elemente achtsamkeitsbasierter Techniken, die sich aus den Traditionen des Vipassana, Zen und Yoga speisen: Meditation auf den Atem, eine spezielle Art des Bodyscans sowie achtsamen Umgang mit Gefühlen und Gedanken.[15] Kabat-Zinn entwickelte aus diesen Bestandteilen ein Acht-Wochen-Programm, das heute in Kliniken auf der ganzen Welt gelehrt wird. In Deutschland übernehmen seit einigen Jahren gesetzliche Krankenkassen einen Teil der Kurskosten – indiziert bei chronischen Schmerzzuständen, häufigen Infektionskrankheiten, Ängsten oder Panikattacken, Depressionen, Hauterkrankungen,

Schlafstörungen, Kopfschmerzen und Migräne, Magenproblemen und Burn-out. Selbst das US-Militär nutzt MBSR-Programme, um Soldaten mit posttraumatischen Belastungsstörungen zu unterstützen.

Studien zeigten, dass Teilnehmer nach acht Wochen MBSR-Training sich besser konzentrieren und Ablenkungen ausblenden können und dass sie körperliche Empfindungen besser wahrnehmen. Am deutlichsten ist die Wirkung auf das Stressempfinden: Nach dreißig Stunden Training, verteilt über acht Wochen, zeigt die Amygdala, ein Knotenpunkt in der Stressverarbeitung des Gehirns, geringere Aktivität.[16] Dieser Fund macht MBSR für unsere Zeit besonders interessant. Denn »Stress« ist nicht nur ein individuell empfundenes Gefühl des Überwältigtseins in einer Welt zwischen Pandemie, Homeoffice, Klimawandel und Twitter-Account – selbst die WHO hat Stress zur »Epidemie des 21. Jahrhunderts« erklärt. Nicht umsonst haben Achtsamkeitstrainings Einzug in die Welt der Großkonzerne gehalten. Google zum Beispiel hat ein an MBSR orientiertes Programm aufgelegt und geht mit missionarischem Eifer vor, um es nicht nur im Unternehmen, sondern auch an Schulen weltweit zu verbreiten.

Ist das der vielbeschworene Siegeszug von Meditation? – Jein. Einerseits ist es wunderbar, dass durch die weite Verbreitung von MBSR Achtsamkeitstechniken in gesellschaftliche Schichten vordringen und dort Menschen erreichen, die noch vor wenigen Jahren sonst niemals dazu gefunden hätten. Gefängniskurse, Rehakliniken, Talkshows, Smartphone-Apps – der Zugang zu Meditation wird immer weniger elitär. Andererseits: Zwischen Heilung und Selbstoptimierung liegt ein schmaler, aber existenzieller Grat. In spirituellen Kreisen gibt es aus gutem Grunde die Befürchtung, dass etwas Wesentliches verloren geht, wenn Meditations- und Achtsamkeitstechniken zum Zwecke der Selbstoptimierung eingesetzt werden. Wenn stressgeplagte Individuen sich Zugang zu diesen alten Lehren erkaufen und sich dann ihrer bedienen, um sich für einen entfesselten Neoliberalismus fit zu machen – läuft dann etwas schief? Das Geschäft mit der Achtsamkeit brachte es, so das *Time Magazine*, im Jahr 2018 allein in den USA auf einen Umfang von 1,1 Milliarden Dollar.[17]

Die Vipassana-Tradition nach Goenka distanziert sich von MBSR. Sie legt Wert darauf, für das Vermitteln der Technik einen Raum zu schaffen, der frei von den Gesetzen der Marktwirtschaft und der hiermit einhergehenden Verwertungslogik ist, wie wir in Kapitel 3.2 sehen werden. Vipassana ist damit etwas grundlegend anderes als eine

Technik oder therapeutische Dienstleistung. Es ist ein Geschenk, das andere einem gewähren, es wird aus einer Haltung des Mitgefühls gegeben und führt im Idealfall dazu, dass in den Beschenkten der Wunsch entsteht, ihrerseits dieses Geschenk weitergeben zu wollen. Vipassana ist nicht denkbar ohne Dankbarkeit und Freigiebigkeit.

(Vipassana-)Meditation und MBSR gleichzusetzen, ist also gleich aus zwei Gründen problematisch. Einerseits stehen in der Praxis unterschiedliche Werte hinter den beiden Techniken. Andererseits ignoriert die Forschung zu MBSR meist den Umstand, dass diese Methode aus einem Mix an Techniken besteht, deren einzelne Bestandteile in ihren Effekten bei der Auswertung durcheinandergeraten. Wer sich für die Effekte von Vipassana interessiert, kann sich an den Ergebnissen dennoch zumindest mit Blick auf die psychophysiologischen Effekte ein wenig orientieren: MBSR beinhaltet zwei wesentliche Aspekte, die auch in die Vipassana-Meditation einfließen: Atemmeditation und Bodyscan.

Die Studienlage, die sich ausschließlich mit Vipassana und den Effekten speziell dieser Meditationstechnik beschäftigt, ist bedauerlicherweise sehr dünn. Interessant ist eine Längsstudie, die die Wirkung eines Zehntageskurses untersucht, der in einem US-amerikanischen Hochsicherheitsgefängnis durchgeführt wurde.[18] Im Hinblick auf emotionale Intelligenz, Impulskontrolle und ein besseres Selbstgefühl der Teilnehmer wurden hier erstaunliche Ergebnisse erzielt. Leider ist die Studie – stellvertretend für viele andere – sehr klein und ohne Kontrollgruppe, es fehlt schlicht an Geldern und Möglichkeiten.

Von Äpfeln und Birnen. Meditation ist nicht gleich Meditation

Bis vor wenigen Jahren hat die kontemplative Forschung kaum berücksichtigt, welche Methoden auf ihre Effekte hin untersucht wurden. Im Grunde ist das absurd. Nehmen wir das Forschungsfeld »Sport«: Niemand käme auf die Idee, die Trainingseffekte von Fußball mit denen von Eiskunstlauf oder Boxen zu vergleichen. In Sachen Meditation wurden lange die unterschiedlichsten Techniken über einen Kamm geschoren, ohne sich bewusst zu machen, dass es wenig aussagekräftig ist, Studien zu Zen mit solchen zu Yoga, zu geführten Meditationen oder zu Achtsamkeitstechniken auf den Atem zu vergleichen. Über Jahrzehnte hinweg wurden (und werden) also Äpfel mit Birnen verglichen und daraus Schlüsse gezogen. Was Meditierende seit Jahrtausenden wissen, musste die Forschung erst entdecken: Aufmerksamkeit und mentale Aktivität haben viele Formen und Aspekte.

Folglich wirken sich unterschiedliche Meditationsformen auch in unterschiedlicher Weise aus – nicht nur auf den Geist, sondern auch auf den Körper. Der Trainingseffekt ist schlicht ein anderer. Eigentlich ist das eine Binse, es hat schließlich noch niemand Klettern geübt und dadurch Fahrradfahren gelernt.

Erst in neuerer Zeit rückt eine Frage in den Vordergrund, die sich Menschen, die selbst meditieren, vermutlich schon lange stellen oder auch längst selbst beantwortet haben: Inwiefern unterscheiden sich die unterschiedlichen Formen und Techniken von Meditation in ihrer Wirkung? Welchen »Trainingsplan« sollte ich mir aufstellen, wenn ich was erreichen möchte? Goleman und Davidson sind sich sicher: »Jede Variation von Meditation hat ihr eigenes neurologisches Profil.«[19]

Tania Singer, bis 2018 Leiterin der Forschungsgruppe »Soziale Neurowissenschaften« am Leipziger Max-Planck-Institut, hat sich dieser Frage zugewandt. Sie untersucht zum Beispiel seit 2013 in einer groß angelegten Studie, wie sich speziell Mettā-Meditation, die als Teil von Vipassana gelehrt wird, auf Körper und Geist auswirkt. Dazu mehr in Kapitel 3.2. Es ist eine großangelegte Langzeitstudie über die Effekte mentalen Trainings auf Geist, Gehirn, Verhalten und Gesundheit, eine Suche nach der »Signatur des Mitgefühls«.[20] Singer und ihr Team machten dabei eine erstaunliche Entdeckung: Stress, der durch Empathie, also durch Mitfühlen von Angst und Schmerz entsteht, kann durch liebevolles Mitgefühl überlagert werden – das ist trainierbar. Diese Ergebnisse sind hochinteressant für Fragen der Burn-out-Behandlung und Resilienzforschung.

»Gut fürs Gehirn«. Positive Effekte von Meditation

Trotz aller oben genannten Einschränkungen, was die wissenschaftliche Qualität und Übertragbarkeit mancher Studien angeht: Die Empirie spricht für sich. Die Liste der Probleme und Zipperlein, die den typischen Zeitgenossen des 21. Jahrhunderts plagen und bei denen Meditation von Nutzen sein kann, ist lang. Wir orientieren uns hier an Goleman und Davidson, den beiden Silberrücken der Meditationsforschung, die den Versuch unternommen haben, die Ergebnisse aus fünf Forschungsjahrzehnten zu überprüfen und zu gewichten.

Beginnen wir mit unserem Gehirn und damit, wie wir es nutzen wollen. Die Geißel des digitalen Zeitalters heißt »Multitasking«. Konzentration, voller Fokus auf eine Aufgabe, wird mehr und mehr ein Luxusgut; permanente Ablenkung durch Push-Nachrichten, eintrudelnde E-Mails und Handy-Anrufe sind die Realität. Unser Gehirn aber kann gar nicht »multitasken«, es ist schlicht nicht in der Lage, parallel zwei Prozesse durchführen. Stattdessen schaltet es schnell zwischen verschiedenen Tätigkeiten hin und her. Nach jedem Umschalten ist die Konzentration stark herabgesetzt, oft dauert es mehrere Minuten, bis sie wieder auf dem Level ankommt, wo wir unterbrochen wurden. Das Dumme daran: Dieser Effekt ist selbstverstärkend. Je mehr wir »multitasken«, desto ablenkbarer werden wir. Das geht einher mit schlechterer Konzentration – und, Obacht: mit weniger Empathie. Notorische »Multitasker« »verflachen« regelrecht, stumpfen ab.[21] Auch ein schlechtes Gedächtnis ist die Folge – denn was wir nicht aufmerksam wahrnehmen, wird als Datensatz im Gehirn gar nicht erst registriert. Die gute Nachricht: Bereits mit wenig Aufwand lassen sich diese Schäden wiedergutmachen. Schon nach acht Minuten Achtsamkeitstraining wandert der Geist weniger, sind Probanden weniger ablenkbar. Nach zehn Stunden Training über zwei Wochen hinweg verbessert sich nicht nur die Konzentration, sondern auch das Kurzzeitgedächtnis.[22]

Von der positiven Wirkung auf die Stressverarbeitung war bereits die Rede. Kurzzeitgedächtnis und Fokus verschlechtern sich bei Stress, dementsprechend profitieren beide von einem besseren Umgang mit dem, was uns stresst. Aber auch auf die allgemeine Gesundheit wirkt sich Stress aus – jedenfalls dann, wenn er chronisch wird. Das ist unter den Umständen, in denen wir heute leben, vergleichsweise oft der Fall. Die Neurobiologie unserer Stressantwort stammt noch aus der Zeit, als eine Angstreaktion angesichts eines Säbelzahntigers eine sinnvolle Sache war. Stress durch einen Säbelzahntiger geht schnell vorbei, auf die eine oder andere Weise. Heute ist es eher der Kontostand oder der nahende Abgabetermin, der uns in Panik versetzt. Die Stressreaktion ist dieselbe wie damals und auch das dazugehörige Empfinden dürfte sehr ähnlich sein. Der Unterschied ist, dass das Problem mit dem Konto oder der Chefin sich nicht so schnell lösen lässt, und Stressreaktionen, die andauern, machen krank. Menschen mit posttraumatischer Belastungsstörung (PTBS) oder Burn-out zeigen, wo das im Extrem hinführt: Ihre Gehirne sind nicht mehr in der Lage, die Stressreaktion wieder herunterzuregeln – Meditation kann für sie ein wahrer Segen sein.

Aber auch abgesehen vom Befinden ist chronischer Stress Gift für den Körper. Es ist bekannt, dass Krankheitsbilder wie Bluthochdruck oder Diabetes sich unter Stress verschlimmern. Dauerstress versursacht auch Entzündungen. Ein spektakulärer Fund: Schon dreitägige Achtsamkeitstrainings reduzieren Entzündungswerte – allerdings nur kurzzeitig.[23] Je intensiver und länger Menschen meditieren, desto mehr kann dieser Effekt sich verfestigen: Erfahrene Vipassana-Meditierende zeigten nach einem einzigen Tag intensiver Achtsamkeitsmeditation signifikant niedrigere Entzündungswerte.[24] Das ist bedeutsam für eine ganze Liste der häufigsten Krankheiten unserer Zeit, von Herz-Kreislauf-Erkrankungen über Arthritis und Diabetes bis hin zu Krebs.

Ein weiteres häufiges Leiden sind chronische Schmerzen in den unterschiedlichsten Formen. Hier sind die Effekte von Achtsamkeitstechniken besonders gut untersucht, wieder in Form von MBSR. Die Methode reduziert nicht den Schmerz selbst, aber – darauf werden wir in späteren Kapiteln noch genauer eingehen – die Beziehung zum Schmerz. Probanden einer Studie, die mit älteren Menschen durchgeführt wurde, berichteten von weniger Belastung und verringerter Einschränkung aufgrund der Schmerzen. Auch Einsamkeit empfanden sie als weniger belastend.[25] Medikamente – gerade starke Schmerzmedikamente und Betäubungsmittel, die bei chronischen Schmerzen häufig verschrieben werden – haben häufig unerwünschte Nebenwirkungen und machen süchtig – Meditation nicht. Um achtsam zu sein, braucht es kein Rezept vom Arzt, keine Wartezeiten, keine kostspieligen Behandlungen. Allerdings: Der Schlüssel für die Langzeitwirkung ist die kontinuierliche Praxis. Auch hier ist es wie mit jedem Trainingseffekt: Sobald man aufhört zu meditieren, lässt auch die Wirkung nach.

Schlagzeilen machte in der jüngsten Vergangenheit die Vermutung, Meditieren könne das Altern aufhalten. Studien konnten zeigen, dass Achtsamkeitsmeditation die Aktivität des Enzyms Telomerase erhöht.[26] Telomere sind Kappen auf den Enden der DNA-Stränge. Je länger das Telomer, desto länger auch die künftige Lebensspanne der dazugehörigen Zelle. Mit zunehmendem Alter werden die Telomere kürzer. Das Enzym Telomerase verlangsamt diesen Abbaueffekt, es hält quasi die Zelle jung. Je mehr Telomerase, desto besser also für unsere Gesundheit und unser physiologisches Alter.[27] Interessanterweise scheint dieser Effekt mit dem Gefühl von größerer Sinnhaftigkeit im Leben einherzugehen[28] – und er scheint anzuhalten: Auch fünf Monate später war er noch messbar. Allerdings wurden Probanden vor und nach einem dreimonatigen Vipassana-Retreat untersucht, es handelt sich also um sehr fortgeschrittene Meditierende.

Eine andere Studie untersuchte die Hirnmasse von Langzeitmeditierenden. Es ist eine bekannte Tatsache, dass das Gehirn mit dem Alter schrumpft. Bei Langzeitmeditierenden im Altern von 50 Jahren fand man Gehirne vor, die im Schnitt 7,5 Jahre jünger waren als die ihrer Altersgenossen. Dieser Effekt scheint dann mit dem Alter immer stärker zu werden: Mit jedem weiteren Jahr erhöht sich dieser Vorsprung um knapp zwei Monate. Richard und Davidson weisen allerdings darauf hin, dass dieser Fund eine Neuauswertung einer vorigen Studie ist, in der Meditierende alle möglichen Formen praktiziert hatten: von Vipassana bis hin zu Kriya- und Kundalini-Yoga.[29]

Generell gilt: Erste Wirkungen zeigen sich schnell, wer jedoch durchschlagende Veränderungen erreichen will, muss Geduld mitbringen. Je länger und intensiver die Meditationspraxis, desto stärker und anhaltender die Effekte.

Von dieser Regel gibt es interessanterweise eine Ausnahme: Die sogenannte Mettā-Meditation, in der das Gefühl von liebevoller Güte kultiviert wird. Hier treten erste Effekte sehr schnell ein, und dazu noch vergleichsweise heftig. Von den Wirkungen bei Burn-out war zuvor bereits die Rede. Mettā-Meditation ist noch bei einem zweiten Volksleiden angezeigt: bei Depressionen. Es zeigte sich sogar: Je stärker die Depression, desto besser wirkte Mettā-Meditation im Vergleich zu Medikamenten oder auch Elektroschock-Therapie.[30] Und das ohne die Nebenwirkungen, die bei Psychopharmaka oft so heftig ausfallen, dass Patienten geneigt sind, sie wieder abzusetzen. Es scheint so zu sein, dass Mettā-Meditation im menschlichen Körper-Geist-System auf den fruchtbaren Boden einer »biologischen Bereitschaft« fällt, ähnlich dem Lernprozess von Kindern, wenn sie sprechen oder laufen lernen. Eine liebevolle Haltung uns selbst und anderen gegenüber scheint in unserem biologischen Bauplan vorgesehen zu sein.[31]

Die Erkenntnis, dass ein verbessertes Selbstgefühl auch für das soziale Miteinander wichtig ist, veranlasste Daniel Goleman in den 90er-Jahren dazu, das Buch *EQ. Emotionale Intelligenz* zu schreiben, mit dem er einen globalen Bestseller landete. Selbstwahrnehmung und Empathie, gleichermaßen trainierbar durch Meditation, sind aus seiner Sicht wesentlich für ein erfolgreiches und geglücktes Leben: »Wenn wir nicht auf unsere eigene Erfahrungswelt eingestimmt sind, fällt es uns umso schwerer, uns bei anderen darauf einzustimmen.«[32]

Dass Meditation wirkt, bestreitet kaum noch jemand. Bei der Frage nach dem Warum wird es schon komplizierter. »Hätte«, »könnte«, »vermutlich« – diese und ähnliche Wendungen tauchen in Studien zum Thema auffallend häufig auf. Dies zeigt vor allem eines: Die Wissenschaft steht in ihrem Verständnis noch am Anfang. Das hat nicht zuletzt damit zu tun, dass die Medizin sich meist dem Entstehen von Krankheit widmet, nur selten der Salutogenese. Die Neurowissenschaft entwirft vor allem Landkarten davon, an welchen Stellen im Gehirn sich Strukturen verändern und wo im Gehirn sich bestimmte Prozesse abspielen. Wie genau sie ablaufen oder gar erlebt werden, kann sie derzeit jedoch nicht darstellen.

Der bunte Strauß neuro- und kognitionswissenschaftlicher Forschungsergebnisse ist zweifellos faszinierend. Eigentlich ist es jedoch nicht weiter verwunderlich, dass Meditation Spuren im Gehirn hinterlässt. Denn jede Aktivität, alles, was Menschen tun und erleben, geht mit speziellen neuronalen Aktivitäten im Gehirn einher. Ob wir Zwiebeln schneiden, eine SMS tippen, meisterhaft Klavier spielen oder meditieren – alles, was wir regelmäßig tun, denken oder fühlen, bahnt entsprechende Wege in den jeweiligen beteiligten Regionen des Gehirns und macht sie leichter ansteuerbar. Die Wissenschaft nennt diesen Effekt »Neuroplastizität«. Uns allen ist das Phänomen als »Gewohnheit« bekannt: Was einmal gründlich und vor allem regelmäßig eingeübt wurde, ist früher oder später mühelos abrufbar. Es ist natürlich sehr eindrucksvoll, tibetische Mönche in Kernspintomografen zu untersuchen und als Ergebnis Bilder mit bedeutungsvollen bunten Flecken zu zeigen. Tatsächlich liefern solche Aufnahmen der Hirnforschung wertvolle Hinweise. Dass bestimmte Veränderungen und Effekte von Meditation in bildgebenden Verfahren darstellbar sind, ist aber kein Beweis an sich. Vielmehr wird an der Faszination, die von diesen Bildern ausgeht, deutlich, wie wenig wir Menschen des 21. Jahrhunderts, mit all seinen Möglichkeiten, offenbar davon ausgehen, dass wir in die Steuerung unserer geistigen und körperlichen Prozesse willentlich eingreifen können, indem wir unseren Geist trainieren.

All diese Ergebnisse müssen jedoch mit Warnhinweisen versehen werden. Erstens: Meditation schützt nicht vor dem Leben. Auch langjährige Meditationslehrer erleiden Unfälle, erkranken an Krebs, werden dement. Und wir alle sterben. Zweitens: Man kann davon ausgehen, dass die meisten dieser wunderbaren Effekte nicht von Dauer sind. Sobald Bereiche des Gehirns nicht mehr angesteuert werden, baut der Körper sie zurück, frei nach dem Prinzip »use it or lose it«. Im Umkehrschluss heißt das: Wer dauerhaft von den Segnungen der Meditation profitieren will, kommt nicht darum herum, sie auch dauerhaft zu praktizieren. Das bedeutet aber auch: Wer es sich über einen langen Zeitraum hinweg zur Gewohnheit macht, täglich zu meditieren, dem geht diese Gewohnheit und alles, was sie an neurologischen und physiologischen Veränderungen mit sich bringt, buchstäblich in Fleisch und Blut über. Richard Davidson ist sich sicher, dass sich nicht nur Verhaltensweisen, sondern langfristig auch Charakterzüge verändern lassen: »Wenn Sie wenig üben, ändert sich auch nur wenig, aber wenn Sie oft und lange üben, verändern Sie sich sehr.«[33] In ihrem Buch *The Science of Meditation* haben Goleman und Davidson aufgeschlüsselt, welche Effekte von Meditation sich auf welchem Expertise-Level einstellen. Sie sind sich sicher: Die Dosis macht die Wirkung.

Generell lässt sich sagen: Je höher die Anzahl an Stunden, die Menschen meditieren, desto mehr Effekte stellen sich ein. Aber auch die Intensität der in Meditation verbrachten Zeit ist von Bedeutung. Sich zum Meditieren in Kurse und Retreats zurückzuziehen, verstärkt nachweisbar den Effekt der »vermeditierten« Zeit. Das ist nicht weiter verwunderlich: Wer sich von den Ablenkungen des Alltags zurückzieht, dessen Gehirn startet bereits auf einem anderen Niveau, und jede neue Stunde Meditation baut auf den Ergebnissen der vorigen auf. Auch macht es einen Unterschied, ob ein Lehrer zugegen ist, der Fragen beantwortet, orientiert und eventuell individuell zugeschnittene Anleitungen gibt.

Schon ein eintägiger Ganztageskurs hat positive Auswirkungen auf das Immunsystem. Ab etwa 1000 Stunden Meditation scheinen sich die Effekte, die vorher vorübergehender Natur waren, zu verfestigen. Sie werden stabiler und breiten sich gleichsam im Leben aus. Hirn und Hormone zeigen nun dauerhaft verringerte Stressreaktionen, niedrigere Entzündungswerte und Kortisolspiegel. Mettā auf diesem Trainingsniveau führt zu einer verstärkten neuronalen »Verschaltung« für Empathie und dazu, dass die Wahrscheinlichkeit steigt, nicht nur mitzufühlen, sondern auch tätig zu werden. Was die Aufmerksamkeit angeht, wird es ab diesem Level zum Normalzustand, dass die Gedanken weniger wandern, dass Aufmerksamkeit und Fokus besser gehalten werden. Auch der Atemrhythmus wird nachhaltig langsamer. Ab 27 000 Stunden Lebens-Meditations-Zeit, also im quasi-olympischen Bereich, fanden Goleman und Davidson Gehirne, die sehr schnell und mühelos in tiefe Konzentration eintreten konnten und sich von Stressereignissen weder im Vor- noch im Nachhinein aus der Ruhe bringen ließen. Solche Meditierende der Meisterklasse zeigen im Ruhezustand dieselben Muster an Hirnwellen, wie weniger Geübte bei der Konzentration auf Achtsamkeit oder mettā.

All das ist schrecklich spannend, bleibt aber instrumentell und aus der Dritte-Person-Perspektive recht abstrakt. Was erleben Menschen, die Meditationspraxis dauerhaft zu ihrem Begleiter durchs Leben machen? Wie fühlen, verstehen und reflektieren sie die Veränderung, die in ihnen selbst, und damit auch in ihrem Verhältnis zu ihren Mitmenschen und ihrem Umfeld stattfindet? Handelt es sich um rein subjektives individuelles Erleben, oder gibt es Dinge, die sich verallgemeinern lassen? Lässt sich aus den Erfahrungen von Praktizierenden eine Art Landkarte spiritueller Entwicklung ableiten, die dem Einzelnen in seiner Praxis Orientierung bieten kann? In das persönliche Erleben des jeweiligen Meditierenden geben bildgebende Verfahren leider keinen Einblick. Für dieses Buch verlassen wir uns daher nicht auf Hirnscans – wir schauen Menschen, die Vipassana praktizieren, auf andere Art und Weise in die Köpfe. Wir lassen sie erzählen, befragen die Schriften und ziehen unsere Schlüsse.

Teil II: Auf dem Pfad

2.1 Die Suche nach der Überwindung des Leids

Es sind keine von Buddha selbst verfassten Schriften bekannt. Was er lehrte, wurde – wie einige Jahrhunderte später auch bei Jesus – mündlich überliefert. Erst im ersten Jahrhundert v. Chr. wurden die Texte im »Tipiṭika« (wörtlich: »drei Körbe«)* verschriftlicht. Im 5. Jahrhundert n. Chr. fertigte der Mönch Buddhaghosa mit der Visuddhi-Magga (wörtlich: »Weg der Reinheit«) die erste systematische Darstellung der Lehren des Theravāda-Buddhismus an, zu dem auch die Vipassana-Tradition gehört.

Im Zentrum des Buddhismus steht die Lehre und weniger die Person des Buddha. Siddharta, nach seiner Erleuchtung »der Buddha«, ist als konkreter Mensch viel weniger präsent als andere Religionsgründer. Auch die überlieferten Texte stellen seine Lehrunterweisungen in den Vordergrund, weniger biografische Details. Die wenigen Stationen seines Lebens, die schriftlich festgehalten sind, sind von Anhängern überliefert. Es handelt sich dabei weniger um historisch verbriefte Gewissheiten als um eine Heiligenlegende.[34] Wie jeder Mythos steckt diese Geschichte voller verdichteter Wahrheit: Die Geschichte des Buddha lässt sich lesen als Parabel auf einen spirituellen Weg. Sie erzählt von Motiven und Sehnsüchten, von Irrungen und Wirrungen und von den Fallen, in die spirituell Suchende fast wie vorprogrammiert hineintappen. Es ist eine Heldenreise der anderen Art – eine, deren Endstation kein Happy End im klassischen Sinne ist. Wer dem Buddha folgt, den erwartet kein Himmelreich, kein Paradies, sondern eine Befreiung von anderer, unerwarteter Art.

Forscher gehen davon aus, dass der historische Buddha im Jahr 624 v. Chr. geboren wurde. Sein Beiname »Buddha Shakyamuni« rührt daher, dass er aus dem Geschlecht der Shakyas stammte, im Königreich Kosala im heutigen Nepal gelegen. Die Eltern des späteren

* Die Lehrreden wurden in der altindischen Verkehrssprache Pali überliefert und von Mönchen in »drei Körben« auf Palmblätter aufgeschrieben. Der erste Korb beinhaltet die Lehrreden, der zweite die Ordensregeln und der dritte die eher philosophisch gehaltenen Reflexionen für Kenner der Materie. Der Pali-Kanon ist die einzige vollständig überlieferte Sammlung buddhistischer Schriften, die in einer indischen Sprache überliefert wurden.

Buddha waren König Suddodhana und Königin Maya. Der Legende nach war das Ehepaar zwanzig Jahre lang kinderlos geblieben, als eines Nachts sich eine wundersame Zeugung ereignete: Königin Maya soll bereits vierzig Jahre alt gewesen sein, als sie im Traum einen weißen Elefanten erblickte, der vom Himmel herabstieg und in ihren Schoß eindrang. Die Schwangerschaft verlief leicht – der künftige Buddha begann seine Reise ins Leben nicht etwa als Embryo, sondern als voll entwickeltes Baby, das bereits im Mutterleib seiner Mutter und ihrer Umgebung seine heilenden Kräfte zuteilwerden ließ. Die Geburt des Buddha in spe stand der Zeugung in nichts nach: Er trat so elegant wie unbefleckt durch die rechte Flanke seiner Mutter aus. Auch die Natur ließ sich nicht lumpen und fuhr alles auf, was zu einem indischen Mythos gehört: Himmlische Sphärenmusik erfüllte das All, Bäume begannen zu blühen, die Tiere hörten auf, einander zu fressen, Blinde wurden sehend, Kranke geheilt. Direkt nach der Entbindung soll der Babybuddha sieben Schritte gemacht haben, und wo immer seine Fußsohlen den Boden berührten, wuchsen Lotusblumen aus dem Boden. Ein weiser Mann namens Asita, bekannt für seine Visionen, eilte herbei, um den künftigen Erlöser zu begrüßen. Der Alte nahm das Baby auf den Arm und vergoss Tränen der Trauer, weil er ahnte, dass er selbst nicht lange genug leben würde, um die Lehre dieses großen kleinen Wesens eines Tages zu empfangen. Die überglücklichen Eltern nannten ihren Sohn »Siddharta«: »der sein Ziel erreicht«.

Doch auch der kleine Siddharta, der gefeierte Fürstensohn, bekam schon früh zu spüren, dass im Leben nicht alles glatt geht: Zwei Wochen nach seiner Geburt starb seine Mutter.

König Suddodhana, die Prophezeiung des Asita noch im Ohr, tat alles, um seinen Sohn von der Welt abzuschirmen. Er sollte ein unbeschwertes Leben führen und in Saus und Braus leben, zu einem würdigen und weltlichen Thronfolger heranwachsen. Der Luxus, in dem Siddharta seine Jugend verbrachte, wird ausufernd geschildert: So lebte er in drei prachtvollen Palästen, je einen für die Hitze des Sommers, die Kälte des Winters und den Regen von Frühling und Herbst. Im Alter von 16 Jahren heiratete Siddharta seine Frau Yasodhara. Er wird als überirdisch schöner, sportlicher Jüngling beschrieben, der jeden Wettkampf gewinnt, dem die Herzen der Menschen zufliegen und der alle Frauen bezaubert.

Als Siddharta 29 Jahre alt ist, ereignet sich das, was die Schriften »die vier Ausfahrten« nennen. Nach fast drei Jahrzehnten des Abgeschirmtseins erwacht in unserem Prinzen der Wunsch, die Welt außerhalb der Palastmauern zu sehen. Gegen den Willen seines Vaters bricht er auf, mithilfe eines Wagenlenkers. Bei der ersten Ausfahrt trifft Siddharta auf einen ausgezehrten Greis, bei der zweiten auf einen Kranken und bei der dritten schließlich auf einen Leichnam. Auf die naive Frage des Prinzen, was es damit auf sich habe, antwortet sein Fahrer, dass diese Leiden alle Menschen träfen und dabei keine Ausnahmen machten. Die vierte Ausfahrt führt Siddharta zu einem Bikkhu, einer Art heiligem Bettler nach altindischer Tradition, der Erleuchtung sucht. Diese Begegnung gibt den Ausschlag: Siddharta entschließt sich, das Palastleben hinter sich zu lassen und einen Ausweg aus dem Leiden zu finden. Etwa zur gleichen Zeit bringt seine Frau Yasodhara einen Sohn zu Welt, den sie »Rahula« nennt. Doch nicht einmal die Geburt seines Erstgeborenen kann Siddharta aufhalten. Er bleibt bei seinem Entschluss, so fragwürdig dieser aus heutiger Sicht und vor allem aus feministischer Perspektive auch sein mag.

Eine Woche nach der Geburt seines Sohnes geht Siddharta in die Hauslosigkeit. Er schneidet sich die Haare ab, lässt allen Besitz zurück und bricht ins Ungewisse auf, in ein Leben auf der Straße, Gefahren wie Überfällen durch Menschen oder wilde Tiere schutzlos ausgesetzt und auf die Hilfe von Fremden angewiesen. Ähnlich wie bei Jesus oder Mohammed ereignet sich diese Wende im mittleren Lebensalter. Siddharta folgt jedoch keiner göttlichen Berufung; da ist keine transzendentale Instanz, die eine Durchsage macht und Gehorsam erfordert. Er folgt einzig seiner Überzeugung, einer unbestechlichen inneren Stimme.

Die wenigsten Menschen finden einfach aus Neugier zur Meditation. Manche Meditierenden berichten von einer Suche nach Sinn, vom Wunsch, verstehen zu wollen, was die Welt im Innersten zusammenhält. Die einen treffen auf Freunde oder Familienmitglieder, die von einem Vipassana-Kurs erzählen, den sie besucht haben. Andere beginnen mit Achtsamkeitskursen und kommen an den Punkt, wo sie weiterkommen oder es genauer wissen wollen. In den meisten Fällen ist es eine Form von Leidensdruck und der Wunsch, einen Ausweg zu finden aus einer unangenehmen Situation. Ein Verlust, eine andauernde Angst, ein Schmerz, seelisch oder körperlich, treibt die Leidenden dazu, ausprobieren zu wollen, was es mit Meditation auf sich hat. Dukkha, das Leiden, das Siddharta zu lindern sucht, wird erlebt in Form von Dingen, die uns quälen, von Wünschen, die sich nicht erfüllen, von Liebgewonnenem, an dem wir hängen und das wir wieder verlieren, ob wir wollen oder nicht. Dukkha ist überall, allgegenwärtig, unentrinnbar.

Auch S. N. Goenka, der »Erfinder« des heute in aller Welt durchgeführten Zehntageskurs-Formats, auf das wir uns in diesem Buch beziehen, musste erst an grausamer Migräne leiden, bevor er zu Vipassana fand.

Die Suche nach Befreiung – Auswege und Sackgassen

Siddharta, ausgezogen, um das Leiden zu besiegen, sucht zunächst die Nähe berühmter Gurus. Er wird Schüler zweier besonders virtuoser Lehrer,* die ihm die samādhis beibringen. Das sind Übungen, die den Geist beruhigen und schärfen sollen. Ziel ist es, die mit dieser Praxis einhergehenden Stadien der konzentrativen Vertiefungen zu durchlaufen und schließlich Erleuchtung zu finden. Der junge Prinz erweist sich als gelehriger und begabter Schüler, merkt aber bald, dass die Techniken seiner Lehrer ihn auf seiner Suche nicht weiterbringen. In Zuständen der »Raumunendlichkeit« oder »Weder-Wahrnehmung-noch-Nicht-Wahrnehmung« zu verweilen ist zwar abgefahren und spannend, fühlt sich zwischenzeitlich auch nach Erlösung an – die Erfahrung bleibt jedoch immer flüchtig. Denn auch der großartigste dieser Zustände geht vorbei, sobald die Konzentration nachlässt.

Siddharta beschließt, es mit extremer Askese zu probieren. Asketen, die es in Indien bis heute gibt, sind der Überzeugung, dass höhere Kräfte oder gar Unsterblichkeit erlangt, wer alles Weltliche und die Bedürfnisse des eigenen Körpers überwindet. Sie leben ohne Besitz und ohne Wohnort, ziehen nackt und mit Asche beschmiert durchs Land und leben von Almosen. Sie sind bekannt dafür, ihre Körper bis ins Extrem zu peinigen. Dazu stehen manche jahrelang auf einem Bein, andere halten eine Hand in die Höhe, bis sie verkümmert, oder halten die Zunge herausgestreckt.[35] Ziel ist es, in einen konzentrativen Zustand zu kommen, in dem weder Müdigkeit, Unruhe noch Aggression die Versenkung stören.

Siddharta wird also Asket, in Begleitung von fünf anderen Asketenbrüdern zieht er sich ganz aus dem weltlichen Leben zurück. Er

* Bekannt unter den Namen Alaro Kalamo und Uddako Ramaputto.

meditiert, entsagt wie ein Weltmeister und magert bis auf die Knochen ab; die buddhistische Kunst zeigt ihn in dieser Zeit als skelettartigen Einsiedler. Eines Tages, im siebten Jahr seiner Askese, soll Siddharta, als er nach seinem Bauch tastete, nur noch sein Rückgrat zu fassen bekommen haben. Dieser Moment markiert einen erneuten Wendepunkt: Er begreift, dass die extremen Wege, die er bislang beschritten hat, nicht zur Erleuchtung führen, sondern lediglich zu weiteren Verspannungen des Geistes.

Zeitgleich mit dieser Einsicht kommt ein junges Mädchen des Weges, das dem halb Verhungerten eine Schale Reis anbietet. Siddharta nimmt an, beginnt zu essen, wäscht seinen geplagten Körper im Fluss und schlägt von Stund an den »Mittleren Weg« ein.

Sehen, was ist

Wer zum ersten Mal an einem Zehntageskurs teilnimmt, der mag sich wundern. Es sind weit und breit keine Buddha- oder Guru-Bildchen zu sehen, es gibt keine Mantras, keine Räucherstäbchen, keinen Blumenschmuck, keine Kerzen. Manchen mutet dieses fast klinische Setting zu steril an, andere wiederum schätzen die von jeder Weltanschauung und Spezialeffekten bereinigte Atmosphäre. Es geht dann auch sehr schnell zur Sache.

Der Bestsellerautor Yuval Noah Harari erinnert sich in einem Interview mit *India Today* an seinen ersten Kurs:

> »Die erste Anweisung, die ich erhielt, war: ›Beobachten Sie Ihren Atem.‹ Nicht etwa ›Beobachten Sie Gott‹, oder ›Beobachten Sie Ihre Seele‹. ›Beobachten Sie Ihren Atem, wie er aus den Nasenlöchern aus- und wieder eintritt, und akzeptieren Sie das, was Sie da wahrnehmen.‹«[36]

In seinem Buch *21 Lektionen für das 21. Jahrhundert* setzt er hinzu: »Das war das Wichtigste, was jemals irgendjemand zu mir gesagt hat.«[37]

Der Kurs ist so aufgebaut, dass die Meditierenden über einen Zeitraum von drei Tagen ānāpāna üben sollen, Konzentration auf den Atem. Das klingt simpel, ist aber das Gegenteil davon – vergleichbar vielleicht mit der Aufgabe, ohne vorherige Übung über ein gespanntes Seil zu laufen. Mit äußerster Konzentration werden ein, zwei Schritte gelingen, aber die Wahrscheinlichkeit, mehr Zeit auf dem Boden als auf dem Seil zu verbringen ist hoch.

Auch bei Harari, der nicht nur Bestseller schreibt, sondern auch seit Jahren als Assistenzlehrer Vipassana-Retreats anleitet, war das nicht anders. »Was mich erstaunte war, dass ich nicht in der Lage war, das mehr als zehn Sekunden am Stück zu tun«, erinnert er sich.

> »Der Geist war sofort auf und davon, mit irgendeiner Geschichte, einer Erinnerung, einer Fantasie beschäftigt. Wenn ich noch nicht mal in der Lage bin, zehn Sekunden lang die Wirklichkeit meines eigenen Atems zu beobachten, wie kann ich dann hoffen, die Wahrheit über das globale politische oder ökonomische System zu verstehen?«

Harari meditiert mittlerweile seit achtzehn Jahren, er verbringt jedes Jahr etwa zwei Monate in Langzeit-Retreats. »Das ist keine Flucht vor der Wirklichkeit«, sagt er, »im Gegenteil: Es ist eine Möglichkeit, wirklich mit der Realität in Berührung zu kommen.«[38]

Die Kursteilnehmer verbringen von nun an Stunden und Tage auf ihrem Meditationskissen und bemühen sich, den Anweisungen des Lehrers zu folgen. Wer glaubt, dass Vipassana-Meditation auf dem direkten Weg zu Glück und Ekstase führt oder zumindest in wohltuende Entspannung, der stellt schnell fest, dass er oder sie schief gewickelt ist. Still werden, das Gedankenkarussell anhalten, sich auf den eigenen Atem konzentrieren – was von außen so ruhig aussieht, erfordert jede Menge mentale Aktivität.

Wer bereits Meditationserfahrung hat und eventuell gewohnt ist, sich auf ein Mantra oder eine Visualisierung zu konzentrieren, um den Geist zu beruhigen, wird sich wundern: Ohne solche Hilfen ist es sehr viel schwieriger, in die Stille zu finden. Der Grund dafür, die beschwerlichere Route zu wählen, liegt darin, dass Ruhe finden im Vipassana kein Ziel an und für sich ist. Vipassana heißt »sehen, was ist« – und oft ist das erst einmal die Tatsache, dass das Schweigen ganz schön laut ist. Der »Monkey Mind« schwingt sich von Assoziation zu Assoziation und vom Hölzchen aufs Stöckchen; wir fahren Gedankenkarussell, halten wutentbrannte Reden für ein unsichtbares Publikum, erklären unsere Liebe, schreiben stumme To-do-Listen, versuchen eine Antwort darauf zu finden, ob wir daheim den Herd ausgestellt haben. Wo wir friedvolle Zustände erwarten oder auch herbeisehnen, wird oft erst einmal jede Menge Unruhe spürbar. Erinnerungen kommen an die Oberfläche, Gefühle steigen auf, neue Themen und Assoziationen im Schlepptau.

Maja erinnert sich an ihren ersten Zehntageskurs und die Sorge, dieser existenziellen Unruhe nun pausenlos ausgesetzt zu sein: »Ich hatte wirklich Angst, dass ich das nicht aushalte. Zehn Tage in diesem Orkan, das schien mir unfassbar lang. Ich dachte: Das schaffe ich niemals, ich kann ja noch nicht mal eine Viertelstunde stillsitzen.«

In der Didaktik von S. N. Goenka dienen die drei Tage ānāpāna dazu, gerade so viel Konzentration aufzubauen, dass der Geist ausreichend für die eigentliche Vipassana-Technik gerüstet ist. Sie wird am vierten Tag eingeführt. Das heißt aber nicht, dass ānāpāna nur eine Etüde ist. Der Atem ist ein sehr machtvolles Instrument, das viele Vorteile bietet. Zum einen ist er immer verfügbar, wo wir gehen und stehen. Er macht die Meditierenden autonom. Der berühmte Satz »I forgot my Mantra« aus dem Woody-Allen-Film »Annie Hall«* kann als Kürzel für eine Abhängigkeit verstanden werden, die Vipassana gar nicht erst aufbauen will. Es geht nicht darum, einem Guru zu folgen, sondern darum zu untersuchen, wie unsere körperlichen und geistigen Strukturen funktionieren und interagieren, und dem Mechanismus auf die Spur zu kommen, der uns leiden lässt. Deshalb wird bei Vipassana – anders als etwa in den Pranayama-Übungen des Yoga – der Atem nicht bewusst verändert. Im Gegenteil: Es wird die Anweisung gegeben, den Atem so zu beobachten, wie er ist. Auf diese Weise wird das Ein- und Ausatmen zum Forschungsobjekt, und zwar zu einem, das anfängertauglich ist. Auch ein ungeübter Geist kann den Atem beobachten. Vielleicht ist man sich zu Beginn nur der Tatsache bewusst, ob man gerade ein- oder ausatmet. Je stärker die Konzentration wird, desto feiner wird die Beobachtungsgabe und desto mehr Details werden Meditierende beobachten können: Wärme, Kälte, Rhythmus, Heftigkeit und andere. Goenka fordert die Meditationsschüler gleich am ersten Tag und dann immer und immer wieder auf, sich mit Neugier und Forschergeist auf den Weg zu machen und den Atem »als ein Werkzeug zu nutzen, mit dem man die Wahrheit über sich selbst erforschen kann«.[39]

Wer die ersten, oft frustrierenden Stunden und Tage hinter sich gebracht hat, merkt schnell, dass Fokus und Aufmerksamkeit wie Muskeln trainiert werden können. In einem Retreat-Setting kommen die Fortschritte schnell. Früher oder später wird es jedem möglich sein, sich zumindest zeitweise wirklich auf den Atem zu konzentrieren und den Geist von allen anderen Inhalten zu leeren. Die Glücksgefühle, die sich dabei einstellen, sind ein erstes Stadium von tieferem samādhi, dem Zustand, den die Schriften »Versenkung« oder »Sammlung« nennen. Mehr dazu in Kapitel 3.1.

* Die Komödie »Annie Hall« erschien 1977 unter Regie von Allen Woody.

Während die Beobachtung präziser wird, stellt sich oft auch bereits eine Art Metabewusstsein ein. Das Bewusstsein registriert, was es selbst tut. Es tritt eine Instanz in Erscheinung, die bemerkt, in welche Aktivitäten der Geist sich verstrickt. Dieser Moment kommt unauffällig daher, steckt aber voller Potenzial. Zum ersten Mal die Erfahrung zu machen, dass das eigene Bewusstsein wahrgenommen und sogar gesteuert werden kann, bedeutet einen Meilenstein in der Beziehung des Meditierenden zu sich selbst. Wenn ich bemerke, was ich gerade denke oder fühle, dann kann ich mich auch selbst zurückrufen; zum Beispiel zur Beobachtung des Atems, oder wozu auch immer ich meinen Geist nutzen will. Wenn das gelingt, sitze ich am Steuer. Wenn nicht, werde ich zum Entführungsopfer. Mein Geist bestimmt dann selbst, wohin er wandert, und er nimmt mich mit. Mal verführerisch, mal gewalttätig – aber in jedem Fall übernimmt er das Ruder.

Alles fließt – von anicca und anattā

Vipassana bedeutet »sehen, was ist«, oder auch »Einsicht«. Gemeint ist damit die Einsicht in die drei Merkmale allen Daseins, wie der Buddha sie erläutert.

Da ist zunächst anicca (sprich: Anitscha), das Prinzip der Veränderlichkeit. Alles, was wir sehen, hören, riechen, schmecken oder fühlen, alles was wir denken, ist vergänglich. Ein jedes Ding ist in einem kontinuierlich ablaufenden Prozess des Entstehens und Vergehens begriffen. Goenka verweist darauf, dass »die Geschwindigkeit und die Kontinuität dieses Prozesses die Illusion von Beständigkeit« erzeugt[40] und vergleicht diese mit den Prozessen, die in der Flamme einer Kerze oder einer elektrischen Glühbirne ablaufen: Obwohl das Gehirn um die Veränderung weiß, nimmt das Auge eine konstante Lichtquelle wahr. Schon während der Ānāpāna-Phase, in der Beobachtung des Atems, wird anicca erfahrbar, später mit der Vipassana-Technik noch umfassender. Dass niemand zweimal in denselben dahinströmenden Fluss steigt, das scheint eine leicht zu verstehende Wahrheit zu sein. »Aber wie soll man verstehen, dass der Mensch, der in diesem Fluss badet, sich ebenfalls in jedem Augenblick verändert?«[41]

Wer präzise und mit voller Konzentration seinen eigenen Körper beobachtet, der wird feststellen: Auch wir selbst sind in permanenter Veränderung begriffen, auch der eigene Körper ist letztlich ein vibrierendes Feld in andauerndem Wandel. Dies wirklich zu begreifen ist etwas anderes, als über Atome und Elektronen und den zweiten Hauptsatz der Thermodynamik Bescheid zu wissen. Vipassana scheint gerade für Menschen mit einer Affinität zu den Naturwissenschaften attraktiv zu sein, die Weltbilder passen gut zusammen. Je bewusster man sich selbst wahrnimmt, desto offensichtlicher wird, dass nichts auch nur von einem Moment zum nächsten Bestand hat. Wer sich diesem Phänomen der unablässigen Veränderung wirklich aufmerksam widmet, der bekommt eine Ahnung davon, wie unser Universum funktioniert.

Zunächst richten Meditierende jedoch ihre Aufmerksamkeit auf den Teil des Universums, der vor ihnen liegt, auf das, was sich in ihrem eigenen Geist und Körper abspielt. Durch genaues und kontinuierliches Beobachten der Prozesse im eigenen Körper wird ein weiteres grundlegendes Prinzip erfahrbar: anattā. Der Pali-Begriff attā – auf Sanskrit: Atman – bezeichnet eine Seelenessenz, ein von allem anderen unabhängig bestehendes, ewiges Selbst. »An-attā«, die Verneinung, drückt die Einsicht aus, dass das Gegenteil der Fall ist. Wenn – gemäß der Einsicht von anicca, der Vergänglichkeit, – nichts von dem, was wir in unserer geistigen und körperlichen Struktur wahrnehmen, länger als einen Augenblick Bestand hat, dann gibt es kein unwandelbares, unabhängig bestehendes Selbst und auch keine unsterbliche Seele. Es gibt keine unveränderliche Substanz oder Identität und in letzter Konsequenz daraus auch kein Ich. Anattā wird daher auch »Nicht-Ich« genannt. Denn alles verdankt sich, wie wir in Kapitel 2.4 noch ausführlicher sehen werden, einem komplexen Bedingungsgeflecht von Ursachen und Wirkungen. Noch nicht einmal der eigene Körper ist dann mein Körper – »mein« im Sinne von etwas, worüber ich verfügen kann, worüber ich Macht habe. Es fällt schwer, Goenka zu widersprechen, wenn er argumentiert:

> »Die Wahrheit ist, dass wir noch nicht einmal Macht über unseren eigenen Körper haben. Er verändert sich ohne Unterlass und verfällt immer weiter, ohne auf unsere Wünsche Rücksicht zu nehmen.«[42]

Durch einen derart radikalen Perspektivwechsel löst sich alles auf, was uns als Basis unseres Denkens und Sprechen selbstverständlich ist. Substanz und Akzidens, das Wesentliche und die Eigenschaften, die es bestimmen, die Grundfesten der altgriechischen Weltordnung, sind dann hinfällig. Subjekt und Objekt fallen ineinander und sind nicht mehr zu trennen. Das ist kein buddhistisches Geheimwissen oder esoterischer Firlefanz. Humberto Maturana und Francisco Varela, die Pioniere des neurophysiologischen Konstruktivismus, haben diese Prozesshaftigkeit allen Seins auf die Formel gebracht: »Jedes Tun ist Erkennen, und jedes Erkennen ist Tun.«[43] Soll heißen: Durch unsere jeweils besondere Praxis erschaffen wir die Gegenstände unseres Erkennens, die uns dann so wirklich erscheinen, dass wir daraufhin agieren und handeln – ein rekursiver Prozess, der sich, wie die beiden Schlangen in Michael Endes *Unendlicher Geschichte*, in den Schwanz beißt. Damit legten die beiden Biologen die Grundlage für die Systemtheorie. Auch der Quantenphysik ist diese Form des Denkens vertraut.[44] Diese erkenntnistheoretische Grundhaltung mag die Prozesshaftigkeit allen Lebens besser abbilden als der klassische Essentialismus – aber sie ist sperrig. Und nicht nur das: Sie ist brutal. Alles ist in Auflösung begriffen, es gibt keine Sicherheit. Und mich selbst gibt es auch nicht!?*

Paradoxerweise berichten Meditierende davon, dass inmitten in all dieser Veränderlichkeit, im Vibrieren, Strömen und Brausen des Werdens und Vergehens etwas fühlbar wird, das Ruhe gibt und Sicherheit. Meditierende erleben zunächst, dass es in ihnen eine Instanz gibt, die all dies beobachten kann. Diese Instanz scheint unerschütterlich, immer da, sobald sie sich ihrer selbst bewusst ist. »Das ist wie im Auge des Sturms zu sitzen«, sagt Maja zu diesem Phänomen, »das war ein ganz irrer Moment für mich: zu begreifen, dass das Einzige, was sicher ist im Leben, die Veränderung ist. In diesem Moment war das nicht beängstigend, sondern beglückend, dass es möglich ist, in diesem permanenten Wandel eine Art Geborgenheit zu finden.«

Wenn man es schafft, den Fokus auf diesen Beobachter zu richten, ist ein wesentlicher Schritt geschafft. Später wird es dann wichtig zu verstehen, dass auch dieser bedingt, also gemacht ist, und damit der Gesetzmäßigkeit von anicca unterliegt. Die Meditationslehrerin Petra fasst das so zusammen: »Anicca zu verstehen, dass alles sich ständig wandelt, das ist schon nicht so einfach. Wenn man sich da mal so richtig reingearbeitet hat, dann wird es aber zu etwas, was man für sich nutzen kann. Dann ist das mehr als eine Beschreibung des permanenten Wandels, dann merkt man, dass dieser Wandel System hat, und dass man damit arbeiten kann.«

---

* Die Anattā-Lehre darf nicht in dem Sinne missverstanden werden, dass es kein Subjekt der Befreiung aus dem Leben gebe oder reflexiver Selbstbezug unsinnig sei. Gerade die frühen Schriften des Pali-Kanons legen das Gegenteil nahe und widersprechen einer solchen nihilistischen Deutung, wie Pérez-Remón 1980 in seinen umfangreichen Quellenstudien aufzeigt.

Damit das möglich wird, braucht es samādhi, Versenkung und rechte Konzentration. Je mehr Meditierende sich daran gewöhnen, einen konzentrierten Zustand zu halten, desto entspannter und müheloser kann dieser werden. Das Gewahrsam für das, was in Körper und Geist passiert, gleicht dann eher einem Raum, den der Praktizierende hält und mit seiner Aufmerksamkeit ausleuchtet. Mit ānāpāna lässt sich dieser Zustand für die meisten Meditierenden schon in den ersten Tagen für kurze Zeit erreichen. Fabio beschreibt das so: »Das ist der Punkt, an dem ich den Geist nicht mehr zwingen muss, ihn nicht immer wieder zurückpfeifen, er bleibt dann schon von alleine da. Es ist dann eher so, dass es nicht mehr aufhört.«

Anfänger werden sich wundern, für Meditierende, die schon länger dabei sind, ist es normal, was Fabio weiter beschreibt: »Wenn Momente von vertiefter Konzentration länger dauern, also zehn oder fünfzehn Minuten, oder auch mal ein paar Stunden, folgt oft eine Art Gegeneffekt. Dann kommt emotional ganz viel hoch. Wie wenn man in der Wohnung gewirbelt hat, um sauberzumachen, und dann ist ganz viel Staub in der Luft. Wie ein Gegenschlag kommt dann auf einmal ganz viel Un-Konzentration.« Dieses Phänomen von Bewegung und Gegenbewegung des Geistes ist ganz normal, wer die Prozesse seines Bewusstseins aufmerksam beobachtet und verfolgt, wird es immer wieder an sich selbst beobachten können – auf unterschiedlichen Ebenen und auf vielfältige Weise.

Anattā – Nicht-Selbst – erstreckt sich bei genauerem Hinsehen und aufmerksamer Praxis auf alles, auch auf die soeben erst entdeckte Beobachterinstanz. Nicht einmal auf sie ist Verlass. Der eigene Fokus, die Qualität der Aufmerksamkeit, wandelt sich permanent, auch hier gibt es keine wie auch immer geartete Beständigkeit. Selbst ein trainierter Geist hat Momente, in denen er abschweift, unaufmerksam ist, darüber nachsinnt, was es wohl zu Mittag geben wird. Auch der Beobachter ist fluide und von Bedingungen abhängig. Ein hungriges Körper-Geist-System beobachtet sich selbst völlig anders als ein gesättigtes, ein müdes anders als ein waches, und so weiter. Ein fester Grund kann eine beobachtende Haltung werden, die sich dessen bewusst ist. Auch sie ist kein »etwas«, das von nun an immer da und verfügbar wäre, sondern eher ein aktives Gewahrwerden, eine Möglichkeit, die sich auftut, die trainiert und kontinuierlich neu ergriffen sein will.

Anattā wird dann zu einer Chance, die wir nutzen können: In der Möglichkeit, den Augenblick in seiner Vergänglichkeit und damit auch in seiner Präsenz zu erfassen, liegt auch die Chance, wirklich gegenwärtig zu denken und zu handeln. Es sind dann nicht mehr altbekannte Gedankenschleifen, Dialoge und Reflexe, die unsere nächsten Gedanken und Taten bestimmen. Es tut sich die Möglichkeit auf, in dieser Welt zu leben, ohne uns von alten Konditionierungen – von »Reaktivität«, wie die Buddhisten sagen – bestimmen zu lassen.

In Reaktivität steckt dukkha, das Leiden, aus dem Siddharta einen Ausweg suchte. Stephen Batchelor betont, wie sehr wir Menschen von Angst gesteuert sind, er sieht darin den eigentlichen Grund für unsere Reaktivität; es gehöre zur menschlichen Natur, hochgradig ängstlich zu sein. Tatsächlich ist Angst ein Überlebensmechanismus, der hilft, Art und Individuum zu erhalten. Der Leerheit und Veränderlichkeit der Dinge gewahr zu werden, bringt uns in die Lage, weit mehr wahrnehmen zu können als das, was unsere Neurobiologie vorgibt. Wir kommen dann in Kontakt mit einem viel weiteren Panorama an Eindrücken und Sinneserfahrungen.[45] Tatsächlich hilft Vipassana gegen Angst, das merken Meditierende sehr schnell.

Aus der Lehrrede des Buddha zur Leerheit[46] – ein anderer Ausdruck für anattā – zieht Stephen Batchelor folgenden Schluss:

> »In Leerheit zu weilen bedeutet nicht, dass man nicht mehr leiden wird. Solange jemand Körper und Sinne hat, wird er oder sie empfänglich sein für die Angst, die davon herrührt, eine bewusste, fühlende Kreatur aus Fleisch, Knochen und Blut zu sein.«[47]

Das dürfte für den Buddha genauso wahr gewesen sein wie für uns heute. Ein interessantes Detail: Batchelor hatte, als er noch tibetischer Mönch war, an einem Vipassana-Kurs von Goenka teilgenommen. Im Nachhinein betrachtet er dies als eine wichtige Weichenstellung in seinem Leben und für sein Verständnis der buddhistischen Praxis.[48] Er macht darauf aufmerksam, dass der Erwachte uns nicht anweist, das Konzept der Leerheit intellektuell zu verstehen, sondern in Leerheit zu weilen.

> »In Leerheit zu weilen bringt uns auf den Boden der Tatsachen zurück und zurück zu unserer Körperlichkeit. Es ist ein Weg, der uns befähigt, unsere Augen zu öffnen und gewöhnliche Dinge wahrzunehmen, als wäre es das erste Mal.«[49]

Dieser letzte Satz ist wichtig, denn er enthält ein Versprechen. Durch die Einsicht in die Leerheit fällt nicht nur etwas weg, es tritt auch etwas grundlegend Neues in unser Leben: Wenn Antrainiertes, vielfach Erprobtes entfällt, wenn wir wirklich gegenwärtig da und mit dem Augenblick präsent sind, dann schauen wir wie durch frisch geputzte Fenster in die Welt. Jede Situation ist dann frisch und kostbar, es liegt ein Glanz auf den Dingen, wie wir es aus unserer Kindheit erinnern, als die ganz gewöhnlichen Dinge noch neu und aufregend waren. Die Wiederverzauberung der Welt kann beginnen.

Buddha sagt zu seinem Schüler Bāhiya:

»Im Gesehenen wird nur das Gesehene sein,
im Gehörten nur das Gehörte;
im Gefühlten nur das Gefühlte,
in dem, dessen ich mir bewusst bin, nur das,
dessen ich mir bewusst bin.«[50]

2.2 Leben, Leiden, Loslassen

»Ich freue mich, wenn es regnet,
denn wenn ich mich nicht freue,
regnet es auch.«
Karl Valentin[51]

Es ist in den buddhistischen Lehren viel von Leid die Rede. *Dukkha,* das Leid, ist ein zentrales Motiv, die Befreiung davon das große Ziel. Einige Meditierende empfinden das als pessimistische Grundhaltung, von der sie sich abgestoßen fühlen. Für viele Menschen, die mit Buddhismus nichts am Hut haben, ist die Prämisse »Leben ist Leiden« eine, die sie davon abhält, sich mit dieser Philosophie überhaupt zu beschäftigen. Doch auch wenn das Konzept von dukkha Widerstand auslöst – es lohnt eine Betrachtung.

Im Alltag verstehen wir unter »Leiden« alles, was unangenehm ist. Ärger, Frust, Schmerz, alles, was wir nicht haben wollen. S. N. Goenka macht in seinen Vorträgen darauf aufmerksam, dass uns auch angenehme Erfahrungen und Sinneseindrücke Leid bescheren können. Und zwar immer dann, wenn wir nicht fähig sind, sie loszulassen. Denn Freud und Leid haben eines gemeinsam: Sie sind vergänglich. Alles, was wir lieben, werden wir wieder verlieren; was uns Freude macht, mit Stolz oder Glück erfüllt, geht unweigerlich irgendwann vorbei. »Anhaftung an etwas, was so kurzlebig, so unbeständig ist, kann nur Leiden bringen«, sagt Goenka.[52] In dem Moment, wo ich versuche, das zu besitzen, festzuhalten, zu kontrollieren, was sich ständig verändert und worüber ich keine Kontrolle habe, werde ich zum Schmied meines eigenen Unglücks. Nicht die Welt an sich, sondern mein eigener Geist ist es, der dann Leid entstehen lässt.

Goenka kennt die Schwierigkeiten, die Menschen mit diesem Konzept des allgegenwärtigen Leidens haben. Er betont:

> »Dies ist kein pessimistischer Weg. Dhamma lehrt uns, die bittere Wahrheit des Leidens zu akzeptieren, aber es zeigt auch den Weg, der aus dem Leiden herausführt, deshalb ist es ein optimistischer Weg.«

Goenka verweist auf den Realismus und vor allem den »Aktivismus«, der in diesem Weg steckt: »Jeder einzelne muss aktiv werden, jeder einzelne muss arbeiten, um sich selbst zu befreien.«[53]

Die Botschaft ist: Leid ist kein objektiver Zustand in einer Welt, die außerhalb unserer selbst liegt. Es ist eine mentale Reaktion, eine Aktivität des Geistes. Eine, die wir verändern können, wenn wir unser Bewusstsein entsprechend trainieren. Unmittelbar erfahrbar wird das am Phänomen des Schmerzes. Nicht nur aus diesem Grund nutzt Goenka den Abendvortrag des dritten Tages dazu, die Meditierenden auf die Vipassana-Technik einzustimmen, mit der am vierten Tag begonnen wird.

Blut, Schweiß und Tränen

Bei Vipassana geht es darum, mit der Aufmerksamkeit durch den gesamten Körper zu wandern. Es ist eine Art Bodyscan, der nach einem ganz bestimmten Prinzip eingeführt und ausgeübt wird. Was nun beginnt, gleicht einer Expedition – nicht ins All, sondern in den eigenen Körper.

Diese Expedition führt – gerade für Anfänger kommt das manchmal unerwartet – allerdings nicht direkt in die stillen, leeren Weiten des inneren Raumes, sondern zunächst einmal in die Fülle all dessen, was in diesem Raum vorhanden ist. Das ist oft jede Menge Unwohlsein, die körperliche Entsprechung der zuvor während der Ānāpāna-Phase bereits wahrgenommenen Unruhe. Dirk, ein erfahrener Praktizierender, erzählt eindrucksvoll von »Schluckbeschwerden, Krämpfen, alles, was man so haben kann«. Vor allem Schmerzen in Nacken, Schultern, im unteren Rücken und im Knie sind sehr verbreitet. Dirk erinnert sich an heftige Körperreaktionen, die auftraten, während er mit der Aufmerksamkeit durch seinen Körper wanderte. »Es gab eine Phase, da hatte ich das Gefühl, ich stehe auf einer heißen Herdplatte, so sehr brannten mir die Füße. Das wurde so schlimm, dass ich zum Lehrer gegangen bin und gesagt habe: ›Ich halte das nicht aus. Gibt es denn hier in diesem Zusammenhang keinen Jesus oder einen lieben Gott, der mir hilft, diese Schmerzen auszuhalten?‹ Ich war wirklich verzweifelt.«

Nein, einen lieben Gott bietet Vipassana nicht. Meditierende sind auf sich gestellt, niemand kann sie erlösen außer sie selbst. Was aber möglich ist: den Schmerz zu erkunden und mit ihm anders umgehen zu lernen. Dirk ist das gelungen, er ist mittlerweile seit Jahren fest in der Praxis verankert und hat nach einigen Zehntageskursen dann auch längere Kurse gesessen. Mittlerweile ist er im Rentenalter und engagiert sich stark im Vipassana-Zentrum. Das Thema Schmerz blieb für ihn weiterhin präsent. Er erzählt davon, dass er kurz vor seinem ersten Zwanzig-Tages-Retreat von schrecklichen Rückenschmerzen heimgesucht wurde. »Ein leichter Bandscheibenvorfall. Ich war in Belgien im Meditationszentrum angemeldet, seit Monaten schon, und ich war fest entschlossen, diesen Kurs zu sitzen. Ich dachte: Ich fahre jetzt da hin, und wenn es gar nicht geht, breche ich halt ab und fahre wieder nach Hause.« Dirk meldet sich beim Lehrer und informiert ihn, dass er statt auf einem Kissen auf einem Stuhl meditieren muss, dass er vorerst auf dem Boden liegend meditieren wird und auch nachts auf dem Boden statt in seinem Bett schlafen wird. Der Lehrer reagiert verständnisvoll und entgegenkommend, eine Erfahrung, von der viele Meditierende berichten: Dass sie stets das Gefühl hatten, in ihrem Wunsch zu meditieren voll unterstützt zu werden, dass Mittel und Wege gefunden werden, um die Praxis zu ermöglichen, wo Krankheiten oder Einschränkungen im Weg stehen. »Der Lehrer meinte nur: ›Okay, mach das alles. Aber abends um 18 Uhr musst du in der Meditationshalle sein.‹ Das war die einzige Vorgabe, die er gemacht hat.« Dirk findet also seinen Weg, durch alle Schmerzen hindurch. Er erinnert sich an den Tipp, den ein Lehrer ihm in einem vorigen Kurs gegeben hatte, nämlich ānāpāna zu machen, wenn die Schmerzen zu schlimm werden, also sich auf den Atem zu konzentrieren statt auf den Bodyscan. »Die Stunde abends in der Halle habe ich auf meinem Stuhl auch irgendwie hinbekommen. Und nach zwei Tagen waren meine Rückenschmerzen weg!« Dirk erzählt, dass er im Anschluss achtzehn Tage lang problemlos sitzen und meditieren konnte, und dabei weniger Schmerzen hatte als je zuvor. Er berichtet, dass ein anderes Mal, kurz bevor er zu einem 45-Tageskurs aufbrach, wieder »irre Schmerzen« aufgetaucht seien, »ganz heftige körperliche Veränderungen«. Dirk vermutet, dass er einfach Angst hatte: »Ich denke, ich habe nicht wahrgenommen, wie sehr mich das geängstigt hat, was ich mir da vorgenommen hatte. Und mein Körper hat halt reagiert, immer pünktlich einen Tag vor der Abreise.«

Für Dirk, wie auch für viele andere Meditierende, liegt die Lösung weder in der Vermeidung noch im »Durchbulldozern«. Sie liegt in der Vipassana-Technik selbst und darin, mit ihr zu experimentieren. Vipassana beobachtet. Wenn Schmerzen da sind, dann bedeutet »Sehen, was ist«, den Schmerz zu beobachten. Ihn nicht wegzuwünschen, ihm nicht auszuweichen, sondern ihm mit Neugier und Forschergeist zu begegnen. Menschen, die es nicht gewohnt sind, ihren Körper und seine Empfindungen zu beobachten, kommt dies erst mal unmöglich, wenn nicht gar gefährlich vor.

Jon Kabat-Zinn, der Begründer der MBSR-Technik, hat den Ausdruck »sekundärer Schmerz« geprägt. Damit ist gemeint: Was uns leiden lässt, ist nicht der Schmerz an sich. Der Schmerz an sich ist einfach eine Empfindung, ein Signal des Körpers, wenn auch ein unangenehmes. Schwierig wird es, wenn wir den Schmerz ablehnen, wegwünschen, fürchten, verfluchen; und wenn wir uns dabei immer mehr verspannen und verstricken, wenn wir Geschichten bauen, die dazu zu passen und ihn zu erklären scheinen: »Erst hatte ich eine so anstrengende Zeit und jetzt, wo ich mich endlich erholen wollte, auch noch dies ...« Oder: »Dieses Stechen ist unerträglich, derart zum Verzweifeln, was wenn da ein Tumor dahintersteckt ...?« Die Geschichten, die wir zum Schmerz hinzubauen, sind so unterschiedlich wie die Menschen, die ihn fühlen. Was sie gemeinsam haben ist, dass es diese Reaktionen auf den Schmerz sind, die den Großteil des Leidens ausmachen. Wir haben es hier mit dukkha in Reinform zu tun, mit Verlangen und Aversion. Der Schmerz soll weg, angenehme Zustände sollen her. Und das bitte sofort!

Sobald es Meditierenden gelingt, an dieser Stelle die Ruhe zu bewahren, können sie eine wichtige Lernerfahrung machen: Die Wechselwirkung von Körper und Geist, sie lässt sich am Phänomen Schmerz ideal erfahren. Wer genau hinspürt, der kann bemerken: Schmerz ist nicht gleich Schmerz. Da gibt es eine Stelle, die pulsiert und puckert, sie hat einen Kern und nach außen hin wird das Puckern weniger. Oder da ist eine Spannung, die in Härte übergeht und einen Knoten bildet, der eisig und verschlossen wirkt. Brennen, Jucken, Ziehen, Kribbeln, Gefühle von Hitze, Druck ... – Es lohnt sich, sich der besonderen Qualität dieses Schmerzes zuzuwenden, ihn nicht abzulehnen, sondern neugierig zu untersuchen. In dem Moment, wo die Abwehr nachlässt, wird in den meisten Fällen auch der Schmerz erträglicher, schwächt sich sein Katastrophencharakter ab.

Während man entsprechend den Anweisungen mit der Aufmerksamkeit durch den Körper wandert, abschweift, sich wieder konzentriert, wahrnimmt und immer feiner beobachtet, wird deutlich: Zu jedem Geisteszustand gibt es eine entsprechende körperliche Empfindung, und genauso gibt es zu jeder körperlichen Wahrnehmung eine emotionale und mentale Entsprechung. Dem eigenen Körper-Geist-System und seiner Funktionsweise nach und nach auf die Schliche zu kommen, kann eine hochspannende »Reise ins Ich« werden, eine intime Kontaktaufnahme mit sich selbst. Es ist schwer zu sagen, ob die Schmerzen wirklich quantitativ weniger werden – vielleicht ist es auch der innere Raum, der größer wird.

Goenka wird nicht müde zu betonen, dass Meditierende mit »Gleichmut« praktizieren sollen. Nicht bewerten, nicht herbeiwünschen, nicht ablehnen. Eine Erzählung von Gerhard macht deutlich, dass Gleichmut auch mit Mut zu tun hat. Denn es kostet Überwindung, sich für unangenehme Empfindungen zu öffnen und sich auf sie einzulassen. Da ist eine Furcht, überwältigt zu werden, sobald man ihnen »erlaubt«, da zu sein. Gerhard erinnert sich: »Ich hatte zu Beginn sehr heftige Empfindungen an Armen, Knien und Füßen. Ich bin da zuerst immer drüberweg gesprungen, ich bin dem ausgewichen, weil mir das einfach zu mächtig war. Später habe ich dann begriffen: Das ist das Entscheidende, ich muss mir das angucken. Dann konnte ich mich darauf einlassen, es beobachten. Und ich habe gemerkt: Tatsächlich, wenn ich mit meiner Aufmerksamkeit dableibe, dann passiert etwas, die Empfindungen verändern sich. Sie verändern sich nicht, wenn ich jedes Mal über sie hinwegspringe. Ich muss mich dem schon stellen.«

So bescheiden das klingt, es ist eine fundamentale Einsicht: Den Körper kann ich nicht beherrschen – sehr wohl aber meinen Geist trainieren. Indem ich ihn durch kontinuierliche Praxis dazu erziehe, im Moment zu bleiben, in diesem einen und immer wieder diesem einen Augenblick, gewöhne ich ihm ab, davonzueilen und Geschichten zu erfinden. Das beeinflusst auch das Schmerzempfinden. Gerhard fasst das so zusammen: »Die Einstellung dazu ändert sich. Man weiß, dass er da ist. Man weiß, wo er herkommt. Der Schmerz ist da, ich kann mir jetzt aussuchen, ob ich mich darüber aufrege oder nicht. Wenn man das akzeptieren kann, kommt man da besser mit zurecht, man kommt schneller durch, und es staut sich auch nicht so viel Neues an.«

Je feiner die Aufmerksamkeit wird, je subtiler die Empfindungen sind, die wir in der Lage sind, wahrzunehmen, desto besser lässt sich dieses innere Gleichgewicht halten. Denn starke Empfindungen wie Schmerz beginnen mit feinen, leisen Signalen. Die Macht, uns zu überwältigen, bekommen sie nur, wenn sie dieses frühe Stadium schon unbemerkt passiert haben.

Gerhard ist zu der Einsicht gekommen, dass es vor allem gilt, nicht stecken zu bleiben, nicht an Verlangen oder Aversion hängen zu bleiben: »Die Idee ist, nicht anzuhaften. Je länger ich mit der Aufmerksamkeit bei einer Empfindung bleibe, desto mehr Wichtigkeit gebe ich ihr. Wenn ich aber beobachte, welche Empfindung in diesem Moment gerade da ist, dann bin ich in genau diesem Moment. Dann bin ich nicht in der Vergangenheit oder in der Zukunft, sondern genau im Hier und Jetzt. Und dann beruhigt sich der Geist.« Goenka betont in seinen Anweisungen: Es ist menschlich und normal, auf Empfindungen mit Abneigung oder Anhaftung zu reagieren. Mit der Vipassana-Methode zu meditieren heißt, uns diese Gewohnheit abzutrainieren. Es ist eine starke Prägung, ja Konditionierung, in den allermeisten Fällen die eines ganzen Lebens. Darum ist es völlig normal, dass Meditationsanfänger ständig »reagieren« und sich verstricken. Es ist ungewohnt, auf Körperempfindungen zu achten, und noch ungewohnter, all diese Wahrnehmungen gleichmütig zu beobachten. Goenka sagt an Tag 4:

> »Es werden einige Augenblicke kommen, in denen Sie trotz großer Schmerzen gleichmütig bleiben. Diese Momente besitzen eine ungeheure Kraft, wenn es darum geht, das Gewohnheitsmuster des Geistes zu verändern.«

In diesen Momenten, und seien sie noch so kurz, tut sich ein Türspalt zur inneren Freiheit auf, in den man als Meditierender den Fuß stellen kann. Dieser Momente des Gleichmuts gewahr zu werden, ist die Voraussetzung dafür, dass sie sich von Stund an vermehren können. »Und irgendwann wird der Moment kommen«, so Goenka, »wo Sie das Stadium erreichen, in dem Sie jeder Empfindung mit einem Lächeln begegnen. Weil sie anicca, vergänglich ist.«[54]

Die eigenen Körperempfindungen zu beobachten hat eine enorm beruhigende Wirkung, die viele Meditierende sehr schnell als entspannend empfinden. Nicht umsonst kommt in vielen Entspannungsmethoden die eine oder andere Form des »Bodyscans« vor, ein Wandern durch den Körper und seine Teile. Die Aufmerksamkeit zwar zu lenken, aber dabei kein Ziel erreichen zu wollen – anders als zum Beispiel beim Autogenen Training, wo einzelne Körperteile gezielt durch Suggestion entspannt werden –, hat einen extrem entspannenden Effekt. Gleichzeitig ist es zutiefst beunruhigend. Denn unser Körper ist die Basis unseres Seins. Die Basis dessen, was wir sind, und zugleich die Basis all dessen, was wir lieber nicht wären: Krankheit, Schmerz, Verfall, Alter und Tod – all das spielt sich im Körper ab, und all das kommt nach und nach zu Bewusstsein.

Jenseits der Schmerzen warten jedoch auf die Meditierenden auch sehr angenehme Erfahrungen. Goenka spricht von »subtilen Empfindungen« und dem »freien Fluss«, Meditierende berichten von einem Gefühl, als würden Sie mit Honig oder Wasser übergossen. Angela erzählt, wie eindrücklich sie das erlebt hat: »Da war dieses freie Fließen, alles ist so ohne Hindernisse durch den Körper geflossen. Das war reine Glückseligkeit, ich wusste: Es ist alles in mir.« Sie erzählt von einem Gefühl von Vollständigkeit, das sie erfüllte, »so eine Geborgenheit in der Welt«. Auffallend viele Meditierende sprechen von dem Gefühl, »nach Hause zu kommen«. Einige wenige Praktizierende müssen sich gar nicht erst durch das Tal der Schmerzen hindurcharbeiten, sie steigen gleich bei diesen angenehmen Empfindungen ein. Britta erzählt: »Ich hatte nie Schmerzen beim Sitzen, das war mir vollkommen fremd, wenn andere davon erzählten, dass sie körperliche Probleme hatten beim Meditieren. Ich wusste gar nicht, wovon die sprechen. Für mich war das von Anfang an so ein Honeymoon-Erlebnis. Natürlich hat mich das eine oder andere Mal emotional aufgewühlt, aber ich konnte immer damit umgehen.«

Es scheint zwei Typen von Meditierenden zu geben: Den einen fällt es leicht, den anderen schwer. Letztlich ist keine Veranlagung besser oder schlechter als die andere, eher sind es zwei Seiten derselben Medaille. Die Herausforderung stellt sich zwar unterschiedlich dar, ist jedoch in beiden Fällen dieselbe: aus der Erfahrung kein Leiden erwachsen zu lassen, also Gleichmut zu bewahren. Das dürfte für diejenigen, die lernen müssen, mit Schmerzen umzugehen, fast leichter zu erlernen sein, weil es anders schlicht und ergreifend nicht weitergehen würde. Gerhard erzählt, wie er damit umgeht, wenn ihn Schmerzen plagen: »Dann gehe ich halt wieder durch den Körper, von Kopf bis Fuß und wieder zurück, und so drehe ich meine Runden und schaue jedes Mal wieder nach.« – Nichts anderes ist Vipassana.

Diese Technik ist kein Spaziergang. Sie durchzuführen und dranzubleiben, erfordert Disziplin, Beharrlichkeit und Mut. Es macht aber auch Spaß. Vipassana kann zu einer Entdeckungstour durch die eigene Existenz werden. Paul R. Fleischman, ein amerikanischer Psychiater, der von Goenka angeregt wurde, zu den Berührungspunkten zwischen Vipassana, Psychologie und Wissenschaft zu veröffentlichen, spricht von einer »Safari in die eigene psychologische Serengeti, pausenlos interessant und voller unerwarteter wilder Tiere«.[55]

Dass einem zwischendurch der Mut ausgeht, dass man keine Lust mehr hat, Ausreden findet oder auf den Gedanken verfällt, alles sei zwecklos – all das ist normal und kein Anlass, aufzuhören. »Start again«, diese Worte von Goenka begleiten die Meditierenden zehn Tage lang. Beginne von Neuem. Und von Neuem. Und von Neuem. In dieser Aufforderung steckt große Disziplin, aber auch unendliche Geduld und Nachsicht mich sich selbst. Sammle den davongewanderten Geist ein, immer und immer wieder, und beobachte alles, was du an der Oberfläche und in der Tiefe deines Körpers wahrnehmen kannst. Sei aufmerksam für das, was du wahrnimmst und beobachte es mit Gleichmut. Dann wird sich die Einsicht in dir ausbreiten, dass alles sich in jedem Moment verändert, dass keine Millisekunde der anderen gleicht. Das einzig Verlässliche in diesem Universum ist Veränderung, ein Prozess ohne Anfang und ohne Ende. Durch Vipassana wird diese große, universelle Wahrheit am eigenen Leib erlebbar, die Evidenz ist körperlich.

Goenka spricht nicht umsonst von einer »Operation«, die die Meditierenden nach seinen Anweisungen bei einem Zehntageskurs durchführen. Vipassana bewirkt tiefe und einschneidende Veränderungen.

Eine Expedition mit ungewissem Ausgang unternimmt man nicht allein. Die Soziologin Michal Pagis weist auf das Paradox hin, dass eine fast schon solipsistisch* anmutende Praxis wie Vipassana im Kollektiv eingeübt wird.[56] Vipassana-Meditierende sind zwar in dem inneren Raum, in dem sie sich durch und mittels der Technik bewegen, auf sich selbst zurückgeworfen und angehalten, jegliche Kommunikation mit anderen zu unterlassen. Jeder einzelne Teilnehmer tritt diese Odyssee für sich allein an. Und doch reiht sie oder er sich ein in eine Gruppe von bis zu hundert anderen Menschen, die im gleichen Raum meditieren, nebeneinander schweigend essen, zur gleichen Zeit schlafen gehen. Meditierende begeben sich in den Schutz des Kollektivs, und sie schützen und stärken durch die eigene Präsenz wiederum die anderen. Allein die körperliche Anwesenheit all der anderen schweigenden Mitreisenden auf dieser Expedition hat eine große Wirkung. Sie bietet eine soziale Verankerung, wenn auch in einer schweigenden Gemeinschaft. Viele Praktizierende berichten davon, dass ihnen das gemeinsame Meditieren spürbar hilft, dass die Konzentration in der Gruppe leichter zu finden ist und dass die Meditationserfahrungen im Gruppenraum für sie die tiefsten sind. Ob es das Aufgehobensein in einem sozialen Setting ist, das uns menschlichen Säugetieren die nötige Ruhe gibt, uns auf das Wagnis einer solchen Expedition in den Innenraum einlassen zu können? Wir werden das nicht klären können, aber es ergibt Sinn, was Michal Pagis diagnostiziert: »Meditierende brauchen andere Meditierende, um einander vergessen zu können.«[57]

Forscher in der inneren Serengeti – das Zusammenspiel von Geist und Körper erkunden

Den eigenen inneren Raum zu betrachten, ist gar nicht so einfach. Goenka gibt die Anweisung, dass Meditierende sich kein Bild von den einzelnen Körperteilen machen sollen, die sie mit ihrer Aufmerksamkeit durchwandern. Man soll sie von innen heraus wahrnehmen, wirklich mit den Sinnen erfühlen. Meditierende sollen das beobachten, was man nicht sehen kann. Keine leichte Aufgabe, denn wir alle sind es gewohnt, uns von außen zu sehen, im Spiegel und durch die Augen der anderen. Das betrifft nicht nur unsere Körper, sondern auch die Rollen, die wir im Leben spielen. Wir alle sind soziale Wesen und als solche ununterbrochen in Beziehung. Diese Beziehungen bringen Anforderungen, Erwartungen und Erwartungserwartungen mit sich,

* Der Solipsismus ist eine erkenntnistheoretische Lehre, die alle Gegenstände der Außenwelt und auch sogenannte fremde Ichs nur als Bewusstseinsinhalte des eigenen Ichs ansieht.

die für uns alle ständig wechseln: Wir sind Lehrerin, Mutter, Ehefrau, beste Freundin, Tochter, Bruder, Nachbar, Kunde ... die Liste ist endlos. Es kostet Energie, diese Rollen einzunehmen und zwischen ihnen zu wechseln und zu vermitteln. Das Bindeglied ist unser Körper, der in allen diesen Rollen derselbe bleibt. Durch die intime Kontaktaufnahme mit dem eigenen Körper und seinen Empfindungen schaffen Meditierende eine Kontinuität, die als kraftvoll und heilsam empfunden wird. Viele Menschen machen in diesem Rahmen zum ersten Mal die Erfahrung, dass sie das eigene Bewusstsein erfahren und ein Stück weit auch lenken können. Angesichts von anattā klingt es paradox, aber es eine empirische Tatsache: Je vertrauter wir mit uns selbst werden, mit dem sich stetig verändernden Fühlen, Denken und Wahrnehmen, das uns ausmacht, desto stärker wird der Eindruck von Identität. Nicht im Sinne einer unveränderlichen, abgeschlossenen Persönlichkeit, sondern von einer Mitte, in die wir rücken.

Josephine berichtet, dass sich bei ihr »ein völlig anderes Zeitgefühl« einstellt, während sie sich beim Meditieren »wie eine Forscherin in dieser inneren Welt« bewegt. Vipassana zu machen heißt genau dies: die Kontaktstelle zwischen Körper und Geist zu erkunden. Es gibt viele Methoden und Techniken, die diese Schnittstelle in den Fokus rücken: Von Yoga über Logopädie bis zu Feldenkrais, auch Therapieformen wie zum Beispiel Osteopathie oder Faszientherapie. Vipassana-Meditierende brechen ohne Behandler auf. Sie nehmen die Erkundung des inneren Raums selbst in die Hand. Systematisch und gründlich, möglichst konzentriert und mit einer neugierigen Grundhaltung. Wer sich darauf wirklich einlässt, wird sich selbst kennenlernen. Den eigenen Körper und seine Empfindungen, wie sie sich aufbauen, entfalten und wieder vergehen. Ob Schmerz, Wohlbefinden oder Langeweile – der Beobachter bleibt möglichst unbeeindruckt. Es geht darum, »mit sich selbst durch dick und dünn zu sitzen«, wie Paul R. Fleischman so schön sagt.[58] Bei einem Zehntageskurs tun Meditierende das drei Mal am Tag in der Meditationshalle, in Gegenwart des Lehrers und aller anderen Kursteilnehmer. Die restlichen Stunden steht es den Kursteilnehmern frei, auch allein auf dem Zimmer zu meditieren. Erfahrenen Meditierenden wird oft eine eigene »Zelle« zugeteilt, wo sie komplett ungestört sein können. Diese »kollektive Einsamkeit«, wie Michal Pagis es nennt, ist das Fundament für die spätere Praxis zu Hause. Der Psychiater und Vipassana-Lehrer Fleischman macht darauf aufmerksam, dass ein Zehntageskurs mit seinen strikten Regeln und vielen, vielen Stunden Meditation am Tag das perfekte Setting bietet, um das eigene Körper-Geist-System wirklich kennenzulernen:

> »Um zu erfahren, was Vipassana wirklich bietet, müssen Sie sich Zeit geben, morgens, mittags und abends zu meditieren: morgens, mittags, abends, morgens, mittags, abends. Sie meditieren, wenn Sie hungrig sind und wenn Sie essen und wenn Sie mit dem Essen fertig sind. Wenn ihr Bauch voll ist, wenn Ihr Bauch leer ist, wenn Ihr Bauch wieder voll ist, wenn er wieder leer ist. Sie meditieren, wenn Sie aufwachen, wenn Sie gerade aufgewacht sind, wenn Sie ganz wach sind, wenn Sie schläfrig sind und nach dem Mittagessen, wenn Sie wach sind am Nachmittag, wenn Sie schläfrig sind am Abend. Sie lernen durch all die verschiedenen Ebenen der Sättigung und Wachsamkeit zu meditieren ... Sie lernen, unter all den unterschiedlichen Bedingungen zu meditieren, die Ihr Geist und Ihr Körper Ihnen präsentieren werden«[59]

– im Kurs wie auch auf dem Kissen oder dem Stuhl daheim.

Die Anweisungen, anhand derer die Kursteilnehmer in dieses Abenteuer aufbrechen, sind sehr präzise und detailliert. Jeden Tag kommt eine neue Anweisung hinzu, die auf den vorigen aufbaut, jeden Tag kommt eine neue Dimension hinzu. Die Meditierenden haben zwei Mal am Tag die Gelegenheit, einem Lehrer Fragen zu stellen, den Großteil des Tages sind sie jedoch mit sich selbst, mit den Inhalten ihres Geistes und den Empfindungen ihres Körpers allein. Manche Menschen schreckt diese Vorstellung ab. Andere erleben es als Luxus, so viel Zeit für sich zu haben, den Raum zur Verfügung gestellt zu bekommen, sich so intensiv sich selbst zuwenden zu dürfen. »Was mich an Vipassana angezogen hat, war die Tatsache, dass Meditation ganz meins ist. Alles, was nach den Anweisungen kommt, ist einfach nur für mich«, so fasst es eine Kursteilnehmerin für Michal Pagis zusammen.[60] Ein früher Text des Pali-Kanons zeigt an, dass es eine Art von Rückzug, von Einsamkeit gibt, die es braucht, um zu meditieren. Die »Rhinozeros«-Sutta[61] erzählt davon, dass Meditierende sich allein auf die Suche machen sollen, wie ein indisches Rhinozeros, das als Einzelgänger durch die Wälder zieht. Mit diesem Bild dürfte eher eine innere Unabhängigkeit gemeint sein als wirkliche Selbstisolation, denn auch der Buddha zog nach seiner Erleuchtung in Gesellschaft seiner Anhänger durchs Land, er sprach mit den Menschen und war ein eher geselliger Typ. Nicht umsonst nimmt, wer Vipassana lernen will, nicht nur Zuflucht zu den Lehren und zu Buddha, der sie vermittelt, sondern auch zur sangha – der konkreten Gemeinschaft der Praktizierenden.

Das Besondere an dem Setting eines Vipassana-Zehntageskurses ist, dass es ermöglicht, völlig in die Einsamkeit zu gehen – gerade durch den sozialen Rahmen, den es aufbaut. Ein solcher Kurs bietet eine Bindung an andere Menschen, ein Getragensein, innerhalb dessen man sich hochkonzentriert mit sich selbst beschäftigen und an sich arbeiten kann. Einige Meditierende, mit denen wir gesprochen haben, betonen, dass sie diesen Raum als »unsagbar kostbar« empfinden. Britta sagt über die Vipassana-Kurse: »Die sind so achtsam. Da darf noch nicht mal der Postbote klingeln im Zentrum, wenn ein Kurs läuft. Das ganze Gelände ist abgeschirmt, du hast einen wirklich geschützten Raum. Das ist so kostbar, ich hoffe, dass ich das nie aufgeben muss.«

Fabio erzählt davon, dass er einmal nach Myanmar ins Kloster ging, um dort einen Monat lang zu meditieren. »Ich habe dort erst gemerkt, wie wertvoll die Kurse sind, die wir hier haben. Ich war in einem Kloster, wo wirklich viel Wert auf die Praxis gelegt wurde. Und selbst dort haben viele Mönche nicht wirklich respektiert oder respektieren können, dass ich edle Stille halten wollte. Das hat mich wirklich überrascht. Ich würde sagen, auf Zehntageskursen bei uns wird ernsthafter meditiert als dort.«

Ein wichtiger Teil der Didaktik sind die Vorträge, die jeden Abend gehört werden. Zu Anfang für viele etwas gewöhnungsbedürftig, wird dieser tägliche Input schon bald zu einer tragenden Säule des Kurses. Hier wird vertieft, was tagsüber geübt wurde, und vorbereitet, was am Folgetag kommt. Goenka gibt Informationen zu wesentlichen buddhistischen Perspektiven und beantwortet Fragen, die sich den Meditierenden im Prozess stellen. »Es war sonderbar, jeden Abend bekam ich die Antwort auf genau die Frage, die mich den ganzen Tag lang beschäftigt hatte.« Diesen oder einen ähnlichen Satz sagen viele Meditierende. Für Petra waren die Vorträge stets »das Highlight. Da wurde alles gesagt, was ich immer schon mal hören wollte ... und gleichzeitig knüpften diese Vorträge an meine Eigenverantwortung an«. Für Dirk waren die Vorträge das Medium, das seine Erfahrungen beim Meditieren verständlich machte. »Da kamen so viele Dinge auf, auf die ich überhaupt nicht vorbereitet war. Und dann gab es aber die Abendvorträge, die mir den Sinn vermittelt haben von dem, was ich da erlebte. Ich kann gar nicht mehr die Inhalte wiedergeben, aber für mich war es mehrfach so, dass ich an einem Punkt war, wo ich dachte: ›Das schaffe ich nicht mehr, ich schmeiße hin.‹ Und dann, jedes Mal, dachte ich während des Abendvortrags irgendwann: ›Ach, so ist das zu verstehen!‹ Und dann war wieder die Motivation da zu sagen: ›Doch, ich mache weiter, ich haue nicht ab!‹« Dirk erzählt, dass er auch nach Jahren noch manchmal zu Hause Goenkas Vorträge hört und dabei immer wieder auf Inhalte oder Erklärungen stößt, die er zwar schon oft gehört hat, die aber genau zu diesem Zeitpunkt neu zu ihm sprechen und eine Frage beantworten, die ihn aktuell beschäftigt.

Ein Grund, den Kurs vorzeitig abzubrechen, ist für viele die Strenge der Kursstruktur. »Am Anfang dachte ich, das ist hier nicht nur wie im Kloster, sondern irgendwie auch wie im Gefängnis«, erinnert sich Maja. Wie die Gruppe ist auch diese Struktur dazu gedacht, die Meditierenden in ihren Bemühungen zu unterstützen, ihnen Halt zu geben und Störungen auf ein Minimum zu reduzieren. Der strikte Zeitplan, der mit dem Aufstehen um 4:00 Uhr morgens beginnt, das Schweigegebot, die Regeln, die jedes kleinste praktische und organisatorische Detail in Bahnen lenken. Nichts bleibt dem Zufall überlassen. »Ich weiß noch, dass ich das dann bei meinem zweiten Kurs total genossen habe. Ich wusste: Ich kann mich darauf verlassen, dass hier alles funktioniert. Ich muss mit niemandem reden oder Kontakt aufnehmen, denn das Wesentliche ist da, ich bin versorgt mit allem, was ich brauche. Das ist wirklich großartig, ich meine, die kümmern sich einfach um alles – und das ›nur‹ für mich, damit ich ungestört meditieren kann.«

Maja ist heute noch ganz gerührt, wenn sie an die Bemühungen all derer denkt, die einen solchen Kurs ermöglichen. Bei allem Auf-sich-geworfen-Sein ist der Kurs dennoch ein sozialer Raum, eine schweigende WG auf Zeit. Der Meditationsraum wird geteilt, Mahlzeiten werden gemeinsam eingenommen, und oftmals teilen sich auch zwei oder mehr Meditierende einen Schlafraum. Dieses Setting bietet im Sinne Fleischmans eine wunderbare Möglichkeit, sich aus einer meditativen Grundhaltung heraus mit Situationen auseinanderzusetzen, die einen auch im Alltag zu Hause wieder erwarten werden. In der Meditationshalle ist der Nachbar erkältet und zieht ständig die Nase hoch, auf dem Zimmer schnarcht jemand oder hat einen laut tickenden Wecker dabei.

»Tja, wie gehe ich dann damit um?«, erinnert sich Maja. »Ansprechen geht nicht. Einfach den Wecker austauschen würde ganz viel Unruhe stiften, bei der Person, der er gehört wie bei mir, weil ich ja dann damit zu tun habe, wie sie reagiert. Also lerne ich nach und nach, den Weg zu gehen, der mir selbst und den anderen am wenigsten Unruhe beschert, und versuche erst einmal, meine eigene Reaktion auf diesen tickenden Wecker zu beobachten und schaue, ob die sich auch ändern kann.« Sie lacht, als sie erzählt: »Mein schlimmstes Erlebnis in dieser Hinsicht war das mit der Schallzahnbürste. Ich hatte sie zu Weihnachten bekommen, so ein Ding, das einen sehr lauten, hohen Ton von sich gibt. Da hatte ich nicht dran gedacht. Der Kurs fing Anfang Januar an, ich hatte also meine brandneue Schallzahnbürste dabei, packe sie aus am ersten Abend und höre diesen wahnsinnig lauten Ton. Ich dachte: ›Oh mein Gott, die anderen werden mich hassen, und das drei Mal am Tag‹ ... Da musste ich dann durch, und die anderen auch.« Auch abgesehen von solchen konkreten Momenten entstehen in den Kursen schweigende Choreografien, entstehen Sympathien und Antipathien, auch komische Momente, in denen plötzlich ein Gähnen, Husten oder Lachen durch die Meditationshalle wandert. Maja erinnert sich an einen Kurs, der »ein richtiger Kicherkurs war. Ein paar Abende hintereinander haben wir Tränen gelacht ... ohne ein Wort zu sprechen«.

Neulinge sind oft überrascht von dieser schweigenden Gemeinschaft, davon, wie viel Soziales sich auch ohne Sprache und Interaktion vermittelt. Wie man sich zu verhalten hat, das vermitteln nicht nur die Regeln, sondern auch die sogenannten »Alten Schüler«. Zehntageskurse werden grundsätzlich zu etwa einer Hälfte mit erfahrenen Meditierenden besetzt. Ihnen werden in der Halle die vorderen Plätze zugewiesen, sie halten sich auf eine Art und Weise an die Vorgaben, die sie wiederum vormals von anderen Alten Schülern übernommen haben und fungieren so als Vorbild für die Neuen und als soziales Gedächtnis des Kurses in einem.

Die Rolle des Lehrers ist bei Vipassana-Kursen keine prominente, dennoch ist sie von großer Bedeutung. Die Lehrer haben keine Guru-Funktion. Sie halten durch ihre Anwesenheit den Raum und sind Ansprechpartner. Dadurch, dass es einen Lehrer gibt, sind die Meditierenden in der Rolle der Lernenden. Der Lehrer oder die Lehrerin ist zweimal am Tag für Fragen ansprechbar, manchmal lässt er oder sie auch aus Eigeninitiative einen Schüler zu sich rufen, der unterstützungsbedürftig scheint. Dem Lehrer können die Kursteilnehmer alle Fragen stellen, die sie zur Meditationspraxis haben. Es wird Wert daraufgelegt, dass sie sich kurzhalten und nicht zu sehr ins Plaudern kommen. »Für mich war das wichtig«, erinnert sich Maja, »ich bin auf den ersten beiden Kursen fast täglich zur Lehrerin gegangen. Da waren so viele Fragen, mit denen ich den ganzen Tag alleine war und die ich klären wollte. Und ich hatte auch manchmal Sorge, so auf mich geworfen ein bisschen abzudrehen. Da war es gut, ein Gegenüber zu haben, das hat mich geerdet.« Lehrer, die wir befragt haben, berichten, dass etwa ein Drittel der Teilnehmer jedes Kurses die Kontaktmöglichkeit zum Lehrer intensiv nutzt und viel fragt, etwa zwei Drittel machen die Dinge eher mit sich selbst aus. Doch auch für die, die nicht zu den Lehrern gehen, ist es wichtig, dass sie da sind. Da ist jemand, der aufpasst, der den Rahmen hält.

Sturm in der Stille – die Aggregatzustände von dukkha

Dieser Halt ist nötig. Denn ist die innere Stille erst einmal erreicht, und sei es auch nur für Sekunden, geht es richtig ab. Ein wesentlicher Aspekt der Vipassana-Technik ist, dass sie »die Mauer zwischen der bewussten und der unbewussten Ebene des Geistes durchbricht«, wie Goenka es ausdrückt.[62] Dadurch, dass Meditierende die Aufmerksamkeit auf immer subtilere Empfindungen ihres Körpers richten, kommen auch die entsprechenden mentalen und emotionalen Inhalte zu Bewusstsein. Die meisten Meditierenden beschreiben das als etwas, das »aus der Tiefe aufsteigt«, das »hochblubbert« oder »an die Oberfläche kommt«. Goenka gibt den Kursteilnehmern die Anweisung, sich von »Saṅkhāras zu befreien«, um ihren Geist zu reinigen.

Der Begriff »saṅkhāra« stiftet gerade bei Anfängern viel Verwirrung. Wer an einem Zehntageskurs teilnimmt, wird diesen Begriff gefühlte hundert Mal hören und zunächst nichts damit anzufangen wissen. Saṅkhāra ist einer der schwierigsten Begriffe des Buddhismus. Das Pali-Wörterbuch nennt dazu Begriffe wie »Komposition, Aggregat, Gestaltgeben« – irgendwie alles. Und das ist es auch. All das, was mich in meiner spezifischen Form, meiner Art und Weise, hervorbringt, ist saṅkhāra. Saṅkhāra ist, was uns konditioniert; die Tendenz, den nächsten Bewusstseinsmoment auf ganz bestimmte Art und Weise hervorzubringen, bestimmt durch Reflexe, Erfahrung und Gewohnheit.

S. N. Goenka betont in seinen abendlichen Vorträgen, wie wichtig es ist, alle körperlichen Empfindungen mit voller Aufmerksamkeit sowie hoher Konzentration zu beobachten und – noch wichtiger – dabei gleichmütig zu bleiben. Die wichtigste und wohl auch schwierigste Aufgabe für Meditierende besteht darin, das, was sich an Empfindungen, Gedanken und Emotionen im inneren Raum vollzieht, nicht zu bewerten, das Unangenehme nicht abzulehnen und das Angenehme nicht behalten oder fortsetzen zu wollen. Nur auf diese Weise, sagt Goenka, könne man sich »von tiefsitzenden Saṅkhāras befreien«. Was der Lehrer vermittelt, hat etwas von einer Anleitung zum Großreinemachen in Bewusstsein und Unterbewusstsein. Löse alle saṅkhāras auf, reinige deinen Geist, werde frei von Leiden. Die Meditierenden machen auf längeren Retreats die Erfahrung, dass längst vergessene Bewusstseinsinhalte an die Oberfläche kommen. Sobald der Geist nicht mehr pausenlos mit Inhalten, Aufgaben und Ablenkung gefüttert wird, läuft er quasi leer – und der neu entstandene Raum füllt sich mit Erinnerungen, Empfindungen und Emotionen, die aus den Tiefen des Körpers aufsteigen. Diesen Inhalten mit Gleichmut zu begegnen, was immer es sein mag, »einfach« nur zu beobachten und dem Entstehen und Vergehen mit neugieriger Aufmerksamkeit zuzusehen, das ist mit »Auflösen von saṅkhāras« gemeint.

Goenka erklärt: »Für gewöhnlich weiß der bewusste Geist nichts von den Erfahrungen, die der unbewusste Geist macht.«[63] Wer nun Stunde um Stunde, Tag um Tag nicht anderes tut, als mit der Aufmerksamkeit durch den eigenen Körper zu wandern, der aktiviert Bewusstseinsinhalte. Das können Gedanken sein, Bilder, längst vergessen geglaubte Erinnerungen, Gefühle, die zu Situationen gehören, an die man seit Jahren nicht mehr gedacht hat. »Man kommt da an Ebenen des Bewusstseins heran, die sonst nicht zugänglich wären. In der Meditation werden sie plötzlich angesprochen«, erklärt Meditationslehrerin Petra.

2.3 Psychosomatischer Frühjahrsputz – saṅkhāras auflösen

Manche Meditierende werden regelrecht von Bilderfluten überschwemmt, bei anderen oder zu einem anderen Zeitpunkt sind es eher Gefühle. Manches ist erstaunlich belanglos, einfach ein Archiv an Erinnerungen, das sich plötzlich auftut. Was hochkommt, kann aber auch sehr heftig ausfallen. Besonders auf Phasen tiefer Konzentration können heftige Emotionen folgen. Angela erinnert sich an ihren ersten Kurs: »Meine Mutter war damals schon gestorben. Sie ist im Meer ertrunken. Das war natürlich ein Thema für mich, mit Tod und

Trauer umzugehen. Das war auch nicht das einzige Ereignis: Als ich siebzehn war, habe ich in den Bergen meinen Freund verloren. Er ist abgestürzt, ich war dabei. Auch diese Geschichte kam immer wieder hoch als Thema, es ging viel um Trauer und Tod und darum, damit umzugehen. Auf dem ersten Kurs kam das alles hoch, aber so richtig« – Angela macht bei diesen Worten ein Geräusch, das einen Wirbelsturm anzeigt –, »ich habe das Stück für Stück abtragen können. Für diese Möglichkeit bin ich sehr dankbar.« Angela hat im Laufe der Jahre viele Kurse gesessen. Sie erzählt, dass für sie kein Kurs wie der andere war und dass manche für sie regelrecht thematisch geprägt waren. »Auf einem Kurs zum Beispiel war das Thema Sehnsucht. Nach meiner Mutter, die nicht da ist. Sehnsucht, Sehnsucht, Sehnsucht. Ich dachte: okay, Gleichmut, da ist sie, die Sehnsucht. Ich bin sehr dankbar für diese Möglichkeit, all diese alten Muster zu verstehen und selbst aufzulösen. Das war für mich ein großes Geschenk.«

Für Martin, der seit über dreißig Jahren Vipassana meditiert, war es der Selbstmord seines Vaters, der immer und immer wiederkehrte. »Das hat zwanzig Jahre gedauert. Das Thema kam in allen Formen und Varianten immer wieder hoch. Anfangs war da viel Trauer, dann kamen Bilder und Erinnerungen wieder hoch. In manchen Kursen schien er regelrecht wieder lebendig zu werden. Erst viele Jahre später habe ich gemerkt, dass ich teilweise selbst vieles von seiner depressiven Haltung übernommen hatte. Ich war dann wütend darüber, was er mir angetan hat, dass das so lange mein Leben beeinflusst und meine Lebendigkeit blockiert hat. Schließlich, nach fast zwanzig Jahren, konnte ich seine Depression auf einer tiefen Ebene mitfühlen. Das war erst scheußlich, doch dann sehr, sehr befreiend. Auf einmal konnte ich meinen Vater verstehen und Mitgefühl mit ihm entwickeln. Hätte er auch so etwas wie Vipassana gehabt, hätte er sich nicht umbringen müssen. Aber damals hatte er einfach keine Wahl. Heute ist das aufgelöst, ich bin frei davon. Die Tatsache ist natürlich noch da, die löst sich nicht auf. Aber das emotionale Problem damit ist nicht mehr da.«

Heil und ganz zu werden bedeutet eben immer auch dies: dass die Vergangenheit – und wurde sie auch noch so belastend erlebt – zugänglich wird, zu einem Teil wird, der dazugehört. Nichts anderes ist gemeint, wenn die Psychotherapie von »Integration« spricht.

Ich beobachte, also bin ich. Heilung durch Vipassana

Vipassana-Meditation wirkt auf einer tiefen Ebene befreiend und dadurch heilsam. Ohne auf Freundinnen oder Freunde angewiesen zu sein, die Zeit haben und einen verstehen, ohne ein therapeutisches Gegenüber zu brauchen, das einen Termin freihaben und einen richtig diagnostizieren muss, ohne privat oder über die Krankenkasse abgerechnet dafür bezahlen zu müssen. Die heilsame Kraft liegt, stark vereinfacht ausgedrückt, im freundlichen Beobachten, im Zulassen, im »An-Erkennen« dessen, was ist. Michal Pagis, die über Jahre hinweg als teilnehmende Beobachterin an Vipassana-Retreats teilgenommen hat, illustriert dies sehr anschaulich anhand einer kleinen Szene, die sie selbst erlebt hat:

Eine Teilnehmerin, die Tanya genannt wird, gerät während des Retreats in eine emotionale Krise. Was als leises Weinen im Meditationssaal beginnt, steigert sich bald zu haltlosem Schluchzen. Tanya steht auf und verlässt die Halle. Michal Pagis, die in der Rolle einer Helferin am Kurs teilnimmt, wird von der Lehrerin aufgefordert, der Schülerin zu folgen und ihr anzubieten, mit dem Lehrer zu sprechen. Tanya antwortet: »Die Lehrerin kann mir nicht helfen. Weißt du, ich bin jetzt allein.« Pagis fragt sie, ob ihr Mann verstorben sei. »Nein«, sagt Tanya, »ich bin geschieden. Aber meine Tochter ist vor einem Jahr ausgezogen. Ich dachte, das wäre in Ordnung, dass ich schon klarkomme. Aber ich habe gemerkt, dass ich nicht allein sein kann.« Tanya, russische Immigrantin in Israel, schaut Pagis während dieses Monologs nicht an, sie spricht mit der Wand: »Das letzte Jahr war so schwer, ich war sehr depressiv.« Sie hält kurz inne und erzählt dann weiter: »Die Meditation hilft mir. Ich bin ein anderer Mensch. Ich liebe jetzt die Menschen. Ich habe das Gefühl, ich habe so viel Kraft in mir – ich will Menschen helfen. Aber meine Familie ist in Russland, meine beiden Töchter leben ihr eigenes Leben, es gibt niemanden, dem ich helfen kann.« Sie beruhigt sich, das Schluchzen wird schwächer. Pagis beschreibt, dass Tanya sich nun zu ihr wendet, lächelt und sagt: »Du kannst ruhig gehen, es wird schon wieder, ich gehe zurück in die Meditationshalle.«

Am nächsten Morgen kommt Tanyas Zimmergenossin zur Kursleitung und berichtet, Tanya habe die ganze Nacht ununterbrochen geweint. Pagis wird von der Lehrerin gebeten, Tanya noch einmal ein Gespräch anzubieten. Die Soziologin wird Zeugin dieses Gesprächs zwischen Schülerin und Lehrerin:

»Wie geht es dir, Tanya?«

»Nicht so gut, ich kann nicht aufhören zu weinen.«

Die Lehrerin schaut Tanya freundlich an und sagt: »Es ist okay zu weinen. Wenn du weinst, dann weine. Aber weine wie eine Vipassana-Meditierende – fühle die Empfindungen. Tränen rollen die Wange hinunter: Beobachte sie. Eine Träne rollt und noch eine Träne rollt ... Wenn ein Sturm kommt, dann lass dich nicht überwältigen.«[64]

Anhand dieser Szene wird sehr schön deutlich, wie ein psychosomatischer Komplex entsteht und wie er sich wieder auflösen lässt. Tanya fühlte vielleicht in der Meditation, wie ihr Magen sich verhärtete, wie sich ihr Brustkorb in der Herzgegend zusammenzog – ein bereits vertrautes Gefühl, und sofort setzt ein altbekannter Gedanke ein: »Ich bin so allein.« Dieser Gedanke zieht eine ganze Geschichte nach sich, eine Geschichte, die um Identität kreist und diese weiterspinnt. Meistens sind solche Geschichten alles andere als neu. Was wir als »Selbst« empfinden, als unveränderliche Figur, die unser »Ich« ausmacht, sind bei näherem Hinsehen alte Bekannte, verhärtete Verkettungen von Bewusstseinszuständen. Das »Selbst«, auf das wir uns so fraglos beziehen, Tag für Tag und Stunde für Stunde, das wir feiern und verteidigen und unter dessen Mängeln wir leiden, ist letztlich nichts als eine Gewohnheit – eine, die so selbstverständlich geworden ist, dass sie für ungeübte Augen unsichtbar ist. »Ich bin, wie ich bin« – dieser Satz mag nach Freiheit und Autonomie klingen, aber im Grunde ist das Gegenteil der Fall. Wir alle erleben Situationen wie Tanya, in denen wir uns im eigenen Unglück gefangen fühlen, das Gedankenkarussell kreist und kreist, Körper und Seele sind ein einziger Schmerz, und mit jeder Minute fallen wir tiefer in den Abgrund aus Einsamkeit und Verzweiflung, wir rennen an gegen die Gummiwand unserer gefühlten Gefängniszelle. Es wirkt das Gesetz der Bedingten Entstehung, das wir uns in Kapitel 2.4 noch genauer anschauen werden. Ein Zustand bringt den nächsten hervor. Einmal gefangen im Karussell der Not, ist die emotionale Färbung des nächsten Moments keine große Überraschung mehr.

Interessant ist deshalb in Tanyas Fall die Reaktion der Lehrerin. Sie gibt der traurigen Tanya keine Gelegenheit, ihre Geschichte zu erzählen. Anders als ein Freund oder auch eine Psychotherapeutin es tun würde, fragt sie nicht nach Gründen für Tanyas Traurigkeit. Stattdessen ermuntert sie sie, das Gefühl zu beobachten und mit Aufmerksamkeit und Neugier die körperlichen Empfindungen zu untersuchen, die dieses Gefühl begleiten. Die Lehrerin reicht Tanya den Schlüssel zu ihrer Gummizelle: Wenn es der Schülerin gelingt, den Anweisungen zu folgen und ihre ganze Aufmerksamkeit auf die körperlichen Empfindungen zu lenken – und dabei Mitgefühl für sich selbst zu entwickeln –, dann unterbricht sie zwangsläufig den Zyklus ihrer Not. Sie schafft eine Distanz zwischen sich und ihrem »Selbst«, zwischen ihrem Erleben in diesem Augenblick und der Trauer über das leere Nest zuhause. Bei voller Aufmerksamkeit auf ihre Empfindungen betritt sie einen Raum, den viele Menschen nur von gelegentlichen Besuchen kennen. Erfahrene Meditierende haben diese Beobachterperspektive durch viele, viele Stunden Meditation derart eingeübt, dass sie ihnen in Fleisch und Blut übergegangen ist, sie sind es gewohnt, sich im Raum ihres eigenen Bewusstseins umzuschauen und aufmerksam zu beobachten, was gerade passiert. Das klingt nach einem kleinen Schritt, öffnet aber eine grundlegend neue Möglichkeit, mit dem Leben umzugehen. Wer den Beobachter in sich etabliert, der läuft nicht mehr auf Autopilot. Viktor Frankl, Psychiater, Neurologe und Holocaust-Überlebender, hat dieses Phänomen sinngemäß so zusammengefasst:

> »Zwischen Reiz und Reaktion gibt es einen Raum. In diesem Raum haben wir die Freiheit und die Macht, unsere Reaktion zu wählen. In unserer Reaktion liegen unser Wachstum und unsere Freiheit.«[65]

Eine »Reaktion« kann man sich in der buddhistischen Philosophie durchaus vorstellen wie eine chemische Reaktion, einen Prozess, der unwillkürlich, ja scheinbar unabwendbar, wie eine Gesetzmäßigkeit abläuft. Wir Menschen sind Gewohnheitstiere, ob wir wollen oder nicht. Wer hat nicht schon selbst den Satz gesagt: »Und dann hat mir das die Knöpfe gedrückt« – soll heißen: Ein vertrautes Muster ist angesprungen, hat unserem freien Willen eins übergebraten und die Kommandozentrale gestürmt; die eigene Entscheidungskraft war wie weggeblasen. Der Raum zwischen Reiz und Reaktion war also sehr klein – oder die Aufmerksamkeit war nicht da, ihn zu bemerken. Der Beobachter war auf Tauchstation oder hatte einfach nicht genug Muskeln aufgebaut, um sich in den Türspalt zu werfen, der für den Bruchteil einer Sekunde aufging. Auf diese Weise entstehen die Negativspiralen, in die wir alle immer wieder geraten.

Stellen wir uns einen Fußgänger vor, der auf dem Weg von der Arbeit nach Hause ist. Ein Radfahrer kreuzt seinen Weg und wird von einem Wutanfall dieses Mannes fast umgeblasen. Er mag schon morgens »mit dem falschen Fuß aufgestanden sein«. Wahrscheinlich trug er schon vor dem Fast-Zusammenstoß einiges an unbemerkter Wut mit sich herum. Noch wahrscheinlicher ist, dass auch sein Arbeitstag nicht reibungslos verlaufen ist und dass, wenn er gleich zu Hause ankommt, seine Frau oder die Kinder nur einen falschen Satz sagen müssen, bis er erneut explodiert.

Sollte dieser Fußgänger das Glück haben, mit Vipassana in Berührung gekommen zu sein, könnte er sich des Abends hinsetzen und sein Körper-Geist-Kontinuum beobachten. Er würde beobachten, dass sein Atem heftig und stoßweise geht, dass sein Nacken angespannt ist und die Schultern hochgezogen. Vielleicht würde er eine Hitze im Bauchraum bemerken, außerdem ein quälendes Stechen im unteren Rücken, und er würde immer wieder abdriften in Gedankenschleifen, die sich mit dem hinter ihm liegenden Tag beschäftigen: mit all den unfähigen, hirnverbrannten Idioten, die nichts Besseres zu tun haben als ihm das Leben schwer zu machen. Er könnte sich selbst dabei beobachten, wie diese Gedanken den Raum seines Bewusstseins durchziehen wie Wolken am Himmel, und je öfter er seine Aufmerksamkeit wieder in den Körper holt, desto eher wird er bemerken, dass er ruhiger wird, dass seine Wut verpufft. Es ist durchaus möglich, dass er nach einer Stunde auf dem Meditationskissen aus seinem Zimmer kommen und seine Frau liebevoll in die Arme nehmen kann. Der nächste Tag wird ein völlig neuer sein.

Loslassen, was belastet

Der wütende Fußgänger findet durch Vipassana einen Weg, die gewohnheitsmäßige Verkettung seiner inneren Zustände zu unterbrechen. Was in diesem Beispiel relativ alltäglich daher kommt, kann im Rahmen eines zehntägigen oder sogar längeren Kurses eine ganz andere Macht entfalten.

Martin, der seit über dreißig Jahren täglich meditiert, ist sich sicher, dass Vipassana ihm geholfen hat, Traumata zu überwinden. Das beeindruckende Beispiel, wie Vipassana ihm half, den Selbstmord seines Vaters zu verarbeiten, ist bereits erzählt. Er berichtet auch von anderen, gewöhnlicheren Beispielen, die jedoch nicht weniger eindrücklich sind:

»Ich hatte mit neunzehn einen Autounfall, an dem ich selbst schuld war. Danach war ich immer gestresst beim Autofahren, über Jahre hinweg. Ich war immer furchtbar angespannt. Eines Tages war das einfach weg, und zwar nach einem Eintageskurs, auf dem in der Meditation dieses *saṅkhāra* hochgekommen war. Am nächsten Tag habe ich mir ein Auto geliehen für einen Umzug und ich habe gemerkt: Die körperlichen Reaktionen sind weg. Das Trauma war wie weggeblasen und blieb es auch.«

Ein Unfalltrauma wie das von Martin ist eine besonders fest und besonders gut beobachtbare im psychosomatischen System verankerte Konditionierung, in der Sprache S. N. Goenkas ein besonders tief sitzendes saṅkhāra: eines, das seinen Träger unbewusst steuert und damit unfrei macht. Jedes Auflösen von saṅkhāras ist deshalb ein Akt der Befreiung.

Ein extremes Beispiel ist das vom jungen Israeli David, einem ehemaligen Soldaten.[66] David, Mitte zwanzig, gehört zur großen Gruppe derer, die ein starker Leidensdruck in die Arme von Vipassana getrieben hat. David war im Rahmen seines Militärdienstes zur Terroristenbekämpfung im Libanon eingesetzt. Sein Traumjob. Seit Kindertagen hatte er davon geträumt, in einer Spezialeinheit zu kämpfen. Der entscheidende Moment kommt, mutmaßliche Terroristen tauchen auf, David und seine Einheit werden in ein Gefecht verwickelt. David wird von einer Kugel getroffen, die auf Höhe der Schulter durch ihn hindurchgeht. 25 Minuten später, ein arabisch aussehender »Terrorist« ist bereits tot, klärt sich die Lage auf: Ein Irrtum, da waren keine Araber weit und breit. David und seine Einheit hatten aus Versehen das Feuer auf eine Unterdivision der israelischen Armee eröffnet.

David wird mit posttraumatischer Belastungsstörung aus dem Militärdienst entlassen. Wie viele seiner Altersgenossen reist er nach Indien, dort hört er zum ersten Mal von Vipassana. Nach seiner Rückkehr beginnt er ein Physikstudium, doch er muss abbrechen: Er kann sich einfach nicht konzentrieren, ist nicht belastbar, blinzelt auf dem Rasen vor der Uni in die Sonne, während seine Kommilitonen im Hörsaal sitzen. Er schreibt sich für einen Vipassana-Kurs ein, weil er gehört hat, dass es dort möglich ist, »innere Arbeit« zu machen. Am siebten Tag seines ersten Kurses erlebt er, was es heißt, ein »tiefes saṅkhāra« aufzulösen.

»Am siebten Tag war ich so konzentriert, dass mein Geist scharf war wie ein Messer. Ich fühlte all diese Empfindungen. In der Abendmeditation sah ich dann plötzlich ein Gesicht vor mir, sehr beängstigend. Das Gesicht verschwand, die Meditation war vorbei, und ich ging schlafen. Als ich im Bett lag, erschien das Gesicht wieder vor meinem inneren Auge und ich konnte nicht einschlafen. Also stand ich auf, verließ das Zimmer und ging in die Halle zurück, setzte mich einfach wieder hin und meditierte. Während ich da saß, sah ich wieder das

Gesicht, und dieses Mal begriff ich, dass es Lior war, der Soldat, der bei dem Ereignis an der libanesischen Grenze neben mir war. Er war sehr schwer verletzt worden – erst wurde er am Bein getroffen, und dann ist eine Granate zwischen seinen Beinen explodiert und hat ihn mit 150 Granatsplittern zerfetzt, sein Blut war überall. Ich war sein Befehlsgeber. Er sah mich an, er weinte und schrie: ›David, ich bin getroffen, ich sterbe.‹ Es war sein Gesicht, das sich wieder und wieder vor mir aufbaute. Ich betrachtete dieses Bild und blieb sitzen.« David folgt den Anweisungen, die bei einem Vipassana-Kurs gegeben werden: Er beobachtet seine Empfindungen.

> »Ich saß einfach da und zitterte am ganzen Körper, ich weiß nicht wie lange. Und dann begannen die Tränen zu fließen, ganz viel Zittern, ich weiß nicht, wie lange ich da gesessen habe, vielleicht zwei Stunden lang. Ich habe wirklich gefühlt, wie ich den Kampfschock abgebaut habe und die Verletzung. Und das, ohne dass ich gedanklich dabei etwas neu verstanden hätte. Es war eine sehr, sehr starke körperliche Erfahrung von Befreiung.«[67]

Der therapeutische Effekt, die ordnende Kraft von Vipassana ist mächtig. Dieses hochinteressante Thema können wir in diesem Buch leider nur andeuten. Paul R. Fleischman, der erwähnte US-amerikanische Meditationslehrer und Psychiater, hat zu diesem Themenkomplex eine wunderbare Aufsatzsammlung veröffentlicht: »Karma und Chaos«.[68]

Mit derart heftigen Gefühlen und Traumata konfrontiert zu werden, kann auch überwältigend sein. Angela formuliert als Kritik, dass sie sich nicht vorbereitet fühlte auf das, was da kommen würde. »Wenn man sich für so einen Kurs anmeldet, dann weiß man nicht, wie da gearbeitet wird. Es wird auch nicht groß thematisiert, das finde ich schade. Gerade Anfänger sind damit irgendwie alleingelassen.« Den meisten ist damit geholfen, Goenkas Anweisungen zu folgen, Gleichmut zu üben. Andere sind überfordert. Für einige Kursteilnehmer sind die ersten Tage, an denen Vipassana geübt wird, eine Sollbruchstelle. Immer wieder kommt es vor, dass Menschen den Raum verlassen, für einige Zeit von ihren Emotionen überwältigt werden, gar abreisen. Die anderen Meditierenden bekommen das nur am Rande mit – plötzlich ist ein Platz frei geworden.

Mit sich selbst durch dick und dünn

Ein Vipassana-Kurs verlangt den Meditierenden einiges ab. Es braucht eine gewisse mentale und psychische Stabilität, um mit sich selbst durch dick und dünn zu sitzen. Die Kursorganisatoren versuchen bereits vorab, Menschen auszusieben, die dem eventuell nicht gewachsen sein könnten. Es wird nach psychiatrischen Vorerkrankungen gefragt, nach Süchten und anderen Schwierigkeiten, die aufbrechen könnten. Es sind nicht viele, normalerweise etwa eine Handvoll Menschen, die den Kurs abbrechen. Und doch haben die Lehrer alle Hände voll zu tun.

Petra erzählt: »Die Frage ist eigentlich immer: Können sich die Leute in diesem Zustand akzeptieren, der da hochkommt. Es gibt den Typ Mensch, der von sich sagt: Ich bin ein friedvoller Mensch, das ist eher so ein Bonus, dass ich jetzt hier so einen Kurs mache. Das sieht man manchmal schon auf dem Anmeldeformular.« Sie schmunzelt. »Und dann kommen diese Menschen auf den Kurs und sitzen und meditieren und merken plötzlich: Ich bin gar nicht so friedvoll. Das passiert vielen, dass plötzlich ihr Selbstbild zerstört oder zumindest stark in Frage gestellt wird. Manche können sich damit nicht anfreunden. Da sind dann manchmal Teilnehmer dabei, die sagen, dass die Meditation sie zum Negativen hin verändere, so nach dem Motto: ›Ich bin eigentlich so ein friedlicher Mensch, und seit ich hier sitze und meditiere, habe ich lauter Gewaltfantasien im Kopf, das kann nicht gut für mich sein.‹ Für manche Schüler sind die Dinge, die bei ihnen hochkommen, sehr überraschend. Und dann ist natürlich auch die Frage: Wie intensiv reagiert derjenige darauf, wie stark ist sein Ego, das dann zum Beispiel sagt: ›Das will ich nicht, so bin ich nicht, damit möchte ich mich nicht auseinandersetzen, da fahre ich lieber heim.‹«

Vipassana-Lehrer werden immer auf zwei Dinge hinweisen. Erstens: Da passiert etwas, was zur Methode gehört, also Programm ist. Ziel von Meditation ist es nicht, sich in vermeintlich friedvolle Trancezustände einzulullen. Es geht vielmehr darum, sich selbst in radikal ehrlicher Weise kennenzulernen, mit all den menschlichen Bedingungen und Schwächen, die dazugehören. Und zweitens: Der Weg aus den scheinbar unerträglichen Gefühlen liegt im gleichmütigen Bewusstsein um die Vergänglichkeit dieser Zustände, in einem freundlichen Blick auf das, was da aufgetaucht ist und auch wieder vergehen wird. Die meisten Schüler, denen Petra begegnet, finden ihren Weg durch das, was anfangs wie ein undurchdringliches Dickicht erscheint. »Die können das überwinden, indem sie irgendwann sehen: ›Aha, im Unterbewusstsein ist offenbar Ärger da.‹ Das ist wie eine Ecke im Haus, die man immer übersehen hat und wo noch nie geputzt wurde. Man denkt, das Haus sei sauber, aber in dieser Ecke, auf den unbewussten, tiefen Ebenen des Geistes, ganz hinten im Spind, da liegt ordentlich Dreck. Wer das versteht, ist dann meistens nochmal ganz neu motiviert.« Es dauert auch meist nicht lange, bis Meditationsschüler die Erfahrung machen, dass sie diese Gefühle nicht zu fürchten brauchen. Einfach deshalb, weil sie vorbeigehen. Je weniger man sich gegen sie wehrt, desto schneller. Sabine sagt: »Da werden so richtige Knoten gelöst. Nachher ist dann mehr Klarheit da.« Sie fühle sich dann »wie gereinigt«.

Diese Erlebnisse müssen nicht immer so heftig sein wie die von Tanya, David oder Martin. Saṅkhāra ist alles, was uns prägt und konditioniert, was unser Denken, Fühlen und Verhalten im Vorhinein bestimmt. Dazu gehören neurobiologische Reflexe, die unser Überleben sichern, genauso wie alles, was wir seit Kindertagen eingeübt haben. Alles, was uns vermeintlicherweise ausmacht, was für uns »typisch« ist, tritt in der einen oder anderen Weise in Erscheinung.

Nicht alle Regungen spielen sich während der Meditationszeiten ab. Das Kurssetting ist derart von Inhalten und Ablenkung bereinigt, dass der gesamte Kurs zum Medium wird, sich seiner selbst bewusst zu werden. Bei Maja war es ein Gefühl von Ablehnung, das sehr stark wurde und sich zunächst gegen den Kurs an sich richtete. »Auf meinem ersten Kurs war das ganz stark. Da war ich viel damit beschäftigt, innerlich zu rebellieren, gegen all diese Regeln anzurennen. Das war mir einfach zu durchgetaktet, zu strukturiert, bis auf die Minute genau zum Teil. Ich hätte am liebsten mal laut gebrüllt, ich hätte mir gern aussuchen können, was ich zu Mittag essen will, und selbst entscheiden, wann ich schlafen gehen oder spazieren gehen will, und auch einfach über diese Absperrung drüberlaufen auf dem Außengelände. Ich habe mich eingesperrt gefühlt. Irgendwann wurde das dann weniger, obwohl sich vom Kurssetting her ja nichts geändert hatte. Je mehr ich mich auf die Technik konzentrieren konnte, desto besser wurde das.«

Viele Meditationsschüler erleben, dass sie sehr streng mit sich selbst sind, unter Zeit- und Leistungsdruck geraten. Goenkas Vorträge verleiten dazu: Er macht täglich darauf aufmerksam, dass die Zeit auf dem Kurs eine kostbare ist, dass es gilt, sie gut zu nutzen und hart zu arbeiten – schließlich geht es um die eigene Befreiung. »Besonders gegen Ende kam da bei mir wirklich Stress auf«, erzählt Maja, »Goenka macht da so einen Countdown und zählt die Tage runter: Noch drei, noch zwei, noch einen … nutze jede Stunde. Das hat mich total unter Druck gesetzt, ich wollte es besonders gut machen und noch alles mitnehmen.«

Die Anweisung ist in der Tat paradox: sich anstrengungslos anzustrengen. Die Kursteilnehmer werden angehalten, möglichst intensiv zu meditieren. Hilfreich ist es, wie an jeder dieser Stellen, zu beobachten, was passiert. Etwa wie Martin, der reflektiert: »Goenka sagt: Du hast hier diese Chance, also nutze sie. Und diese Chance in den letzten Tagen und Stunden, die liegt ja darin, zu akzeptieren, was ist. Die Zeit zu nutzen heißt dann eben: besonders intensiv zu akzeptieren, was ist. Und wenn ich gerade Stress habe, weil die Zeit bald um ist, dann akzeptiere ich eben diesen Stress.«

Einige Kursteilnehmer verfallen in einen regelrechten Putzfimmel. Auch hier: Das viele Reden von »Reinigung« und »Läuterung« verleitet dazu, und vielleicht reagieren im Westen sozialisierte Menschen mit protestantischer Prägung auch besonders stark auf diese Anweisungen. Es geht aber nicht darum, wie Petra klarstellt, »ganz besonders gründlich zu putzen, damit möglichst schnell alles rauskommt«. Sie erzählt, dass viele Meditierende eine Phase durchmachen, in der sie es – wie Siddharta in seiner Askesezeit – besonders gut und gründlich machen wollen und sich darum ganz besonders anstrengen. »Manche denken dann, wenn sie zum Beispiel Ärger spüren und merken, dass sie dabei starke Empfindungen im Bauch haben, dass sie genau an dieser Stelle ganz besonders intensiv und lange arbeiten müssen, damit das alles herauskommt. Das ist aber nicht die Idee bei der Sache. Man kann das gar nicht oft genug sagen, dass es um den Gleichmut geht. Der Bauch ist ja ohnehin eine Gegend, wo viele Emotionen sitzen. Wenn ich da jetzt wühle und wühle und unbedingt etwas zu Tage fördern will, dann habe ich ja eine Erwartungshaltung, dann bin ich zielgerichtet.« Vipassana funktioniert nur in einer Haltung, die sich dadurch auszeichnet, nichts erreichen zu wollen. Petra betont: »Es ist wichtig, sich nicht festzubeißen, sondern immer weiter durch den Körper zu gehen.«

Viele Meditationsschüler bekommen es mit Leistungsdruck zu tun: Der Nachbar sitzt ruhiger, meditiert besser, überhaupt sieht er viel gelassener aus. Maja erzählt davon, dass sie bei einem Kurs tagelang mit Scham zu kämpfen hatte. »Ich hatte ständig das Gefühl, ich störe die anderen. Mit meiner Schallzahnbürste, mit meinem Husten, dadurch, dass ich ständig auf meinem Kissen herumrutsche. Ich hatte dann auch noch Blähungen, irgendwie war ich das Essen nicht gewohnt, und dann brach für mich die Hölle aus. Ich habe mich schrecklich geschämt.« Für Maja war es der Gang zur Lehrerin, der Erleichterung brachte. »Das war ein Moment, der sich mir sehr eingeprägt hat. Sie schaute mich einfach ganz ruhig und liebevoll an und sagte: ›Das ist bestimmt vergesellschaftet mit alter Scham. Nehmen Sie die nicht wieder mit nach Hause.‹ Das Mitgefühl in ihrem Blick war unendlich, das hat mich tief berührt und irgendwie ein Stück befreit. Danach konnte ich die Scham beobachten, und sie hatte keine Macht mehr über mich.«

Saṅkhāras sind auch das Altbekannte. Jedes Mal, wenn wir es schaffen, darauf nicht zu reagieren, nicht reflexhaft nach dem oft lebenslang erprobten Drehbuch zu handeln, lösen wir diese Konditionierungen ein Stück weit auf, lassen wir sie verdampfen.

Von Langeweile und Lustlosigkeit

Die Liste an alten Konditionierungen ist endlos: keine Lust zu haben, müde zu sein oder übereifrig meditieren zu wollen, Schmerzen zu haben oder sich in Tagträumen zu verlieren. Was aber, wenn da gar nichts ist? Die Anweisung für die Technik lautet, wie bereits erwähnt, mit hoher Konzentration und voller Aufmerksamkeit durch den Körper zu wandern und alle Empfindungen zu beobachten. Was aber, wenn man keine Empfindungen vorfindet? Was Goenka »blinde Flecken« oder »neblige Gebiete« nennt, kann für Meditationsschüler zu einer Herausforderung werden.

Die Lehrerin Petra berichtet, dass viele Schüler zu ihr kommen, die sagen: »›Bei mir passiert da nichts!‹ Wenn ich genauer nachfrage, erfahre ich: Da ist kein Schmerz, kein Kribbeln, da ist eine neutrale Empfindung. Oder es ist überall das Gleiche, und es verändert sich nicht. ›Bei mir ist da kein anicca‹, sagen sie dann. Ich versuche dann zu vermitteln: Auch das sind Empfindungen. Dann arbeiten wir jetzt damit, dass da nichts ist.« Das ist leichter gesagt als getan, denn auch hier schüren die Anweisungen von Goenka eine Erwartungshaltung. Es scheint eine Art Klassenziel zu sein, dahin zu kommen, dass man feine Vibrationen spürt. Hinzu kommt, dass es dem Geist auch einfach sehr schwerfällt, sich ohne Fokus zu konzentrieren, mit voller Aufmerksamkeit ein »Nichts« zu beobachten. »Der Geist hat gern Abwechslung«, sagt Petra dazu, »wenn man da jetzt tagelang quasi auf das Testbild im Fernseher guckt, wo nicht viel passiert, dann ist das einfach sehr langweilig.« Petra befindet, Langeweile sei im Grunde eine aversive Geisteshaltung, »eine subtile Form, sich von der Welt zu trennen«. Sie fügt hinzu: »Langeweile ist halt auch ein saṅkhāra – und ein sehr klebriges. Man hat nichts, um damit umzugehen, man fängt dann an, sehr automatisch durch den Körper zu gehen und verliert das Interesse. Vielleicht wird man auch unzufrieden und denkt: ›Dieser Kurs bringt irgendwie nichts. Warum gehe ich nicht einfach? Ich kann ja noch nicht mal alte saṅkhāras auflösen.‹ Es scheint so gar nichts zu passieren. Aber: Man denkt eben nur, dass nichts passiert.«

Petra versucht dann, die Schüler dazu zu ermutigen, sich von dem Phänomen nicht lähmen zu lassen, sondern damit zu arbeiten. »Sich selbst mal eine Stufe drüberzustellen und zu sagen: Jetzt fordere ich den Geist mal heraus, jetzt arbeite ich mal extra gründlich. Ich versuche zum Beispiel, mal eine möglichst lange Aufmerksamkeitsphase zu haben.« Sie rät dazu, bei Langeweile das anzuwenden, was Goenka auch für heftige Schmerzen oder Phasen geringer Konzentration rät: zu ānāpāna zurückzukehren, zur Atemmeditation, und sich so neue Konzentration zu holen. »Oder ganz bewusst mal ein bisschen schneller durch den Körper zu wandern oder ein bisschen langsamer. Alles, was dem Geist auf die Sprünge hilft, ist eine gute Idee; nach Wegen suchen, nicht einfach nur auf Autopilot sich durch den Körper zu manövrieren.«

Langeweile ist eine fiese Sache. Wenn sie zuschlägt, kann man wie im Nebel versinken. Es passiert scheinbar nichts, jedenfalls nichts Besonderes. Da ist nichts besonders unangenehm, aber auch nicht besonders angenehm, nichts, woran der Geist sich festhalten, worauf er sich richten kann. Wenn ich Langeweile spüre, dann »finde ich ja, dass gerade nichts passiert und ich sehne aber herbei, dass etwas passieren möge. Ich finde, das zeigt sehr gut: Der Geist ist ein Junkie. Der hätte gern mal ein kleines Feuerwerk; es soll was los sein. Und genau das ist das saṅkhāra.« Petra kommt zu dem Schluss: »Eigentlich kann man es nur aussitzen.«

Erkenne dich selbst

Es ist leicht als Meditationsanfänger einem Missverständnis aufzusitzen: Da ist die Vorstellung, etwas »richtig« machen zu können oder fleißig sein zu müssen, um irgendwann anzukommen, alles geputzt zu haben, alle saṅkhāras aufgelöst zu haben. Die Vorstellung, den Körper zu putzen, in einer Großreinemachaktion alle saṅkhāras aufzulösen und dann aufgeräumt im nibbāna oder Nirwana zu schweben ist eben auch nur eine Metapher. Letztlich geht es darum, das aktuelle individuelle Dasein zutiefst anzunehmen und zu akzeptieren. Wenn dies geschieht, ist die Befreiung bereits da.

Marianne, eine andere Lehrerin, betont: »Vipassana bedeutet, sich selbst verstehen zu lernen. Und das nicht nur intellektuell, sondern auf der Empfindungsebene und auf der Ebene der Emotionen. Und sich auf all diesen Ebenen zu akzeptieren. Sich einzugestehen: Okay, an diesem und an keinem anderen Punkt bin ich gerade, und das mit allen positiven Eigenschaften, die man hat, und auch mit allen Warzen. An diesem Punkt fängt die Arbeit an.«

Die Vorstellung von Fortschritt oder Erfolgserlebnissen, die Kursteilnehmer aus dem Alltag mitbringen, greift beim Meditieren oft nicht. Es gibt nicht die eine vorgeschriebene Gerade zum Ziel, auf der man kontinuierlich Schritt für Schritt vorankommt. »Manchmal hat man das Gefühl, dass man Rückschritte macht«, sagt Marianne. »Das ist schwierig, weil man manchmal vielleicht gar nicht versteht, warum. Wichtig ist, dass man nicht aufgibt.« Vipassana kann eine sehr mächtige und tiefe Meditation sein, »und das nicht unbedingt dadurch, dass man unglaublich still und tief in sich reinguckt«, ergänzt Marianne. Die Tiefe entsteht durch den Gleichmut, durch den Versuch, das, was sich zeigt, wahrzunehmen, ohne es zu bewerten.

Warum der Atem, warum die Körperempfindungen? Ganz einfach: Sie sind immer da, stehen immer zur Verfügung. Paul R. Fleischman sagt dazu:

> »Man kann sie unmöglich zu Hause vergessen. Wenn Sie nachts aufwachen, sind sie da, und auch den ganzen Tag über, während Sie Ihren Beruf ausüben. Und sie werden bei Ihnen sein, wenn sie sterben.«[69]

Atem und Körperempfindungen sind universell: Jeder hat sie, man muss dazu kein Buddhist sein. Muslime und Christen, Amerikaner oder Pygmäen, hetero oder queer, jung oder alt, Vorstand oder arbeitslos: Alle atmen wir, alle haben wir einen Körper, der Empfindungen hervorbringt. Wer diese Empfindungen kontinuierlich und konzentriert beobachtet, wer registriert, wie sie entstehen, sich verändern und wieder vergehen, der versteht nicht nur, sondern erfährt es am eigenen Leib: »Was wir wirklich sind: dynamische, funkelnde, ununterbrochen sich verändernde Zusammenballungen von winzigen Dingen«, so Fleischman.[70] Vipassana macht den Körper zum Medium. Entdecke und erkenne dich selbst, beobachte und heile dich selbst. Das ist nichts für Weicheier – sondern eine Herausforderung an Intellekt, Geist und

Herz. Durch Vipassana-Meditation lernen Praktizierende, nicht auf das ständig in ihnen wechselnde innere Wetter zu reagieren. Sie üben, sich davon unabhängig zu machen, ob innen oder außen die Sonne scheint oder nicht. Diese Selbstwahrnehmung, aus einer Haltung heraus, die nicht urteilt, kann zu einem vorher nicht gekannten inneren Frieden führen. Thomas fasst es für sich so zusammen: »Es ist die Technik, die wirkt. Ob Buddhismus oder nicht Buddhismus, das ist letztlich egal. Entscheidend ist die Technik, dass ich sie so praktiziere, wie sie gelehrt wird. Dann wirkt sie einfach. Man kann sich darauf verlassen, sich ihr anvertrauen.«

2.4 Einmal Paradies und zurück. Von bhaṅga und den dunklen Nächten der Seele

An dieser Stelle ist nun so viel von Schwierigkeiten gesprochen worden, die beim Meditieren auftreten können, dass wir klarstellen möchten: Es sind bei einem Zehntageskurs, und auch im weiteren Verlauf der eigenen Praxis, auch jede Menge schöner, beglückender Erlebnisse zu erwarten. Sie sind sogar, ebenso wie die schwierigen Erfahrungen, regelrecht vorgesehen auf dem Pfad, den Praktizierende einschlagen. Früher oder später im Prozess kommen Vipassana-Meditierende an den Punkt, an dem sie im ganzen Körper sogenannte »subtile Empfindungen« oder einen »freien Fluss« spüren. Josephine erzählt von einem »unheimlich schönen Gefühl«, »das fühlt sich so frei an, wie Schweben. Ich fließe dann durch meinen ganzen Körper«. Anicca, das Prinzip der Vergänglichkeit, wird dann unmittelbar erfahrbar, auf eine sehr harmonisch anmutende Weise. »Alles in mir bewegt und verändert sich, wabert ineinander und mäandert ... das ist dann nicht mehr so, dass ich hier anfange und dort aufhöre, die Grenzen lösen sich auf, da ist dann nur noch Wahrnehmung, ganz extrem feine Empfindungen. Ein Gefühl wie von einer Blase entsteht dann um mich herum, als wäre ich von etwas Kugeligem umschlossen.« Josephine ist eine erfahrene Meditierende, sie fügt hinzu: »Tja, und was ich da jedes Mal mitnehme: Sobald ich denke: ›Oh, ist das schön‹, macht es zack – und die Blase ist geplatzt und ich sitze wieder auf meinem Kissen.«

Angela beschreibt »ein Ausbreiten«, das Gewahrwerden, »dass ich nicht nur in meinem physischen Körper bin, sondern dass dieser physische Körper aus kleinen Partikeln besteht und sich ganz weit ausbreitet, bis ins Unendliche. Das Zeitgefühl hebt sich auf, die Zeit selbst hebt sich auf. Raum und Zeit fließen zusammen.« Diese Wahrnehmung von Auflösung werden wir in Kapitel 3.1 noch genauer untersuchen. Das Erlebnis von Auflösung des Selbst kann durchaus mit Schrecken verbunden sein. Die meisten Meditierenden berichten aber von einer Erfahrung, die sie als sehr positiv empfunden haben. Angela spricht weiter: »Es sind keine Gedanken mehr da. Eher ein Geisteszustand, der noch mit dem Gefühl verbunden ist. Und dieses Gefühl nimmt wahr: Zeit ist unendlich. Es gibt keinen Anfang und kein Ende, es gibt nichts als dieses Jetzt. Das ganze Universum, die ganze Welt – das alles ist in mir. Das war für mich das größte Geschenk überhaupt, schon auf dem ersten Kurs, dass ich diese Sicherheit erfahren durfte.«

Das vollständige Erleben von Gegenwart ist eine unglaublich intensive Erfahrung. Es ist ein Zustand, in dem man so hoch konzentriert ist, dass man eins wird mit seiner Tätigkeit. Alles, was einen sonst noch im Leben bewegt, was einem wichtig ist oder Sorgen bereitet, verschwindet dann aus dem Bewusstsein. Der Glücksforscher Mihály Csíkszentmihályi machte mit seiner »Flow-Theorie«[71] diesen Zustand nicht nur salonfähig, sondern zu einem Thema, über das seitdem umfangreich geschrieben und gebloggt wird. Es ist dieses Einssein mit dem Augenblick und mit sich selbst, das Menschen auch beim Fallschirmspringen suchen, beim Sex oder beim schnellen Autofahren. Flow hat aber nicht unbedingt mit Adrenalin zu tun. Auch beim konzentrierten Stricken oder Klavierspielen kann man komplett in seiner Tätigkeit aufgehen. Es ist diese absolute Konzentration, die auch Siddharta bei den beiden Lehrern gesucht und gefunden hat, die ihn die sogenannten jhānas lehrten: Indem er sich zutiefst konzentrierte, nahm er selbst extreme Signale seines Körpers nicht mehr wahr. Nur so ist erklärbar, dass er derart abmagern konnte, ohne zusammenzubrechen. Wir erinnern uns: Es war eine zentraler Moment auf dem Weg des Buddha, zu erkennen, dass diese Ekstasen vergänglich sind.

Die Erfahrung, die Josephine beschreibt, wird in der buddhistischen Philosophie »bhaṅga« genannt und als ein zentraler Punkt auf dem Pfad beschrieben. Goenka erwähnt bhaṅga in seinen Vorträgen nur am Rande, es ist für Praktizierende jedoch sehr hilfreich, es richtig einzuordnen. Bhaṅga ist mit einem extremen Flow-Erlebnis vergleichbar, jedoch im Erleben viel umfassender und radikaler. Es ist eine Art Flow, der nicht durch eine Tätigkeit, sondern durch das

Aufmerksamwerden des verkörperten Bewusstseins auf sich selbst entsteht. Es bezeichnet den Zustand, in dem alle festen, groben Empfindungen sich aufgelöst haben. Nur noch feine Empfindungen sind zu spüren, der Körper wird als ein Feld feiner Vibrationen erlebt, ohne Festigkeit oder Stabilität. Wer bhaṅga erlebt, kommt in Kontakt mit der eigenen lebendigen Fülle. Anstelle eines Geistes, der sich irgendwo abgekoppelt im Gehirn versteckt, erfahren wir uns selbst als ein vibrierendes Feld, das in sich selbst und mit allem anderem zusammenhängt.

Goenka bezeichnet bhaṅga als »eine sehr wichtige Station auf dem Weg. Die Erfahrung der Auflösung ermöglicht, dass man aufhört, sich an die geistig-körperliche Struktur zu klammern«. Man erfährt am eigenen Leib, im eigenen Geist: Da ist kein permanentes »Ich«. Goenka sagt: »Wer bhaṅga erlebt hat, ist danach in jeder Situation, der er ins Auge sehen muss, in der Lage, loszulassen, die Identifikation aufzugeben.«[72] Diese Erfahrung kann in die Einsicht von anattā, Nicht-Ich, münden, sofern man bereit ist, sie richtig zu verstehen.

Petra sagt über sich selbst, sie sei »nicht so der bhaṅga-Typ«, feinstoffliche Erfahrungen üben auf sie keine besonders große Faszination aus. Als langjährige Vipassana-Lehrerin hat sie dennoch mit dem Phänomen bhaṅga regelmäßig zu tun. Immer wieder kommen Schüler zu ihr, die sagen, dass sie »sich einfach richtig fürchten. Was ist das? Alles vibriert, alles ist Schwingung, da ist ja überhaupt nichts Permanentes mehr, nichts, was bleibt. Mein Geist verändert sich dauernd und mein Körper verändert sich dauernd«. Sie erzählt von Menschen, die von diesem Erlebnis überwältigt werden und in Angstzustände geraten: »Wo bin denn da ich, und wie soll ich damit leben? Bei manchen hilft es dann auch nicht, ihnen zu sagen: ›Geh mal an die frische Luft, mach mal Pause, iss was.‹ Das hört für manche einfach erst mal nicht wieder auf, auch nachts nicht. Wenn man dann nicht schlafen kann – das ist schon ein bisschen schwierig.« Marianne, eine andere Lehrerin, erzählt von Meditierenden, die angesichts dieses Verlusts eines permanenten, soliden Ichs von ganz realen Sorgen geplagt werden: »Wie soll ich denn jetzt weiterleben? Wie kann ich da wieder in meinen Beruf gehen, meiner Familie gegenübertreten?«

Das kann durchaus eine berechtigte Sorge sein. Martin erzählt davon, wie er aus einem mehrwöchigen Vipassana-Kurs herauskam, den er in Indien absolviert hatte. »Ich war so glücklich, Ich hatte an den einfachsten Dingen solche Freude. Die Papayapflanzen von Hand zu gießen, das fand ich wunderschön, ein ganz großes Glück. Ich dachte, ich könnte jetzt alle Menschen lieben und jedes Problem lösen, egal welches. Auch in Hinblick auf meine damalige Beziehung dachte ich das, egal wie katastrophal. Ich habe mich für einen kleinen Gott gehalten und dachte, ich krieg das alles hin, weil diese Liebe in mir ist.« Er schmunzelt bei der Erinnerung an diese Zeit, und stellt fest: »Das ging richtig krachend schief. Ich war einfach verliebt in diese Ekstase und wollte die behalten.«

Bhaṅga als Lackmustest

Martin berichtet weiter, dass er im Anschluss an sein erstes bhaṅga-Erlebnis eine Weile lang mit anderen Meditationsformen experimentierte, die das Prinzip der Liebe stärker in den Vordergrund stellen. »Aber irgendwie steckte ich da fest. Nach ein paar Jahren habe ich dann mal wieder einen Zehntageskurs gemacht. Das war ein ganz sonderbarer Kurs: Ich hatte fast nur angenehme Empfindungen. Aber mir war dabei sehr klar: Wenn ich da jetzt wieder in die Falle tappe und dran hänge, dann versaue ich alles. Ich habe zum ersten Mal begriffen, wie das funktioniert. Mir war klar: Wenn ich diese Glückseligkeit jetzt zu ernst nehme, dann habe ich wieder drei, vier Jahre Chaos in meinem Leben. Ich habe in dem Moment ganz tief verstanden, was Goenka auf den Kursen zu vermitteln versucht: Wenn du bhaṅga hast und in diesem aufgelösten Zustand bist, dann pass gut auf. Das ist die gefährlichste Stelle auf dem Weg.«

Martin spricht etwas sehr Wichtiges an. Bhaṅga markiert eine zentrale Weichenstellung auf dem buddhistischen Pfad. Es ist ein Erlebnis, dass zum Missverständnis einlädt. Unvorbereiteten Meditationsschülern erscheint die Ekstase, die mit diesem Zustand einhergeht, als das, was sie sich immer ersehnt haben. Sie fühlen sich erhaben, befreit, nicht wenige vermuten Erleuchtung um die nächste Ecke. Sie ahnen nicht, dass bhaṅga nur ein Zwischenstadium ist, und hängen ihr Herz, ihren Wert, ihren »Fortschritt« als Meditierende an diese ekstatische Auflösung. Je mehr das der Fall ist, desto schlimmer das Leiden oder die Depression, wenn dieser Zustand dann unweigerlich wieder vergeht. Wer bhaṅga hingegen in seiner Bedeutung einzuordnen weiß, wird davon profitieren. Richtig verstanden öffnet dieser Zustand das Tor für die fortschreitenden Einsichten und Erkenntnisse von Vipassana. In Kapitel 3.1 werden wir darauf noch weiter eingehen.

Für einige Praktizierende wird bhaṅga zu dem Punkt, an dem sie gewissermaßen aus der Vipassana-Kurve fallen. Angela zum Beispiel ist derart fasziniert und beglückt von den feinstofflichen Auflösungserlebnissen, dass sie sich nicht damit abfinden mag, dass diese Zustände wieder vergehen. Sie beginnt mit Reiki und wendet sich dann der »Kryonschule« zu, die mit Engeln kommuniziert und Empfindungen von Licht und Glückseligkeit gezielt herbeiführt. Es geht hier nicht darum, esoterische oder spirituelle Praktiken miteinander zu vergleichen oder sie zu beurteilen. Angela ist allerdings ein gutes Beispiel dafür, wie verführerisch es ist, angenehmen Zuständen hinterherzujagen. »Sehen, was ist« meint etwas anderes. Im Sinne des buddhistischen Pfades ist Angela also in genau die Sackgasse eingebogen, die die Geschichte des Buddha anhand seiner Lehrjahre bei den Asketen beschreibt.

Goenka wird in seinen Diskursen nicht müde, auf das Risiko hinzuweisen, auf die Falle, die in dieser Erfahrung steckt: Die Ekstase, zu der bhaṅga verleitet, kann zur Sucht werden. Das Verlangen nach diesen wundervollen Zuständen wird dann so groß, dass es zur nächsten Quelle unseres Leidens wird. Um es mit Richard Davidson zu sagen: »After the high goes, you're still the same Schmuck you were before«, »Wenn das Hoch vorüber ist, bist du derselbe Trottel wie vorher auch.«[73] Der Meditationslehrer Jack Kornfield und andere haben ganze Bücher über dieses Phänomen geschrieben.[74] Nach den großen Epiphanien und Erleuchtungen geht das Leben weiter, in all seiner Gewöhnlichkeit. Damit klarzukommen kann schwer sein, will geübt sein.

Und noch ein anderer Aspekt macht bhaṅga zu einer ambivalenten Erfahrung: Es ist das Tor zu den eigentlich tragischen Dimensionen des menschlichen Lebens. Nach der Glückserfahrung von bhaṅga kommen laut Goenka die »ganz tiefen saṅkhāras«. Im Klartext heißt das: Jetzt geht der Ärger erst richtig los.* Es ist wie in der Meteorolo-

---

* Genau genommen verweist Goenka hier auf die Vipassana-Stadien, die auch in der Visuddhi-Magga mit dem »fortschreitenden Erkenntnisblick« beschrieben sind, nämlich als Abfolge von neun aufeinander aufbauenden und analytisch unterscheidbaren Phasen: »(1) in Betrachtung des Entstehens und Hinschwindens bestehende Erkenntnis (udayabbayānupassanā-ñāna),
(2) die in Betrachtung der Auflösung bestehende Erkenntnis (bhangānupassanā-ñāna),
(3) die im Sichgegenwärtighalten des Schreckens bestehende Erkenntnis (bhayatupatthānā-ñāna),
(4) die in Betrachtung des Elends bestehende Erkenntnis (ādínavānupassana-ñāna),
(5) die in Betrachtung der Abwendung bestehende Erkenntnis (nibbidānupassanā-ñāna),
(6) die im Erlösungswunsch bestehende Erkenntnis (muccitukamyatā-ñāna),
(7) die in nachdenkender Betrachtung bestehende Erkenntnis (patisankhānupassanā-ñāna),
(8) die im Gleichmut hinsichtlich der Gebilde bestehende Erkenntnis (sankhārupekkhā-ñāna),
(9) die 9. Erkenntnis, die der Wahrheit sich anpassende Erkenntnis (anuloma-ñāna)« (Buddhaghosa 1993, S. 765).

gie: Auf das Hoch folgt ein Tiefdruckgebiet, auf blauen Himmel folgt Sturm. Viele Meditierende erzählen eindrucksvoll davon, wie auf eine bhaṅga-Erfahrung ein regelrechter innerer Orkan folgte. Nach ein paar Minuten oder auch Stunden folgt auf das große Glück etwas sehr Unangenehmes. Dann ist es gut zu wissen: Was sich anfühlt wie ein Rückschritt, ist in Wahrheit ein Fortschritt. Allerdings nur dann, wenn der Meditierende begreift, was geschieht; wenn er oder sie es schafft, dem Phänomen mit Gleichmut zu begegnen. Es geht an dieser Stelle darum, auch den vermeintlichen Rückschritt gelassen und neugierig zur Kenntnis zu nehmen und zu beobachten. Einfach ist das nicht. Martin stellt sehr treffend fest: »Da muss jeder selbst durch.«

Wichtig ist zu verstehen: Alles geht vorbei. Die angenehmen Zustände genauso wie die unangenehmen. Nichts kommt, um zu bleiben. In diesem Sinne ist es fast leichter, mit unangenehmen Empfindungen wie Schmerzen umzugehen als mit angenehmen. Nicht zuletzt, weil viele Meditationsschüler dazu neigen, Letztere mit Bedeutung aufzuladen und ihr Ego damit zu füttern, sich für erleuchtet oder doch zumindest auf der spirituellen Karriereleiter für ein paar Sprossen aufgestiegen zu halten. Marianne erzählt: »Ich war mal als Lehrerin auf einem Kurs, da war eine Frau von der Sorte, die schwärmen und schwärmen und damit allen so ein bisschen auf den Keks gehen. Da meinte einer der anderen Lehrer: ›Was die braucht, ist ein ordentlicher Schmerz im Knie.‹« Petra bekräftigt, dass es für sie immer wieder richtig Arbeit bedeute, abgedriftete Schüler oder Schülerinnen zurück auf den Boden der Tatsachen zu holen. »Wenn Menschen diese Gefühle immer wieder haben wollen und nicht akzeptieren können, wenn das nicht geht, dann kann das zum Problem werden. Die kommen dann und sagen: ›Das ist es! Ich esse jetzt nichts mehr‹, und ich sage: ›Oh nein, das ist es nicht, und gegessen wird jetzt auch.‹ Wenn das jemand durchziehen will, dann würde ich ihn oder sie lieber nach Hause schicken, bevor es schlimmer wird. Denn das ist es ganz offensichtlich nicht. Der Buddha hat auch gegessen.«

Tatsächlich war die Entscheidung von Siddharta, nach Jahren der Askese wieder etwas zu essen, ein wesentlicher Schritt in Richtung seiner späteren Erleuchtung. Es war ein Schritt auf dem Mittleren Weg, dem Weg, der Extreme vermeidet und Gleichmut übt.

Am Ende der Nacht das Morgengrauen

Die meisten Meditationsschüler fangen sich bald wieder. Einige brauchen Hilfe und Orientierung von Lehrerinnen wie Petra und Marianne. Für manche folgt auf das High allerdings eine richtiggehende Depression, die sich auch in den Alltag überträgt. Die Lehrerinnen vermuten, dass hier eher die gefährdet sind, die wenig mit Schmerzen zu tun haben, schnell in tiefe Konzentration kommen und daher manchmal auch ohne viel Meditationserfahrung bhaṅga-Erlebnisse haben und daraus den Schluss ziehen, nur dies sei »richtige« Meditation. Britta erinnert sich an die Zeit nach ihrem ersten Kurs. Erst war es nur »Honeymoon«, ein paar Wochen lang war da das Gefühl, vollkommen von Liebe geflutet zu sein, doch dann fiel sie nach eigener Einschätzung in eine tiefe Depression. »Ich stand in der Bibliothek und ich habe gedacht, ich werde niemals die Energie aufbringen, mir ein Buch ausleihen zu können. Ich wusste nicht, was los war, aber es ging einfach nicht. Ich habe mich total verloren gefühlt. Ich dachte, ich werde nicht die Energie aufbringen können, zu dieser Ausleihe zu gehen und zu sagen, ich möchte dieses Buch haben. Und dann bin ich nach Hause und habe mich irgendwie hingelegt, mein damaliger Mitbewohner hat meine Eltern angerufen, und die haben mich dann abgeholt. Drei Wochen lang lag ich bei meinen Eltern im Bett und habe einfach nur die Decke angeguckt, es ging gar nichts mehr. Es war, als hätten mich die Lebensgeister verlassen. Ich habe versucht, eine Therapie zu machen, aber das ging nicht. Ich konnte das nicht ernst nehmen. Ich war hoch suizidal, und habe dann gedacht: ›Okay, bevor ich mich jetzt umbringe, kann ich auch versuchen, noch einmal einen Kurs zu sitzen.‹« Britta meldete sich bei einem Kurs in Bad Herrenalb im Schwarzwald an. Gemeinsam mit der Lehrerin gelang es ihr, sich wieder auf ihre Empfindungen zu konzentrieren – wirklich Vipassana zu machen – und die Depression hinter sich zu lassen.

Mit der schweren Krise, die Britta an dieser Stelle in ihrem Entwicklungsprozess durchlebt, steht sie nicht allein. Sie macht eine Erfahrung, die bereits der katholische Mystiker Johannes vom Kreuz im 16. Jahrhundert als »Dunkle Nacht der Seele« beschreibt. Man muss nicht Katholik sein, um so etwas zu erleben: Eine spirituelle Krise. Ein Gefühl der bodenlosen Verlorenheit, ein Abgeschnittensein, das dort umso unerträglicher scheint, wo gerade noch eine Erfahrung von umfassender Verbundenheit war. Prozesse, die die moderne Psychiatrie als pathologisch definieren würde, können in einem spirituellen Rahmen durchaus Sinn machen. Der italienische Psychiater Roberto Assagioli interpretiert die »Dunkle Nacht der Seele« als eine Etappe auf einem Weg des persönlichen Wachstums, als eine Art »göttliches

Heimweh«.[75] Der transpersonale Psychologe Ken Wilber spricht von einer »Verlassenheitsdepression«[76] und bezieht sich dabei auf das Gefühl, das entsteht, wenn der zuvor gefühlte Kontakt zu etwas Göttlichem in Intensität nachlässt. Die buddhistischen Lehren weisen an dieser Stelle darauf hin, dass auch die Welten der Götter und Engel vergänglich sind. Auch sie müssen sterben und vergehen – und wenn dies nicht akzeptiert wird, beginnt das Leiden von Neuem. Es ist wichtig zu verstehen, dass das, was als Union mit dem Göttlichen erlebt wird, eine Pseudoerleuchtung ist. Das bedeutet nicht, dass dieser Zustand nichts wert ist – er geht jedoch vorbei, wie alle anderen auch.

Wie schön oder wie schlimm die Erfahrungen und Gefühle, die sich durch Meditation einstellen, auch sein mögen – die Anweisung zur Heilung lautet stets: »Weitermachen«. Gleichmut üben. Goenka wird nicht müde zu betonen: Das eine ist nicht besser oder schlechter als das andere. Messlatte für den Fortschritt sind nicht die Erfahrungen, die man beim Meditieren macht, es geht nicht darum, in einer Art spirituellem Vergnügungspark möglichst außergewöhnliche Erfahrungen und Erlebnisse zu sammeln. Messlatte für den Fortschritt ist immer und immer wieder der Gleichmut, mit dem man sie zu betrachten vermag.

Im Hinblick auf die Didaktik von Vipassana lässt sich sagen: Die Verwirrung hat System. Martin erzählt von den mehrwöchigen Retreats, an denen er alljährlich teilnimmt: »Damals hieß es auf den Dreißigtageskursen noch: ›Wer bhaṅga hat, soll zum Lehrer kommen.‹ Und sofort bricht der Stress aus: ›Ich hab noch kein bhaṅga!‹ Und je mehr man es haben will, desto weniger hat man's.« Es ist eine paradoxe Figur: Da wird ein Setting geschaffen, das hochintensive Meditationspraxis ermöglicht und darauf angelegt ist, den Schülern bedeutungsvolle Erfahrungen zu vermitteln. Und gleichzeitig lautet die Botschaft: Immer das, was du gerade für wichtig hältst und worum du ringst: Es ist nicht wichtig. Lass es los, übe Gleichmut.[77]

Bei den Zehntageskursen werden bereits blutige Anfänger darauf hingewiesen, sich selbst zu überprüfen, wie es mit den »feinen Empfindungen« steht, und es ist deutlich, dass es eine Art Klassenziel zu sein scheint, diese irgendwann im ganzen Körper zu spüren. Es werden geradezu absichtlich Erwartungen geschürt. Darauf nicht mit Gedanken wie »Warum fühle ich das nicht? Oh je, bin ich ein Versager ...?« zu reagieren, das braucht in der Tat jede Menge Gleichmut. Es ist wie in Michael Endes *Unendlicher Geschichte*:[78] Bastian muss durch den Spiegel, um sich zu retten, um heim in seine Welt zu finden. Doch das kann nur gelingen, wenn er es nicht will. Michael Ende hat hier ein sehr treffendes Bild für eine zentrale Gesetzmäßigkeit spiritueller Entwicklung gefunden.

Es kann nicht oft genug gesagt werden: Mit »spirituell« ist hier nichts Abgehobenes gemeint. Es geht nicht um Erscheinungen, Visionen oder Spezialeffekte, sondern darum, dem ganz und gar Alltäglichen hier und jetzt neugierig und präsent, mit aufmerksamer Beobachtung zu begegnen. Alles zuzulassen, was da ist, nichts abzulehnen. Yuval Noah Harari fasst dieses Missverständnis in einem Interview mit dem TV-Sender *India Today* sehr treffend zusammen:

> »Der wichtigste positive Effekt von Meditation ist, dass man die eigenen Muster kennenlernt. Die ganz gewöhnlichen, alltäglichen, natürlichen Muster des eigenen Geistes und des eigenen Körpers. Es geht darum, deine Freude, deine Wut, deine Langeweile kennenzulernen. Denn diese Dinge sind es, mit denen wir im Leben umgehen müssen.«[79]

An anderer Stelle sagt er:

> »In Wahrheit jedoch ist das Bewusstsein das größte Geheimnis des Universums. Ganz banale Gefühle der Wärme und des Juckens sind genauso geheimnisvoll wie Gefühle der Begeisterung und des kosmischen Einsseins.«[80]

Wer so spricht, hat die tiefgründigeren Wahrheiten von Vipassana zutiefst verinnerlicht. Die Visuddhi-Magga hat hierfür das schöne Wort »Anpassungserkenntnis« gefunden: die Fähigkeit, mit dem was ist, nicht mehr und nicht weniger, in einer Weise umgehen zu können, die das Wunder des Lebens sichtbar und fühlbar werden lässt.[81]

Das ist alles andere als banal oder einfach. – Im Gegenteil: Unser Geist ist es so sehr gewohnt, den größten Teil der Zeit sein eigenes Ding zu machen, dass er sich auf alle nur erdenklichen Arten dagegen sträubt, sich selbst im Spiegel zu betrachten, also den eigentlichen Lebensprozess anzuschauen, der ihn ausmacht. Er glaubt, die Kontrolle haben zu müssen, auch wenn das bedeutet, dass sie ihm paradoxerweise genau hierdurch in Wahrheit entgleitet. Goenka geht auf dieses Phänomen der Selbstsabotage auf dem Zehntageskurs ein. Am sechsten Tag richtet er sich an die Meditationsschüler mit den Worten:

»Fünf mächtige Gegner werden versuchen, Sie zu überwältigen und in Ihrem Fortschritt aufzuhalten.«[82] Neben den alten Bekannten wie Verlangen und Aversion nennt Goenka drei andere, die den meisten Meditierenden zu diesem Zeitpunkt schon begegnet sein dürften. Da sind zum Beispiel Trägheit oder Schläfrigkeit. Das Spektrum hierbei ist breit, es reicht von Lustlosigkeit bis hin zu der Neigung, gegen den eigenen Willen ständig wegzunicken. Goenka empfiehlt hier kaltes Wasser ins Gesicht oder ein paar Schritte an der frischen Luft zu tun. Weiter nennt er den Zweifel am Lehrer, am Kurs, an der Technik, an sich selbst und den eigenen Fähigkeiten zu meditieren. Und schließlich eine weitere Form der Sabotage: das Gefühl der Unruhe. »Den ganzen Tag rennen Sie hin und her und tun alles Mögliche«, sagt Goenka, »außer zu meditieren.« Diese Form des Widerstands ist eine sehr verbreitete. Im Alltag wird sie oft als »ich habe keine Zeit zu meditieren« auf den Plan treten, gerne in Verbindung mit dem Gefühl, Wichtigeres zu tun zu haben. Goenka sagt dazu nur: »Wenn Ihnen dann später bewusst wird, dass Sie Ihre Zeit verschwendet haben, fangen Sie an zu jammern und zu bereuen. Auf dem Pfad Dhammas ist für Jammern kein Platz!«[83]

Freund und Feind

Auch den eigenen Unzulänglichkeiten gilt es mit Gleichmut zu begegnen. Das geht am besten, indem man übt, nicht in Geschichten einzusteigen, nicht den üblichen Sätzen nachzugehen, die man gewohnt ist, über sich selbst und die Welt zu sagen. Auch hier lautet die Anweisung, sich auf den Körper sowie die entsprechenden Wahrnehmungen zu konzentrieren und Gleichmut zu trainieren. »Wenn man lernt, sich der Empfindungen gewahr zu sein und ihnen gegenüber gleichmütig zu bleiben, dann wird es leicht, auch in äußeren Situationen ausgeglichen zu bleiben«, so Goenka.[84] Denn alle Empfindungen, ob grob oder fein, angenehm oder unangenehm, haben eines gemeinsam: Sie sind vergänglich. Auf diese Art und Weise lernen wir, den Affen zu zähmen, das Pferd selbst zu reiten, statt uns von ihm davontragen zu lassen. Es sind nicht die Empfindungen selbst, sondern unsere eigene Unwissenheit, die Leid erzeugt. Indem wir mit Verlangen oder Abwehr auf das reagieren, was wir wahrnehmen, fühlen oder denken, heizen wir das Feuer der Hölle an, in der wir schmoren. Deshalb gilt es, den Geist von Stund an umzuerziehen, »die Gewohnheitsmuster des Geistes zu ändern«, wie Goenka sagt. Das ist gleichbedeutend mit

»saṅkhāras auflösen«. Das passiert, indem man alle Empfindungen, so verschieden sie auch sein mögen, zwar registriert, aber nicht auf sie reagiert. Die Versuchung, es besonders gut machen zu wollen, ganz besonders gleichmütig zu sein, wird auch hier wieder auftauchen. Was dann? Beißt sich die Katze hier nicht endlos in den Schwanz? Petra sagt dazu: »Gleichmut heißt dann, zu akzeptieren, dass ich gerade nicht gleichmütig bin.« Marianne ergänzt: »Und das kann bedeuten, dass ich mir sage: Es fällt mir schwer, damit gleichmütig zu sein, dass ich nicht gleichmütig bin. Und das ist nicht schlimm. Wichtig ist, dass ich den Status Quo akzeptiere, das ist ein ganz wichtiger Teil des Gleichmuts. Ich bin jetzt gerade nicht so, wie ich gerne wäre. Aber ich versuche, in die Richtung zu arbeiten.«

Den wohl wichtigsten Satz in dieser Hinsicht wiederholt Goenka in den Kursen gefühlt fünfzigmal am Tag: »Start again«, beginnen Sie von Neuem. Verurteilen wir uns nicht für unsere Mängel und Fehler, halten wir uns nicht auf mit Stolz auf das, was wir erreicht haben. Beginnen wir jeden Augenblick von Neuem, frisch und unvoreingenommen, offen für das, was er bringen mag. Und haben wir Geduld mit uns selbst in den Momenten, in denen das nicht gelingt.

Goenka nennt auch die »fünf Freunde«, die uns bei diesem Unterfangen unterstützen. Das sind zum einen recht preußisch anmutende Gesellen wie Fleiß und Anstrengung, aber auch so freundliche Typen wie Vertrauen, Hingabe und Zuversicht.

Der Gleichmut, den es einzuüben gilt, ist keine Abgeklärtheit oder Distanziertheit. Es ist auch wichtig, diese Qualität nicht mit Apathie zu verwechseln oder damit, Dinge auszublenden, abzuspalten oder zu ignorieren. Gleichmut führt in Entspannung, in Gelassenheit mit dem, was ist. Je mehr es Meditierenden gelingt, diese Qualität einzuüben und in sich zu kultivieren, desto mehr stellt sich etwas ein, was viele als »Erkennen« beschreiben – im Sinne dessen, was Yuval Noah Harari im vorigen Kapitel beschreibt.

Der verkörperte Geist

Ein interessanter Aspekt des Erkennens im Sinne des buddhistischen Weltbildes ist, dass es im Körper stattfindet. Erkenntnistheoretisch ist das brisant, denn das heißt: Es gibt keinen vom Körper getrennten Geist, der zudem noch der Chef ist und über den Körper befiehlt. In den letzten Jahren ist dieser nicht-dualistische buddhistische Ansatz auch für die Wissenschaft interessant geworden. Die Neurowissenschaft geht mittlerweile davon aus, dass der menschliche Geist zutiefst »verkörpert« ist.[85] Vipassana ermöglicht es, die Erfahrung zu machen, dass dieser Theorie unmittelbare Realität zugrunde liegt. Unsere Körper sind hochintelligent. Das Gehirn mag die Schaltzentrale sein, doch ohne Feedbackschleifen mit dem Körper vermag es nichts. Der Psychiater Paul R. Fleischman drückt in dieser Hinsicht Bedauern darüber aus, dass die Forschung diesen Zusammenhang noch nicht in den Blick genommen hat. Wie schade, dass bislang niemand Untersuchungen (am Gehirn) mit bildgebenden Verfahren macht, die zugleich auch das Herz, die Lungen, die Nebennieren, die Hypophyse, die Haut, die Fußsohlen untersuchen.

> »Wenn Wissenschaftler endlich eine solche Untersuchung vornehmen, werden sie feststellen, dass Meditation genauso in den Fußsohlen oder in den Nebennieren stattfindet wie im Gehirn.«[86]

Denn der Geist sitzt im Körper – im Körper, der auf sich selbst aufmerksam wird. Maja erzählt: »Ich habe beim Meditieren immer das Gefühl, eine Art Tintenfisch zu sein. Von diesen Tieren ist bekannt, dass ihr Gehirn zu einem großen Teil in den Tentakeln sitzt. Wenn man da sitzt und mit der Aufmerksamkeit durch den ganzen Körper wandert, dann ist es, als ob ein Leuchten durch den Körper geht, es leuchtet immer dort, wo die Aufmerksamkeit gerade ist. Als würde der Körper sich selbst ausleuchten. Das ist total faszinierend und wunderschön. Dabei entsteht so ein Gefühl von Ganzsein.« Vielleicht sind wir Menschen mehr Tintenfisch, als wir denken.

Das Glück, von dem Meditierende erzählen, ist von zweierlei Art. Einerseits stellt es sich beim Meditieren selbst ein. Andererseits diffundiert es in den Alltag. Übertragen auf das tägliche Leben spiegelt sich das Vermögen, wirklich im Moment zu sein und den nächsten Augenblick kommen zu lassen, in einer Art aktivem Loslassen. Stephen Batchelor spricht davon, das »Leben zu umarmen«, in seiner Ganzheit, mit allem, was wir lieben oder was uns scheinbar den Weg verbaut.

> »Eine Art Tango zu tanzen mit dem Dasein der Welt, einen Tanz, in dem beide Partner die Freiheit haben, einander fein wahrzunehmen und sich frei zu bewegen.«[87]

Diese Art von Freiheit ist nicht – einmal erlangt – ein für alle Mal errungen. Sie will täglich, stündlich, minütlich wieder erarbeitet, eingeladen und erneut ausgeübt werden – und sie passiert im und am eigenen Leib.

Erinnern wir uns an die Geschichte Buddhas: Er verwirft die asketischen Praktiken und entdeckt den Mittleren Weg. Zum Entsetzen seiner anderen asketischen Begleiter isst Siddharta eine Schale Reis, die ihm auch noch ein junges Mädchen anbietet, und badet seinen geschundenen Körper im Fluss. Er wendet sich seinem Leib und seinen Sinnen zu. In dieser Zurückwendung in die Welt steckt eine Aufwertung des Körpers. Die menschliche Physis wird zum Tor zur Erkenntnis – und schließlich sogar zum Tor der Erleuchtung. Ganz so weit sind wir aber noch nicht. Der künftige Buddha ist nun erst einmal wieder auf der Suche. Er probiert dieses und jenes, experimentiert mit seinem Geist und der Welt und der Wechselwirkung zwischen beiden. Nach und nach entwickelt und verfeinert er die Technik, die wir noch heute als Vipassana kennen. Es kommt der Tag, an dem Siddharta beschließt, sich zum Meditieren unter einen Bodhi-Baum, eine Pappelfeige, zu setzen. Noch heute ist im Städtchen Bodhgaya, im Bundesstaat Bihar im Nordosten Indiens gelegen, in einem kleinen Park ein Bodhi-Baum zu besichtigen, in dessen Schatten dieses Ereignis stattgefunden haben soll. Siddharta also ließ sich nieder, kreuzte die Beine und gelobte, nicht eher wieder aufzustehen, als bis er einen Weg gefunden hätte, das Leiden zu überwinden – er demonstrierte auf diese Weise eiserne Entschlossenheit. Die sollte er auch brauchen, denn der Sage nach dauerte es 49 Tage, bis Siddharta endgültig erwachte und zum Buddha wurde.

Adiṭṭhāna – Meditieren im Dampfdrucktopf

Adiṭṭhāna, die »eiserne Entschlossenheit«, ist eine der zentralen Tugenden des Buddha, die Eingang in die Didaktik der von S. N. Goenka entwickelten Zehntageskurse gefunden hat.

Ab dem fünften Tag sind die Meditationsschüler angehalten, dreimal am Tag eine Stunde lang ganz still zu sitzen. Im Gegensatz zu allen anderen Stunden des Tages, in denen es durchaus erlaubt ist, die Position zu wechseln, wenn irgendetwas drückt oder unangenehm ist, geht es in diesen Stunden darum, in einer zu Beginn gewählten Situation zu verharren, mit dem festen Vorsatz, sich nicht zu bewegen.

Adiṭṭhāna ist eine Herausforderung, für alle. Für viele ist bereits die Ankündigung dessen, was jetzt kommt, schwer zu ertragen. Und wie auch nicht! Auch für den künftigen Buddha waren die 49 Tage nach seinem Entschluss die wohl schwerste, aber auch wichtigste Schlacht seines Lebens. Die Schriften berichten von zahllosen Verführungsversuchen durch feindliche Dämonen während dieser Zeit; wir werden darauf in Kapitel 3.1 noch näher eingehen.

Einige Meditationsschüler reagieren auf die neue Regel sofort mit großer Unruhe. Plötzlich juckt und ziept es, wo vorher noch nie etwas war. Dirk erzählt von seiner ersten Adiṭṭhāna-Sitzung, die er als sehr schwer in Erinnerung hat: »Es gibt diesen Film, wo jemand im Sand eingebuddelt ist, nur der Kopf ist noch zusehen. Die Fliegen sausen um den armen Kerl herum und setzen sich mal hier, mal dort hin. Genau solche Gefühle hatte ich auch im Gesicht. Man soll ja dann nicht reagieren, also nicht kratzen, wenn es juckt, sondern einfach nur wahrnehmen: Dieses Gefühl ist da. Ich dachte, ich werde wahnsinnig. Einfach nur dieses Jucken wahrzunehmen und ertragen zu müssen, das war wirklich schlimm.«

Andere reagieren eher mit Trotz, wie Angela: »In mir war der Gedanke: ›Nein, das mache ich nicht. Nur weil mir jetzt jemand vorschreibt, dass ich das machen soll – mache ich einfach nicht. Ich bestimme selbst. Mein Körper bestimmt selbst, was er will und was nicht.‹«

Wieder andere reagieren mit Ehrgeiz. »Ich habe mich da durchgeboxt«, erinnert sich Josephine. »Ich war schon immer sehr ehrgeizig, ich habe früher auch Hochleistungssport gemacht. Alles, was eine Herausforderung ist, habe ich immer gerne angenommen. Das war erst mal mein Zugang zu dieser Aufgabe: Schaffe ich das, oder schaffe ich es nicht?«

Alles, was nicht ohnehin schon durch die Meditation deutlich geworden ist – spätestens durch adiṭṭhāna wird es sichtbar. Eine Adiṭṭhāna-Sitzung ist eine Art Dampfdrucktopf, in den wir uns freiwillig begeben. Es ist ein Experiment unter verschärften Bedingungen, eine Art Gummizelle, in der wir uns mit uns selbst einsperren, um zu beobachten, wie Geist und Körper miteinander interagieren. Die eiserne Entschlossenheit wirkt als Katalysator des Lernprozesses, auf den die Kursteilnehmer sich eingelassen haben. Ohnehin ist der Kurs, wie Martin es treffend ausdrückt, »eine Leinwand für die inneren Filme«. Das Spektrum der Freiheitsgrade ist groß, wie im echten Leben auch. Es gibt streng geregelte Abläufe, zum Beispiel beim Essen oder bei den abendlichen Vorträgen. Es gibt Zeiten, in denen die Schüler wählen können, wo sie meditieren wollen, ob mit anderen in der Halle, ob auf ihrem Zimmer oder eventuell in der zugeteilten Zelle, oder ob sie sich ein wenig im Außenbereich die Beine vertreten wollen. »Da kann man alles reinpacken, was man so in sich hat, man kann damit umgehen, wie man will oder wie man es gewohnt ist«, sagt Martin und beschreibt sehr treffend: »Man kann zum Beispiel voller Ehrgeiz versuchen, alle Stunden durchzusitzen und mit der eigenen fanatischen Struktur gegen die gleiche Wand zu rennen wie sonst im Leben auch ... man kann sich in jeden Wahn reinsteigern, den man so in sich hat.«

Die Adiṭṭhāna-Sitzungen sind eine Art Lackmustest. Alles, was in subtiler Form oder bis dahin unbemerkt in Geist und Körper vorhanden ist, tritt hier in Erscheinung. Oft sind es diese Stunden, in denen Meditierende wesentliche Erkenntnisse gewinnen, nach denen sie das Gefühl haben, anschließend auf einer anderen Ebene weiterzumeditieren.

Maja erzählt: »Ich hatte da zu Beginn richtig klaustrophobische Zustände. Ich war sehr ehrgeizig und wollte das schaffen. Ich bin an adiṭṭhāna rangegangen wie an eine Mutprobe, die ich bestehen wollte. Und dann wurde es total furchtbar. Ich fühlte mich eingesperrt in meinem eigenen Körper – wann macht man das schon mal, dass man sich eine ganze Stunde lang wirklich keinen Millimeter bewegt und die Augen nicht öffnet? Ich bekam richtig Panik, da nicht rauszukommen. Denn die Gegenwart dieses Geistes, mit dem ich da saß, war keine freundliche. Die inneren Stimmen waren brutal: ›Stell dich nicht so an‹, ›Jetzt reiß dich mal zusammen‹ – und entsprechend reagierte mein Körper. Mir war schwindelig, ich dachte, ich explodiere gleich, ich muss hier raus oder ich raste gleich komplett aus. Dabei hatte ich Schmerzen ohne Ende, schier unerträglich war das. Es hat gedauert, bis ich verstanden habe, dass und wie das zusammenhängt. Auf meinem ersten Kurs hatte ich ein paar Tage lang vor jeder einzelnen Adiṭṭhāna-Sitzung richtig Angst. Irgendwann habe ich begriffen, dass diese Stunden unter Umständen ganz problemlos vorübergehen, wenn ich mit mir selbst freundlich bin. Dass sich mein innerer Raum komplett verändert, wenn ich beginne zu beobachten, was passiert und dabei eine gewährende, mitfühlende Haltung einnehme – mitfühlend mir selbst gegenüber.«

Majas Erzählung weist auf etwas hin, was viele Meditationsschüler missverstehen: Es geht beim Meditieren nicht darum, an nichts zu denken. Es geht darum, aufzuwachen. Zu bemerken, was der eigene Geist gerade tut und auf welche Weise – und sich dann selbst ans Steuer zu setzen, ihn nicht mehr auf Autopilot weiterfahren zu lassen.

Gerhard, der mittlerweile seit über 29 Jahren meditiert, sagt zu diesem Thema: »Ich habe vor diesen Sitzungen nach wie vor Respekt. Da kann jedes Mal etwas passieren, was man sich vorher gar nicht ausdenken kann.«

Ähnlich wie Maja machen viele Meditierende während Adiṭṭhāna-Sitzungen intensive Erfahrungen von Schmerz. Es gibt keine Ablenkung mehr; was an Konditionierungen im Körper-Geist-System vorhanden ist, das kann nun voll wirken und sich zeigen. Dadurch, dass es in diesen Sitzungen, wenn man nicht aufgeben will, keinen anderen Ausweg gibt, als die Funktionsweise des eigenen Geistes zu ändern, fällt den Meditationsschülern früher oder später ein, was sie seit einigen Tagen ständig hören: »Beobachte, was ist«. Wem das gelingt, wer auf die Beobachterebene wechseln kann, macht eine wundersame Entdeckung: Wenn Schmerz nicht verflucht, abgelehnt, weggewünscht, sondern einfach nur beobachtet wird, dann entsteht etwas Neues. Was gerade noch ein unerträgliches Stechen im unteren Rücken war (und vermutlich ein durch das viele Sitzen entstandener Bandscheibenvorfall – ein Meditationsschaden?!), wird zu einem Phänomen, das ich wahrnehme, zu reiner Empfindung, die ich nicht mehr bewerte. Aus einem Krampf in der Wade wird bei genauem Beobachten ein pulsierendes Ziehen, dass sich wellenförmig ausbreitet, eine Welle von ganz spezifischer Vibration, die sich stetig verändert. Der Wadenkrampf ist nicht mehr *mein* Schmerz, gefolgt von einer Kaskade angstgetriebener Gedanken, sondern *ein* Schmerz. Eine Wahrnehmung unter anderen, die sich nicht grundlegend unterscheidet von der Berührung der Wolldecke mit der Haut an meinem Hals, oder mit dem Druck an der Stelle, wo mein Knöchel auf dem Boden aufliegt. Dieser Moment kann eine radikale innere Veränderung einläuten. Wer begreift, dass es die eigene innere Haltung zu unseren Wahrnehmungen und Gedanken ist, die uns leiden lässt, der ist auf dem Weg der Befreiung.

Es ist nicht der »primäre Schmerz«, also die Wahrnehmung an sich, die das Leiden an Krankheitssymptomen oder Stress ausmacht. Es ist die innere Ablehnung, die Angst, die Sorge um die Zukunft, die dafür sorgen, dass Menschen in eine Abwärtsspirale aus Schmerz und Stress geraten, die einander befeuern und verstärken. Goenka spricht von der »Aversion gegen den Schmerz«, die therapeutischen Achtsamkeitsschulen von »sekundärem Schmerz«. Interessanterweise berichtet Jon Kabat-Zinn, der Begründer der MBSR-Meditation, dass ihm diese Einsicht, aus der er später seine heute weltberühmte und millionenfach angewandte Methode entwickelte, während einer Adiṭṭhāna-Sitzung kam.[88] Vipassana als Weg der Selbsterkenntnis ist etwas grundlegend anderes als die »Light-Version« von Meditation, die in der psychotherapeutischen Verhaltenstherapie Anwendung findet.

Für die einen ist es Schmerz, für die anderen eine andere vertraute oder prägende Konditionierung, die sie herausfordert. Mal dies, mal das, jede Adiṭṭhāna-Sitzung ist anders. Josephine erinnert sich an eine Stunde, in der sie mit großer Unruhe zu kämpfen hatte. Und an den Durchbruch, den es für sie und ihre Praxis bedeutete, dieser Unruhe die Stirn zu bieten. »Das war auf einem Kurs, bei dem ohnehin schon ganz viele Ängste hochkamen. Kurz vor einer Reise, da war Aufregung, Reisefieber, Angst um meine Familie ... jede Menge Unruhe halt. In dieser Adiṭṭhāna-Sitzung ging es richtig ab. Ich habe geschwitzt, mir war heiß, am liebsten hätte ich geschrien und wäre aufgesprungen. Das war wirklich ein Riesensturm, der sich da aufgebaut hatte. Und dann habe ich es geschafft, sitzen zu bleiben. Mich da durchzukämpfen, mir zu sagen: ›Nein, du bleibst jetzt mal sitzen, du bewegst dich jetzt mal wirklich nicht.‹ Und zu beobachten, was dann passiert. Das waren für mich die ersten Momente, an denen ich gemerkt habe: ›Das bringt ja richtig was.‹ Das hat mich total motiviert. Ich war ein sehr unruhiges, hibbeliges Kind, ich bin bis heute so, aber durch Vipassana ist das viel besser geworden. Das war gut, dass ich diese Technik gefunden habe, damit umzugehen. Ich weiß noch, wie ich dachte: ›Mensch, da hast du mal was gefunden, was echt wirkt.‹«

Für viele Meditierende werden Erlebnisse oder Einsichten, die sie während einer Adiṭṭhāna-Sitzung machen, zu Schlüsselerfahrungen. Ob es sich dabei um spirituelle oder psychologische Wendepunkte handelt, lässt sich dabei gar nicht so genau unterscheiden. Maja erzählt von einer Entdeckung, die ihr bis heute wichtig ist: »Irgendwann habe ich begriffen: Ich muss mich gar nicht so schrecklich anstrengen. Ich kann mich konzentrieren, ohne dafür ganz viel Kraft aufzuwenden und mich zu verausgaben. Ich kann mich noch gut daran erinnern, wie ich das entdeckt habe, dass ich meinen Geist, meine Aufmerksamkeit und Konzentration regulieren kann, dass ich wie bei einem Radiosender nach der ›richtigen‹ Frequenz suchen kann. Dass es eine Wellenlänge gibt, auf der eine mit Leichtigkeit geführte Konzentration liegt, die ich bis dahin gar nicht kannte. Und eben auch eine, wo ich unter Druck komme und zu viel Kraft aufwende, und noch eine, wo ich abschweife und nicht mehr bei der Sache bin.«

Diese Beschreibungen machen anschaulich, wie Meditierende über lange Zeiträume hinweg entdecken, was der Buddha den »Mittleren Weg« nannte, und sich nach und nach erarbeiten, wie es sich anfühlt, auf diesem unterwegs zu sein. Gerhard reflektiert: »Meiner Erfahrung nach macht Ärger über mich selbst immer alles schlimmer. Zu viel Mitgefühl mir selbst gegenüber bringt aber auch nichts. Es geht darum, das rechte Maß zu entwickeln. Immer wieder von neuem, in allem.«

Vipassana-Meditierende verbringen Stunde um Stunde damit, das Kommen und Gehen in ihrem eigenen Geist und Körper zu beobachten. Sie werden Zeuge von Ebbe und Flut, vom Entstehen und Vergehen von Gefühlen, Gedanken und Empfindungen. Sie machen die Erfahrungen, dass all diese Gedanken, Impulse, Reflexe, Begierden und Aversionen entstehen, sich zeigen, und dann – vorausgesetzt, man bleibt in der Position eines gelassenen Beobachters – sang- und klanglos verdampfen, ohne Spuren zu hinterlassen.

Erinnern wir uns noch einmal an das Konzept von anattā: Dieses Etwas, dass wir unser »Selbst« nennen, ist ein ständiges Werden und Vergehen. Es ist eher ein Bewusstwerden als ein Bewusstsein. Unser Selbst ist ein Prozess, bestehend aus Körper und Geist, eingebettet in die Physik und Chemie und den großen Plan des Universums. In diesem Sinn unterscheiden wir uns nicht von einem Nebel, der morgens über der Wiese liegt, nicht von einem Tiger im Dschungel und nicht von einem Haus, das über die Jahre langsam, aber sicher unter dem Einfluss des Wetters und der Zeit vergeht. Der zweite Hauptsatz der Thermodynamik, er gilt auch für uns. Es gibt keine Realität, die gleich bleibt, die wir festhalten könnten. Nichts ist stabil, alles ist in Bewegung, alles ist vergänglich – auch wir selbst. Durch Vipassana wird diese Wahrheit auf einer tiefen Ebene erfahren. Diese Einsicht, die dem menschlichen Alltagsbewusstsein reflexhaft Angst einjagt und darum verdrängt wird, löst sonderbarerweise nicht noch mehr Angst aus, sondern Vertrauen. Paradoxerweise kultivieren Meditierende gerade dadurch, dass sie die Aufmerksamkeit auf kontinuierliche Veränderung richten, eine Qualität von Stabilität, von Sicherheit. Dass auch der eigene Körper und der eigene Geist keine konstanten Größen sind, bedeutet ja auch: Ich bin nicht getrennt von der Welt, ich gehöre dazu. Die universellen Gesetze gelten auch für mich, ich bin nicht allein.

Wer solche Erfahrungen immer wieder macht und nach und nach verinnerlicht, für den wird der Satz »Der Weg ist das Ziel« zu mehr als einem Kalenderspruch. Wer sich auf den Weg gemacht hat, ist schon am Ziel, denn das Ziel wird zum Weg. In diesem abgedroschenen Satz steckt eine tiefe Wahrheit. Wichtig zu verstehen ist: Der Weg ist nicht einfach etwas, dem man folgt, indem man den richtigen Schildern hinterherläuft und den besten Reiseführer liest. Es geht nicht darum, sich dem Weg zu unterwerfen. Der »Mittlere Weg«, er tut sich beim Gehen auf – und er will jeden Tag neu freigehalten und gepflegt werden. Indem wir einen Schritt vor den anderen setzen, beginnt das Abenteuer des Lebens in jedem Moment neu.

2.5 Werde der Weg. Die Lehre von der Bedingten Entstehung

Es soll am achten Tag des zwölften Monates gewesen sein, zu Vollmond. Siddharta war 35 Jahre alt, in einem ähnlichen Alter wie Jesus und Mohammed zum Zeitpunkt ihrer Berufung, als er Erleuchtung erlangte und zum Buddha wurde. Er hatte sein Ziel erreicht. Siddharta hatte verstanden, was das Leiden aller lebenden Kreaturen verursacht, und ein Gegenmittel gefunden. Das Erwachen des Buddha steht in der buddhistischen Tradition für die erlösende Erkenntnis, dass und wie es möglich ist, sich aus dem Kreislauf der Wiedergeburten, dem Rad des Karmas zu befreien.

Karma – auf Pali, der Sprache, die der Buddha sprach, »kamma« genannt – ist ein Begriff, der mittlerweile im Westen derart inflationär gebraucht wird, dass er in seiner ursprünglichen Bedeutung kaum noch verstanden wird. Karmakonto, Karmakaffee – irgendwo zwischen Yogastudio und Fair Trade steckt das Karma, das der Laie vermutet. Wer gute Taten einzahlt, sammelt Karmapunkte an und bekommt Zinsen obendrauf, so in etwa die Vorstellung.

Um kamma zu verstehen, ist es wichtig, das Prinzip der Bedingten Entstehung zu verinnerlichen. Paṭicca-samuppāda ist eines der wichtigsten Gesetze der buddhistischen Psychologie. Die Bedingte Entstehung beschreibt eine Einsicht, zu der jeder Meditierende früher oder später kommt: Ein Gedanke bringt den nächsten hervor, eine Empfindung die nächste, nichts folgt zufällig aufeinander. Im Umkehrschluss können wir davon ausgehen, dass keine Situation, in der wir uns wiederfinden, reiner Zufall ist. Mit Magie oder Schicksal hat das nichts zu tun, es ist eher eine logische Schlussfolgerung: Frühere

Gedanken, Umstände, Entscheidungen und Handlungen haben das hervorgebracht, was jetzt gerade unsere Gegenwart ist. Nichts anderes ist mit dhamma gemeint. Eine der vielen Bedeutungen dieses Wortes heißt »Gesetz«, die Gesetzmäßigkeit der Bedingten Entstehung, die Logik, die hinter Ursache und Wirkung steht.

Der Pali-Kanon erzählt von einem Gespräch zwischen dem Buddha und einem Wanderer namens Udayin. Dieser fragt sich, wie auch heute so manche Meditierende, was es mit vergangenen und zukünftigen Leben auf sich hat. Buddha erwidert:

> »Lass die Vergangenheit sein, Udayin, lass die Zukunft sein. Ich zeige dir dhamma:
>
> Wenn dieses ist, wird jenes;
>
> mit dem Entstehen von diesem entsteht jenes.
>
> Wenn dieses nicht ist, wird jenes nicht,
>
> mit dem Aufhören von diesem erlischt jenes.«[89]

Diese vier schlichten Zeilen des Buddha versuchen etwas in Worte zu fassen, das sich jenseits unserer gewohnten Begriffe abspielt und sich daher dem Denken und der Sprache stets knapp entzieht. Wir sind es gewohnt zu »essentialisieren«, wie die Philosophin zu sagen pflegt, Dinge und Phänomene als abgeschlossene Ganzheiten zu begreifen und sie als solche zu behandeln. Ein folgenreicher und fataler Irrtum, denn die Dinge sind nicht einfach, wie sie sind, beziehungsweise wie sie uns zu sein scheinen – und vor allem: Sie bleiben es nicht. Näher an der Wahrheit ist eine Auffassung von der Wirklichkeit, die alles und jedes im Universum als veränderlich, als unablässig in Bewegung begreift. Wenn der griechische Philosoph Heraklit sagt, dass »alles fließt«, dann beobachtet der Vorsokratiker dasselbe Phänomen wie heute die Kognitionswissenschaften auf psychologischer, die Biologe auf körperlicher und die Quantenphysik auf physikalischer Ebene. Ein geschulter Meditierender erlebt das am eigenen Leib, am eigenen Bewusstsein: Alles ist in Bewegung, alles ist veränderlich. Unser Körper arbeitet und verändert sich jeden Tag, jede Minute, in jedem Bruchteil einer Sekunde. Zellen entstehen, wachsen und sterben ab, Vegetation gedeiht und vergeht, Lebewesen werden geboren und sterben, das Wetter kommt und geht. Selbst der Inbegriff der Unverrückbarkeit ist in Bewegung begriffen: Gebirge bewegen sich unaufhaltsam, selbst die Kontinente bewegen sich in einem für uns kaum wahrnehmbaren

Tanz auf dem Erdmantel. Auch wir selbst, mitsamt dem Geist, der diese Gedanken hervorbringt, sind unablässig im Werden. Dieser Prozess des Entstehens und Vergehens unterliegt Gesetzmäßigkeiten, die dann in den zwölf Gliedern der Bedingten Entstehung noch weiter aufgeschlüsselt werden:

> »Durch Unwissenheit (1. avijjā), ihr Mönche,
> bedingt sind die Karmaformationen (2. sankhāra),
> durch die Karmaformationen das Bewusstsein (3. viññāna),
> durch das Bewusstsein das Geistige und Körperliche (4. nāma-rūpa), durch das Geistige und Körperliche,
> die sechs Sinnesgrundlagen (5. āyatana),
> durch die sechs Grundlagen der Bewußtseinseindruck (6. phassa), durch den Bewusstseinseindruck die Empfindung (7. vedanā),
> durch das Gefühl das Begehren (8. tanhā),
> durch das Begehren das Anhaften (9. upādāna),
> durch das Anhaften der Werdeprozess (10. bhava),
> durch den Werdeprozess die Wiedergeburt (11. jāti);
> durch die Wiedergeburt aber bedingt entstehen Altern und Sterben, Sorge, Klage, Schmerz, Trübsal und Verzweiflung (12. jarā-marana). So, ihr Mönche, kommt es zur Entstehung dieser ganzen Leidensfülle.«[90]

Die Bedingte Entstehung lenkt den Blick auf etwas, das ansonsten unbemerkt, weil völlig automatisiert abläuft: den Zusammenhang zwischen zwei aufeinanderfolgenden Bewusstseinsmomenten. Sinneswahrnehmungen, Gedanken, Gefühle und Willensimpulse verketten sich miteinander, erst löst eines das andere ab, dann wird es wiederum vom nächsten anderen abgelöst. Der Bewusstseinsmoment der Gegenwart reagiert stets auf den vorigen. Es ist eine Kette, die nach vorne und hinten bis in die Unendlichkeit reicht.

Der Meditierende, der übt, das Entstehen, Werden und Vergehen sowie die Übergänge zwischen den Bewusstseinszuständen zu beobachten, bekommt nach und nach eine Ahnung davon, wie er sich selbst macht. Er lernt, dem eigenen Geist dabei zuzuschauen, wie er von Moment zu Moment neue Strukturen aufbaut, die jeweils der vorigen ähneln. In dieser Hinsicht ist das Phänomen »Schmerz« ein sehr lehrreiches, wie wir in Kapitel 2.2 gesehen haben. Wir erinnern uns an Dirk, der von seiner Entdeckung berichtete, dass das eigentlich

Quälende am Schmerz gar nicht der Schmerz selbst sei, sondern die Reaktion des Geistes auf den Schmerz: die Ablehnung, der Fluchtreflex, die Gedankenschleifen und inneren Dialoge, die einsetzen.

Am Beispiel Schmerz wird auch deutlich, dass es keinerlei Sinn hat, Körper und Geist getrennt voneinander zu betrachten. Für Meditierende, aber auch für Yogis, Osteopathen, Akupunkteure, Tänzer, Sänger und überhaupt alle, die sich mit der Körper-Geist-Verbindung beschäftigen, dürfte das keine Überraschung sein. Selbst die Schulmedizin, die sich lange auf ein rein cartesianisches Denken gründete, steuert um. Die von dem französischen Philosophen René Descartes sowie der Kirche und der Wissenschaft postulierte Herrschaft des Geistes über den Körper ist etwas, das erfahrenen Meditierenden nur absurd vorkommen kann. Zu offensichtlich ist der Zusammenhang zwischen Emotionen und körperlichem Empfinden. S. N. Goenka, von einem Schüler nach dem Zusammenhang zwischen Körper und Geist befragt, drückt es so aus:

> »Der Geist ist überall, in jedem Atom. Wo immer Sie etwas fühlen, ist der Geist da. Der Geist fühlt. [...] Hier im Westen denken Sie, der Geist ist nur im Kopf. Das ist eine falsche Vorstellung [...] der ganze Körper enthält den Geist, der ganze Körper!«[91]

Die Wissenschaft der westlichen Welt ist mittlerweile dabei, dieses Konzept bestätigt zu finden. Nicht umsonst haben sich in der Medizin Disziplinen wie in den 1970er-Jahren die Psychosomatik und in den letzten Jahren die Psychoneuroendokrinologie herausgebildet, die versuchen, die Zusammenhänge zwischen körperlichen und emotionalen Phänomenen zu ergründen und zu modellieren. Für das östliche Denken waren sie nie ein Problem.*

Für Meditierende ist es interessant, diese Glieder der Kette der Bedingten Entstehung zu kennen, weil dies die Möglichkeit gibt, den Prozess umzukehren. Wenn auf Empfindungen nicht mit Abwehr und

---

* Der Physiker Shimon Malin interpretiert dann auch die Quantenphysik als ein Ausdruck einer sich selbst fühlenden Materie. In Anlehnung an den Philosophen Alfred N. Whitehead (Whitehead 2015) fasst er die Messungen, von denen die Quantenphysik handelt, als Elementarereignisse auf, die sich überall und ständig im Universum ereignen. Schon Interaktionen eines Photons mit einem Elektron wären dann »Erfahrungseinheiten, die ihr Subjekt erschaffen, während sie sich selbst erschaffen« (Malin 2006, S. 310). Die Frage, wo der Subjekt-Objekt-Schnitt zu setzen ist, würde hiermit eine auf den ersten Blick verstörende Antwort finden: nämlich in die nahezu unendliche Vielfalt möglicher Orte und Interaktionen, an denen spontan so etwas wie Subjektivität erscheint (und dann sofort wieder verschwindet). Vgl. auch Vogd 2020.

Begehren reagiert wird, beginnen sich die alten Konditionierungen aufzulösen. Es ist dann wie bei einer Sucht: Wenn die Gedanken, Fantasien und Gefühle nicht mehr um die entsprechenden Handlungen kreisen, verschwindet die Sucht einfach. Das gilt für all die Knoten und Verspannungen, unter denen wir leiden.

Mitten rein ins Leben

Zurück zum frisch gebackenen Buddha, der sich vermutlich einige Zeit lang die schmerzenden Gelenke reibt, bevor er unter seinem Bodhi-Baum wieder auf die Füße kommt. In der ersten Lehrrede des Pali-Kanons wird beschrieben, was in dem Erwachten vorgeht. Er hat etwas erfahren, was ebenso wunderbar wie verstörend gewesen sein muss. In jedem Fall ist das, was Siddharta erlebt hat, ziemlich unglaublich und von großer Tragweite. Zwar war auch damals schon die gesamte Menschheit, jeder einzelne Mensch, auf der Suche nach einem Ausweg aus dem Leiden – aber wer würde glauben, was der Erwachte zu erzählen hatte? Sollte er wirklich ausziehen und sich die Mühe machen, seine Lehre zu verbreiten? Oder vielleicht doch lieber einfach in Zurückgezogenheit weitermeditieren und die Früchte seiner harten Arbeit genießen? Diese Verführung, das soeben Errungene wieder aufzugeben, kennen viele Meditierende. Wer eine derart tiefe Erfahrung macht, für den wird es bei der Rückkehr in den Alltag und ins Zuhause spannend zu sehen: Gibt es da eine Resonanz für das, was ich erlebt habe? Die einen erleben, dass eine ohnehin schon bröckelnde Beziehung auseinanderbricht. Andere berichten davon, dass mittlerweile die ganze Familie meditiert. In welchem Maße man diese neue Erfahrung nach außen trägt, ob man sie großzügig teilt, auf die Gefahr hin, anderen auf die Nerven zu fallen oder auf Ablehnung zu stoßen, oder ob man die neue Praxis wie ein Geheimnis hütet, das ist eine sehr persönliche Frage.

Der Buddha ringt mit sich. Schließlich begibt er sich auf die Wanderschaft. Etwa zwei Tagesmärsche entfernt, im Wildpark von Sarnath, ein paar Kilometer vom heutigen Benares gelegen, hält er seine erste Lehrrede. Er trifft hier auch seine ehemaligen Asketenbrüder wieder. Sie sind zunächst irritiert, wollen dann aber doch hören, was Siddharta herausgefunden hat. Zum ersten Mal teilt Siddharta, der zum Buddha gewordene, dhamma, seine Lehre, mit den Menschen und setzt damit das dhamma chakra, das »Rad der Lehre« in Bewegung. Traditionelle Darstellungen dieses Rades haben acht Speichen – jede steht für einen

Aspekt des »achtfachen Pfades«, den der Buddha ab diesem Zeitpunkt zu lehren beginnt. Die Asketenbrüder von damals werden zu seinen ersten Anhängern. Gemeinsam mit seinen ersten Schülern zieht der Buddha von Stund an als mittelloser Bettelmönch durchs Land. 45 Jahre lang wird er durch Nordindien ziehen, vor allem durch das Gebiet der heutigen Bundesstaaten Bihar und Uttar Pradesh. Sie unterscheiden sich äußerlich nicht von der großen Gruppe der »samaṇas«, wandernden Bettelmönchen, die im Indien des 4. Jahrhunderts v. Chr. durch die Straßen, Dörfer und Wälder ziehen. Diese samaṇas sind freiwillige Obdachlose auf der Suche nach Erleuchtung, sie leben von Almosen, verzichten auf das Schneiden von Haupthaar und Bärten und färben ihre Kleidung in Ocker oder Gelb.

Der historische Buddha ist das eine, die Legende eines Religionsgründers das andere. Der Begriff des »Erwachten« oder »Erleuchteten« weckt widersprüchliche Vorstellungen. Es ist verführerisch, sich diesen Menschen als Verkörperung Gottes vorzustellen, ausgestattet mit Superkräften, umschwirrt von Engelein und singenden Paradiesvögeln. Schaut man sich seine Lehre genauer an, wird man jedoch feststellen: Sie ist klar und schnörkellos, ohne jeglichen Firlefanz und vollkommen pragmatisch. Es ist sehr wahrscheinlich, dass der historische Buddha ein Leben als ganz gewöhnlicher Mensch geführt hat, auch wenn er zweifelsohne eine sehr beeindruckende Persönlichkeit gewesen sein muss, sonst hätte er der Welt nicht ein solches Vermächtnis hinterlassen können. Der Philosoph Karl Jaspers sieht den historischen Buddha als einen der »maßgebenden Menschen«.[92] Stephen Batchelor, der schottische Buddhismusforscher und ehemalige Mönch, hat ein ganzes Buch geschrieben, in dem er Szenen zusammenstellt, die den Buddha als gewöhnlichen Menschen zeigen. Als einen, der die Welt liebt, sich bewusst unter die Menschen mischt, der gerne lacht und lebhaft diskutiert.[93]

Er wird zu einem wandernden Lehrer, zu einem Gesprächspartner vom Format eines Sokrates, zu einem, der von Freundschaft spricht und vom guten Leben. Das Sokratische an Buddha ist möglicherweise kein Zufall. Dieser hellenistische Philosoph wirkte nur wenig später als der Buddha, und es gab in der damaligen Zeit einen regen Austausch zwischen dem indischen Subkontinent und dem Westen, einen regelrechten indisch-griechischen Dialog. Es mag daran liegen, dass dem typischen »Westler« die Gedanken des Buddha zwar zunächst ungewohnt, aber doch nicht extrem fern sind.

Monika und Udo Tworuschka beschreiben den Buddha als einen Menschen, der die Haltung seines Gegenübers stets respektiert, der niemanden zum dhamma überreden will. Im Gegenteil, er soll sogar vor eiligen Konvertierungen gewarnt haben. Er besitzt die Gabe, durch Beispiel zu überzeugen, Menschen durch Gespräch und Erleben zu eigener, selbst erfahrener Einsicht zu verhelfen. Ein Lehrer im besten Sinne, passt er seine Lehrvorträge den Bedürfnissen und Horizonten seiner jeweiligen Hörerschaft an; er holt seine Zuhörer da ab, wo sie sind: Denjenigen, die stark in der Tradition verankert sind, weist er den Weg zu einer besseren Wiedergeburt. Den spirituell anspruchsvolleren Suchenden vermittelt er, wie sie Erleuchtung, nibbāna, erlangen können.

Auch einige Familienmitglieder gehören zu den Anhängern des Buddha: Sein Sohn Rahula, sein Halbbruder Nanda, und einige entferntere Verwandte. Am bekanntesten wurde die Figur des Ananda, eines jüngeren Vetters des Buddha. Ananda wird zu einem hingebungsvollen Anhänger und lebenslangen Begleiter des Buddha. Schon zu dessen Lebzeiten ist er bekannt für sein gutes Gedächtnis; nach dem Tod des Buddha soll er alle Lehrreden des Buddha auswendig rezitiert haben. Diese Vorträge wurden weiter überliefert, später gingen aus ihnen die Lehrreden des Pali-Kanons hervor. Ananda spielt für den Buddhismus eine ähnliche Rolle wie die Evangelisten für das Christentum.[94]

Der Buddha beschließt also, sich der Welt zuzuwenden. Nach 49 Tagen vollständiger Versenkung inklusive Erleuchtung kein ganz leichtes Unterfangen. Vipassana-Schüler, die sich auf einen Zehntageskurs einlassen, machen nach Ablauf dieser Zeit auf ihrem jeweiligen Niveau eine vergleichbare Erfahrung. Kaum ist die Konzentration errungen, die Technik halbwegs angeeignet, kaum sind die ersten Fortschritte deutlich spürbar, steht auch schon der Sprung zurück in den Alltag an. Auch wenn die Kursdidaktik darauf achtet, diesen Übergang zu erleichtern – für viele ist die Rückkehr in die Welt, die sie zu Beginn herbeigesehnt haben, kein Spaziergang. Franziska erzählt, dass sie diesen Prozess »immer schwierig« fand. »Ich habe da oft eine ganze Woche gebraucht, um wieder richtig klarzukommen. Mir fällt das auch nach Reisen schwer wieder zu Hause anzukommen. Auf so einem Kurs ist man ja auch weit weg, in einem anderen Raum.« Für Franziska ist diese Schwierigkeit sogar mit ein Grund, erst einmal keine weiteren Kurse zu machen.

Andere erleben eine Art Glückseligkeit, die ihre Schritte zurück in die Welt intensiv begleitet. Fabio erinnert sich daran, wie er nach seinem ersten Kurs mit der Bahn nach Hause fuhr. »Es gibt doch dieses Gleichnis von dem See ohne Wellen. Eine spiegelglatte Fläche. So war mein Geist. Um mich herum all diese Menschen in ihrem Alltagsgeschehen – und ich fühlte mich so leicht. Zufrieden, ruhig. So ein Gefühl hatte ich vorher noch nie gehabt.« Das Motiv von Klarheit nennen viele Meditierende. Franziska spricht von »Knoten, die sich gelöst haben« und dem Gefühl, »ganz gereinigt aus dem Kurs gekommen« zu sein. »Es war einfach klar, dass das gut für mich ist, dass mir das gut tut, dass es mich ruhiger macht.« Maja erzählt, sie habe sich schon während des Kurses »nach drei Tagen so erholt gefühlt wie nach fünf Wochen Urlaub nicht. Als hätte jemand riesige Felsbrocken von meinen Schultern genommen«.

Thomas sagt: »Ich fühle mich beschenkt. Mein Leben ist so viel einfacher geworden, seit ich Vipassana mache.« Peter, der seit fast 35 Jahren Vipassana meditiert und regelmäßig lange Kurse sitzt, betont, dass er die Kurserfahrung als »reorganisierend und ordnend« empfindet. »Die Zeit nach den langen Kursen ist für mich die produktivste des Jahres. Ich weiß genau, was die Prioritäten sind, was ich klären muss, und ich kann Dinge ohne Anstrengung umsetzen, die mich sonst wesentlich mehr Mühe kosten.« Er erinnert sich sehr klar an den Effekt seines ersten Kurses: »Kein Chaos mehr«. »Ich war damals ziemlich kopfig, wenig im Körper verortet. Etwa ab dem fünften, sechsten Tag habe ich so eine Lebendigkeit im ganzen Körper gespürt. Da war mir klar: ›Das mache ich jetzt‹. Im Anschluss an den Kurs hat sich dann sehr viel geändert in meinem Leben, und zwar sofort. Ich habe meine Diplomarbeit in Biologie zu Ende gemacht, das hat sich vorher nicht unbedingt angedeutet. Mir war klar, dass ich kein Naturwissenschaftler mehr sein wollte. Ich habe dann eine Psychotherapieausbildung gemacht, in der Altenpflege und als Einzelfallhelfer gearbeitet. Durch Vipassana habe ich eine Selbstdisziplin gewonnen, die ich vorher nicht hatte. Die konnte ich dann auch für andere Dinge nutzen.«

Dirk berichtet von »so viel Energie! Da war so eine unglaubliche Fitness, körperlich und geistig. Ich konnte das gar nicht so recht glauben – nach all der Anstrengung auf dem Kurs war ich plötzlich überhaupt nicht mehr angestrengt. Ich habe da wirklich so ein Stück innere Freiheit gewonnen. Inneren Frieden, innere Ruhe.« Er erinnert sich an die Reaktion seiner damaligen Lebensgefährtin, als er nach Hause kam. »Die hat zu mir gesagt: ›Das hat ja bei dir wirklich eingeschlagen wie 'ne Bombe.‹ Und nach einem Jahr fand sie: ›Ich will auch mal mit dir zu so einem Kurs fahren.‹ Ich sagte: ›Wie kommst du denn auf die Idee?‹ Und sie antwortete: ›Ich merke, das bringt dir was.‹«

Einige Tage hält das High, das man sich auf dem Kurs erarbeitet, an, doch schon bald werden die Dinger wieder schwieriger. Die Konzentration wird schwächer, geistige Klarheit und Gelassenheit verblassen. »Das geht so schnell, dass der Geist wieder anfängt zu reagieren«, bedauert Franziska, »man ist so schnell wieder in all den Abläufen drin.« Gleichmütig zu bleiben, wenn das gerade erst gefundene Paradies sich schon nach wenigen Tagen wieder außer Reichweite befindet, ist keine leichte Aufgabe. Manche stürzt das regelrecht in Verzweiflung und sie haben Mühe, ihr Gleichgewicht wiederzufinden. Petra, die heute Meditationslehrerin ist, erinnert sich: »Ich kam nach Hause und fand das ganze Leben sinnlos. Ich würde sagen, die Depression, die vorher schon angelegt war, ist da so richtig aufgebrochen.« Andere haben damit zu kämpfen, dass Freunde und Familie misstrauisch beäugen, was sie da erlebt haben und jetzt weiter praktizieren wollen. »Wenn meine Freunde fragen, was ich da mache und warum ich das tue, und wenn ich dann anfange mit ›Leben ist Leiden‹ – dann kann ich auch gleich wieder aufhören, da ist gleich Schluss«, erzählt Gerhard. Er schmunzelt, als er erzählt, dass seine Mutter äußerst skeptisch war: »Sie hat gleich beim Sektenbeauftragten der Stadt angefragt, was das so ist. Der meinte aber: ›Kein Problem, Vipassana ist nicht so schlimm.‹ Später habe ich ihr ānāpāna beigebracht, damit sie besser mit ihren Schmerzen umgehen konnte. Sie hatte eine schwere Darmoperation, und als sie auf der Intensivstation wieder aufwachte, war ich da. Sie schlug die Augen auf, und ihr erster Satz war: ›Können wir ein bisschen meditieren?‹ Das fand ich total klasse.«

Die überwältigende Mehrheit derjenigen, mit denen wir gesprochen haben, berichtet von positiven Veränderungen, die schon sehr bald nach dem Kurs auftraten. Am deutlichsten machen diese sich im Bereich der familiären Beziehungen bemerkbar. »Meine älteste Tochter hat dann irgendwann mal gesagt: ›Seitdem du meditierst, kann man viel besser mit dir reden.‹ Und auch meine Partnerin gibt mir Rückmeldung, dass sie mich anders erlebt«, resümiert Dirk. Er erzählt auch davon, wie ein alter Freund, den er lange nicht mehr gesehen hatte, beim Wiedersehen sagte: »Du, ich finde, du hast dich echt verändert. Nimmst du mich mal mit auf so einen Kurs?«

Gerhard erzählt, dass er, bevor er mit Vipassana begann, sich von seinen Eltern sehr distanziert hatte, insbesondere von seinem Vater. »Durch den Kurs ist da emotional irgendwie eine Hinwendung passiert. Ich konnte akzeptieren, dass er so ist, wie er ist. Da war der Wunsch, einfach bereit zu sein, falls irgendwas ist. Das wäre nie in dem Maße passiert, wenn ich nicht Vipassana gemacht hätte, da bin ich sicher.« Er bezeichnet Vipassana als eine »180-Grad-Wende« im Verhältnis zu seinen Eltern und empfindet das als etwas, das sehr zum Gelingen seines Lebens beiträgt. Auch Martin erzählt: »Ich hatte nach dem Kurs immer das Bedürfnis, zu meiner Mutter zu fahren und mich besonders um sie zu kümmern.« Die veränderte Haltung, das liebevolle Grundgefühl, von dem Gerhard und Martin berichten, ist von großer Bedeutung für Vipassana. Mehr dazu im Kapitel 3.2.

Auf Paarbeziehungen scheint das Meditieren eines Partners eine Art katalytischen Effekt zu haben. Potenzial, das da ist, kann noch besser gehoben werden – und was ohnehin schon bröckelt, zerfällt noch schneller. Gerhard berichtet, dass seine erste Beziehung zerbrach, weil seine Partnerin nichts mit Meditation anfangen konnte. Er erzählt, dass auch zum Zeitpunkt des Interviews, in der zweiten Langzeitbeziehung, seine Frau es als belastend empfinde, dass er abends meditiert. »Deshalb mache ich das jetzt, wenn niemand zu Hause ist.« Umso wichtiger ist es ihm, zu den wöchentlichen Gruppensitzungen in seiner Nähe zu gehen, »denn zu Hause in der Familie bin ich sozusagen Einzelkämpfer«.

Nicht umsonst suchen der Buddha und seine Gefolgschaft, anders als die anderen Bettelmönche der damaligen Zeit, »Zuflucht bei Buddha, Dhamma und Sangha«[95]. Sangha meint die Gemeinschaft derer, die versuchen, dhamma zu leben. Die sangha spielt zwar in anderen Formen des Buddhismus, wie dem tibetischen oder auch dem Zen-Buddhismus, eine zentralere Rolle als im Theravāda-Buddhismus, zu dem auch Vipassana gehört. Doch auch in dieser vermeintlich individualistischer geprägten Schule spielt sangha eine Rolle. So empfiehlt Goenka zum Beispiel in seinen Kursen, sich einmal pro Woche mit anderen Praktizierenden zur gemeinsamen Meditation zu treffen. Mittlerweile gibt es in vielen Städten selbstorganisierte Gruppen von »Alten Schülern«, die sich regelmäßig für eine Stunde, aber auch für ein- und mehrtägige Sitzungstage vor Ort treffen.

Fabio lebt mit Josephine zusammen, die beiden haben sich über Vipassana kennengelernt und eine Familie gegründet. Auf die Frage, wie es sich auf ihre Partnerschaft auswirkt, dass beide meditieren, sagt er: »Auch wenn wir meditieren – wir fetzen uns, vielleicht sogar noch mehr als andere Paare. Ich glaube, wenn wir Vipassana nicht hätten, wären wir schon längst wieder auseinander. Aber wir haben das Vertrauen, dass dhamma uns zusammengebracht hat und dass dhamma uns auch weiter führen wird. Wir haben uns getroffen, um voneinander zu lernen« – er lacht – »und das machen wir jetzt halt. Ich wollte früher immer Harmonie haben, bloß keinen Streit. Durch Vipassana habe ich realisiert und gelernt, dass auch das dazugehört.«

Martin lebt seit 23 Jahren mit seiner Frau zusammen. Die beiden meditieren jeden Morgen gemeinsam, abends zu unterschiedlichen Zeiten. »Gemeinsam meditieren ist anders. Es geht ein bisschen leichter«, sagt Martin. Dass beide praktizieren, empfindet er als segensreich. »Das ist spannend«, fährt er fort, »die Liebe ist ja auch zweckfrei, man kann das nicht planen. Die Vorstellung, mit dem oder der würde man gut zusammenpassen – das geht ja schief. Sich einzulassen auf eine Beziehung ist so ähnlich wie Vipassana. In dem Moment denkt man nicht dran, ob das klappt, man macht es einfach, und im Grunde ist man da schon verloren. Ich glaube, dann klappt es. Wenn man den anderen nicht anders haben will, als er ist, dann ist das ein ganz, ganz tiefes Einlassen. Bei uns war es so, dass wir sehr schnell, nach einem halben Jahr schon, gesagt haben: Wir heiraten. Es gab richtig viele schwere Probleme. Da ist Vipassana schon gut, um immer wieder die Kurve zu kriegen.«

Den durch viele Tage stiller Meditation beruhigten und geläuterten Geist im Alltag ruhig halten zu wollen, das ist und bleibt eine Herausforderung. Nicht umsonst gibt es klassischerweise in allen Religionen Klöster, wo Menschen in Zurückgezogenheit Gott und Erleuchtung suchen. Wer E-Mails beantworten, Kinder wickeln, in überfüllten U-Bahnen fahren, Steuererklärungen einreichen und sich über das Tagesgeschehen informieren muss, um seinen Lebensunterhalt zu bestreiten, für den ist Gleichmut zu bewahren eine echte Aufgabe. Und es klappt auch nicht immer. Doch genau damit, mit dem Scheitern, heißt es dann, Gleichmut zu bewahren. Das Bild vom Auge des Sturms, in dem es ruhig bleibt, während es draußen tobt, ist ein sehr treffendes: Vipassana heißt nicht, sich in die ultimative ewige Ruhe zurückzuziehen, sondern im Umkehrschluss, eine stets neu zu erringende Ruhe mit ins Leben zu nehmen.

Meditierende berichten, dass ihnen das, was sie sich durch regelmäßige Vipassana-Meditation antrainieren, auch beruflich den Alltag erleichtert oder ihre Arbeit positiv beeinflusst. Franziska, die als Psychotherapeutin arbeitet, erzählt: »Ich baue das in meine Arbeit mit den Patienten ein, zum Teil meditiere ich auch mit ihnen. Wenn Menschen sehr unruhig sind und mir erzählen, dass sie nicht schlafen können vor lauter Gedankenkarrussell, dann mache ich mit ihnen ānāpāna. Und meistens tut ihnen das total gut. Besonders bei Patienten, die so unruhig sind, dass sie gar nicht therapiefähig sind, wirkt das sehr gut.« Sie erzählt, dass die Meditation auch ihr selbst in ihrer Rolle als Therapeutin hilft: »Das hat mich sehr geprägt, ich bin viel mehr bei mir. Und dadurch kann ich viel besser ins Du gehen und bei meinen Patienten sein – weil ich ja bei mir bin.«

Yuval Noah Harari, der populäre israelische Autor, dessen Bände in den letzten Jahren die Bestsellerlisten gefüllt haben, hat sein Buch *Homo Deus* S. N. Goenka gewidmet. Er sagt über seinen Schreibprozess:

> »Ich hätte dieses Buch nicht schreiben können ohne den Fokus, den Frieden und die Erkenntnis, die ich durch 15 Jahre Vipassana-Meditation gewonnen habe.«[96]

Peter, Hochschullehrer, reflektiert: »Beruflich habe ich das nie so rausgehängt, dass ich meditiere. Für mich ist die ethische Seite sehr wichtig geworden. Eine Universität ist ja ein Ort, wo zehn, zwanzig Löwen in einen Raum gesperrt werden und gemeinsam Pläne entwickeln sollen. Da ist viel Kampf und Konkurrenz, und vieles läuft hintenrum.« Seine Teilnahme an langen Kursen ist für ihn »jedes Jahr eine Gelegenheit zur Kurskorrektur. Wenn ich da auf dem Kurs sitze, wird mir klar: Dieses oder jenes kann so nicht weitergehen. Und dann geht es mir oft so, dass ich merke: Wenn ich mich da jetzt einsetze, dann aber auch konsequent. Und das heißt, ich darf mich nicht abhängig machen davon, ob andere mich lieben oder ob ich unter Umständen meinen Beruf und meine Stellung riskiere. Das muss stimmen. Ich agiere mit Klarheit, wo ich sonst vielleicht konfliktscheu wäre. Ich spüre vielleicht meine Angst, den Ärger von Kollegen auf mich zu ziehen, aber ich weiß auch: Die Angst kann nicht das Kriterium sein, alles mitzumachen. Da ist dann eine Kraft, etwas durchzusetzen, was ich für wichtig halte, und das gelingt dann auch oft. Ich denke, man muss auch mal hart sein können, sonst könnte ich gar keine Leitungsfunktion haben.«

Peter spricht ein Thema an, das auch Goenka in seinen Vorträgen behandelt. Da wird zehn Tage lang Mitgefühl geübt und der Gleichmut trainiert. Was ist mit Konfliktsituationen? Oder Gelegenheiten, wo es nötig ist, einzugreifen?

Der Buddha soll gesagt haben: »Ein Verfechter des Dhamma streitet mit niemandem in der Welt«[97]. Überliefert ist die Parabel vom Elefanten, die auch Goenka bei den Zehntageskursen erzählt. Sinngemäß geht sie so:

> »Es war einmal ein König, der seinen Dienern auftrug, alle Blinden der Stadt zu versammeln. Ein Elefant wurde herbeigeschafft, und jede von Geburt an blinde Person erhielt den Auftrag, einen bestimmten Körperteil des Tiers zu berühren. Die Frage, die die Blinden beantworten sollten, lautete: ›Was ist ein Elefant?‹ Die einen strichen mit ihren Fingern über die Ohren, andere betasteten den Rumpf, manche befühlten den Schwanz oder umfingen den Rüssel, wieder andere legten die Arme um ein Bein. Dementsprechend unterschiedlich waren ihre Antworten. ›Ganz klar, ein Elefant ist so etwas wie eine Säule‹, sagten die einen. ›Eine Art Vorratskammer‹, fanden andere. Wieder andere stellten fest, ein Elefant sei so etwas wie ›ein Besen‹ oder ›eine Schlange‹. Sie begannen zu diskutieren und gerieten in einen Streit, der bald so heftig wurde, dass sie mit Fäusten aufeinander losgingen.«

Die Moral von der Geschicht': Du siehst die ganze Wahrheit nicht. Und darum ist es auch nicht angebracht, sich fürs Rechthaben, für Meinungen und Wertungen in den Kampf zu stürzen. Das heißt keineswegs, dass Meditierende zu »Weicheiern« werden. Im Gegenteil, vom Buddha selbst ist überliefert, dass er richtig sauer werden konnte. Als Devadatta, sein Cousin, ihn im Alter nötigen wollte, einen Nachfolger zu bestimmen, wurde der Erwachte derart wütend, dass er seinen Anhänger aufs Unflätigste beschimpfte.

Der Buddha hatte die bewusste Entscheidung getroffen, dass er nach seinem Ableben keine hierarchisch geführte Organisation hinterlassen wollte. Er wollte vermeiden, dass sich ein personenzentrierter Kult bildete – stattdessen sollte die Lehre für sich sprechen und dadurch überzeugen. Devadatta hielt das für einen Fehler. Der übereifrige Schüler gerät in eine rigide Dynamik und nimmt letztlich eine fundamentalistische Haltung ein: Er sieht seine Aufgabe darin, die kostbare Lehre mit allen Mitteln zu erhalten, zu hüten und zu verteidigen. Der Buddha erscheint ihm in seiner Sanftmut geradezu einfältig, und so hält er aus dieser Überzeugung heraus Gewalt für ein legitimes Mittel. Die Figur des Devadatta steht für Menschen, die sich zu sehr auf Regeln fixieren und dabei das eigentliche Ziel aus den Augen verlieren. Im Dienste der vermeintlich guten Sache beanspruchen sie für sich das Recht, das Ruder zu übernehmen – oft ohne zu überblicken, dass es längst um Kontrolle und Macht geht, um persönliches Getriebensein, und nicht mehr um die ursprünglichen Inhalte.

Devadatta geht so weit, einen Mordanschlag auf den Buddha zu verüben. Er gründete einen eigenen Mönchsorden, der in Hinblick auf Regeln und Disziplin wesentlich strenger ausgerichtet war als die von Siddharta Gotama gegründete Gemeinschaft.[98] Fragen nach Macht, Deutungshoheit und interner Politik, die Auseinandersetzung um die richtige Lehre und Nachfolge, um fundamentalistische Tendenzen und gelebte Lehre – all das war bereits zu Buddhas Lebzeiten anzutreffen. Und auch damals schon stand die Frage im Raum, wie dem auf angemessene Weise begegnet werden konnte.

Auch heute sind diese Fragen relevant und aktuell, die Vipassana-Tradition kommt nicht umhin, sich ihnen zu stellen. Seit Goenkas Tod im Jahr 2013 verändert sich die Welt in rasantem Tempo weiter und zwangsläufig tauchen Fragen auf. Darf man die in den 1990er-Jahren entstandenen Vorträge verändern? Ist es sinnvoll, sie im Original unverändert zu lassen, um sie nicht zu verwässern? Oder braucht es Anpassungen, damit sie weiterhin zeitgemäß sind, zum Beispiel im Hinblick auf Genderfragen, Rollenmodelle und ähnliche Themen? Kultur verändert sich – müssen Bilder und Metaphern zeitgemäß angepasst werden, um ihre Stimmigkeit zu erhalten? Diese Diskussion ist in vollem Gange, und es gibt keine Hierarchie, die eine schnelle Lösung herbeiführen könnte.

Goenka stellt in seinen Vorträgen klar, dass es nicht darum gehe, »dass man durch das Praktizieren von Vipassana zu Gemüse im Garten wird und nur noch passiv zusieht, wenn einem Schaden zugefügt wird«.[99] Er betont, dass es wichtig sei zu lernen, »wie man agiert, statt zu reagieren«. Er propagiert für solche Fälle eine sehr handfeste Form der Liebe. Es könne durchaus einmal notwendig sein, mit Härte vorzugehen. Wichtig sei, sich vorher selbst ehrlich zu überprüfen: Handle ich aus dem Affekt oder mit einem ausgeglichenen Geist? Man solle prüfen,

> »[...] ob man wirklich nur Liebe und Mitgefühl für diesen Menschen empfindet. Wenn dem so ist, wird die Handlung hilfreich sein. Wenn nicht, wird sie niemandem einen Dienst erweisen. Man ergreift diese harten Maßnahmen, um der vom rechten Weg abgekommenen Person zu helfen. Mit einer solchen Basis von Liebe und Mitgefühl kann man nichts verkehrt machen«.[100]

Goenka betont, es sei wichtig, nicht nur mit den Opfern Mitgefühl zu haben, sondern auch mit den Tätern. »Erkennen Sie, dass der Aggressor sich nicht der Tatsache bewusst ist, dass er sich durch seine Taten selbst Schaden zufügt.« Es gehe dann darum, diesem Menschen zu helfen, »indem man ihn davon abhält, Dinge zu tun, die ihm nur künftiges Elend bringen«.[101]

Wer in sich ruht und sich nicht von unwillkürlichen Impulsen und voreingestellten Reaktionen steuern lässt, der kann etwas Ähnliches erleben wie Peter: Man ist frei, seine Meinung zu sagen – gelassen und selbstbewusst. Alles Weitere obliegt nicht mehr der eigenen Kontrolle und braucht daher auch nicht verteidigt oder erkämpft werden. Auch Gegenrede braucht einen dann nicht nachhaltig durcheinanderzubringen. Wer hat es nicht schon am eigenen Leib erfahren:

Andauernder Streit und emotionale Verwicklungen bringen die Biochemie durcheinander und erzeugen viel Aufruhr im System, die ermüdet und ablenkt und weitere angestrengte und unkonzentrierte Bewusstseinszustände hervorruft. Hier greift regelmäßige Meditation. Die Praxis schafft eine Rückkopplungsschleife, in der wir bemerken: Alles, was wir denken, sagen und tun, kommt zu uns zurück. Nichts anderes sagt die Lehre von der Bedingten Entstehung. Deshalb organisiert sich ein Mensch, der regelmäßig meditiert, von ganz allein in Richtung friedvoller Zustände. Im Grunde braucht es dazu gar keine Regeln. Es ist einfach angenehmer und weniger anstrengend. Grundlage für eine solche Entwicklung ist, sich des Ärgers überhaupt bewusst zu werden. Und das trainiert Vipassana. Gerhard erzählt: »Ich gehe einfach anders mit Ärger um als früher. Es ist nicht so, dass da kein Ärger mehr ist, aber ich komme schneller wieder raus.«

Es ist die Vertrautheit mit dem eigenen Körper und seinen Empfindungen, die dabei hilft. Fabio reflektiert: »Die Zeitspanne, bis ich merke, dass ich mich gerade aufrege, die ist in den letzten 18 Jahren immer kürzer geworden. Ich merke das am Atem, der schneller geht, daran, dass mir heiß wird.« Sobald er sich dessen bewusst werde, sei der Weg raus aus dem Ärger fast schon vollbracht. »Früher habe ich dann drei, vier Tage gekocht. Jetzt ist das eher ein Tag, vielleicht auch nur eine Stunde.«

Der Buddha spricht von den »Tugenden, die den edlen Menschen teuer sind«, Stephen Batchelor von einer gewissen Würde: »Der Eintritt in den Strom ist keine rein subjektive Erfahrung, sie veredelt den Charakter eines Menschen.«[102] Ein Beispiel dafür ist, dass viele Meditierende davon berichten, dass sie schon sehr bald, nachdem sie eine regelmäßige Meditationspraxis aufgenommen haben, feststellen, dass ein bis dahin wesentliches Bedürfnis deutlich nachlässt: sich zu streiten, auf der eigenen Meinung zu beharren und sich durchzusetzen.

Gerhard erzählt davon, dass er, damals 24 Jahre alt, sich nach seinen ersten Kursen aus dem intensiven politischen Engagement in der linken Szene zurückzog. »Ich hatte das Gefühl, ich muss erst mal Frieden in mir selber schaffen, dann kann ich gucken, wie ich Frieden nach außen schaffe. Vorher war ich ganz schön konfrontativ drauf.«

Sich nicht mehr in hitzige Auseinandersetzungen zu stürzen, heißt nicht, auf Distanz zum Leben oder zu seinen Mitmenschen zu gehen oder auf politisches Engagement zu verzichten. Im Gegenteil: Wer seine eigene Reaktivität loslässt, ist erst wirklich Teil der Welt, wie sie ist, und kann sich leichtfüßig und anmutig in ihr bewegen, ohne ständig den eigenen Automatismen auf den Leim zu gehen. Nicht mehr von alten Konditionierungen genötigt zu werden, bedeutet, dass wir frei sind, unser Leben ungestört von der Vergangenheit zu leben.

Viele Vipassana-Meditierende berichten davon, dass sie mit sich selbst und anderen gelassener und mitfühlender umgehen, dass sie weniger Druck und mehr Freude am Leben empfinden. Das Beispiel von Dirk, dessen Familie regelrecht baff ist, was sich da getan hat, ist nur eines von vielen. Meditierende selbst, aber auch Außenstehende bemerken oft sehr schnell, dass sich etwas vollzogen hat. Die Soziologin Michal Pagis nimmt diesen Umstand so ernst, dass sie in ihrer Studie explizit Angehörige von Meditierenden befragt, wie sie die Veränderungen an ihren Familienmitgliedern erleben. Sie gleicht also Selbst- mit Fremdwahrnehmung ab. Was sie zu hören bekommt, spricht Bände; oft geht es dabei um die Themen Aggression und Nervosität.

So erzählen zum Beispiel die Eltern von Ben, befragt danach, was ihnen an ihrem Sohn aufgefallen sei, nachdem er von einem Zehntageskurs zurückkam: »Ben hat sich total verändert. Er ist entspannt und ruhig geworden. Diese Veränderung tut ihm sehr gut – er war früher immer sehr nervös und oft wütend.« Pagis macht darauf aufmerksam, dass die Mutter Bens neues Verhalten als einen Zustand beschreibt, der plötzlich eingetreten ist. Ben hingegen spricht eher von einem Prozess, in den er Zeit und Mühe investieren muss, wenn er ihn aufrechterhalten will.[103]

2.6 Der Mittlere Weg im Alltag. Von kleinen Schritten und Stolpersteinen

Vieles wird leichter, wenn Vipassana im Leben Einzug hält. Aber es tauchen auch ganz neue Fragen auf, die sich vorher in dieser Form gar nicht gestellt haben. Wie sieht der Mittlere Weg in der Praxis aus? Hier muss sich beweisen, was man in aller Stille erfahren hat. »Als Gärtner zum Beispiel«, reflektiert die Meditationslehrerin Petra, »da muss man ja entscheiden, ob man nun die Mäuse da sein lässt oder nicht. Und was ist mit den Insekten hier und den Raupen dort? Wenn man wirklich beruflich Gärtner oder Landwirt ist, also davon lebt, dann ist das natürlich etwas anderes als einen Hobbygarten zu haben. Dann muss man eventuell auch harte Entscheidungen treffen – und die Konsequenzen auf sich nehmen.« Fragen dieser Art tun sich in jedem Berufsfeld und in jedem Leben unterschiedlich auf, und sie wollen je individuell und situativ abgewogen und beantwortet sein.

Erinnern wir uns an die Geschichte von den Blinden und dem Elefanten: Es gibt kein richtig und kein falsch, es gibt nur angemessene Aussagen. Unsere Welt ist komplex und sie verändert sich jeden Tag – das war auch zu Lebzeiten des Buddha nicht anders. Der Buddha soll seine Anhänger aufgefordert haben, jede Situation in ihrer Gesamtheit zu betrachten und dann in Übereinstimmung mit den Prinzipien, Perspektiven und Werten des dhamma zu reagieren. Da jeder Tag anders, jede Situation im Leben einzigartig und ihre Entwicklung unvorhersehbar ist, lässt sich unmöglich vorher festlegen, wie man reagieren sollte. Anstatt nach richtig und falsch zu fragen, lautet die Frage, die Siddharta seinen Anhängern empfiehlt: »Was wäre die weiseste und mitfühlendste Antwort?«

Eine solche Geisteshaltung und die Fähigkeit sie umzusetzen meditiert man sich nicht von heute auf morgen herbei. Auch zehn Tage Bootcamp sind nicht mehr als ein Anfang. Meditationsschüler bekommen in den ersten Tagen nach ihrem ersten Kurs einen Vorgeschmack darauf, wie sich ein Leben anfühlen kann, das von dhamma getragen ist. Die Energie, der scharfe Fokus, die Gelassenheit und Klarheit, die Meditierende von einem Kurs mitbringen, sind allerdings nichts, was jetzt einfach für immer so bleibt. Wer weiterhin von Vipassana profitieren will, muss es tun. Der Pfad will gegangen und gepflegt sein; er wuchert zu, wenn wir ihn nicht aktiv freihalten – und das schnell. Goenka gibt daher seinen Adepten die Aufgabe mit auf den Weg, von nun an jeden Tag zwei Stunden lang zu meditieren und Vipassana zu machen: eine Stunde abends und eine morgens. Zusätzlich rät er zu einem Zehntageskurs pro Jahr. Das sei die Dosis, mit der das im Kurs Gelernte präsent gehalten und weiter vertieft werden könne.

Eine tägliche Praxis aufzubauen, fällt Meditationsanfängern unterschiedlich schwer. Martin erinnert sich: »Das war für mich irgendwie klar, dass ich das jetzt mache. Ich hatte so ein Gefühl von ›Ich habe da etwas so Wertvolles bekommen, das will ich jetzt behalten.‹ Die Disziplin aufzubringen, sich jeden Tag hinzusetzen, war für Martin »überhaupt kein Problem. Auch wenn ich dafür schon um fünf Uhr aufstehen musste – das war ganz klar«. Auch Dirk erzählt, dass sein Entschluss feststand nach dem ersten Kurs. »Mich hat das einfach überzeugt, was ich da erlebt habe. Für mich ist die größte Herausforderung im Leben, mit mir selber klarzukommen. Ich dachte mir auf und nach dem Kurs: ›Warum hat mir das noch nie jemand vorher gesagt, dass es so einfach ist, dass das geht, wirkliche Veränderungen im Denken und Handeln schrittweise zu realisieren?‹«

Für Martin ist das tägliche Meditieren »ein Einchecken mit mir selbst. Zwei Stunden am Tag, in denen ich nicht vor mir selbst weglaufe«. Vipassana zu machen, »macht mir das deutlich, was gerade ist. Vorher habe ich da vielleicht etwas nicht fühlen wollen oder mir gesagt: ›Ist schon okay‹. Aber dann setze ich mich hin und merke, da ist Unruhe. Und dann, ein, zwei Sitzungen später, merke ich: Da hat mich doch was verletzt. Ich hatte es nur vorher nicht wahrgenommen, ich hatte vielleicht die Vorstellung von mir selbst: ›Das macht mir nichts, was der Kollege da gesagt hat.‹ Mit einem Mal wird dann deutlich, was hinter der Unruhe steht, und dann beginnt der ganze Zyklus.« Martin bezieht sich auf die Stufen der Trauer, die die Sterbe- und Trauerforscherin Elisabeth Kübler-Ross beschrieben hat.[104] »Erst ist da Verdrängen, dann Wut, und dann kommt irgendwann das Annehmen-Können. Und aus dem Annehmen dann die Klarheit. Ich erlebe das in der Meditation immer wieder, ich glaube, das sind ganz universelle Zyklen, die nicht nur greifen, wenn es um den Umgang mit dem Tod geht, sondern die überall auftauchen.«

Britta, die bereits als junge Frau zu Vipassana gekommen ist, erinnert sich, wie enorm sie sich durch ihre tägliche Praxis stabilisiert gefühlt hat. Sie erinnert sich an »die Diskrepanz zwischen den Kurserlebnissen und wie das dann zu Hause war. Das war natürlich nicht das gleiche Niveau. Aber ich habe einfach meine Praxis gemacht, morgens und abends. Und immer wieder habe ich gemerkt: Wenn da so eine Welle kommt, irgendetwas, was mich emotional aufwiegelt – ich muss nur sitzen, morgens und abends, und die Welt kommt wieder in Ordnung. Das hat mich das ganze Studium hindurch getragen.«

Was ist das, was Meditierende da als so stützend und stabilisierend empfinden? Erinnern wir uns an die Soziologin Michal Pagis und ihre These, dass Vipassana hilft, ein Gefühl der Kontinuität zu kultivieren, allen Rollenkonflikten und Verletzungen zum Trotz, die ein normaler Alltag zwangsläufig mit sich bringt. Vipassana zu machen kann zu einem Kompass werden, der hilft, Kurs zu halten. Der Psychiater Paul R. Fleischman hat über das tägliche Sitzen einen wunderschönen, regelrecht poetischen Aufsatz verfasst. In »Why I sit«, »Warum ich meditiere«, schreibt er: »Ich sitze, um mein Leben zu verankern.« Und weiter:

> »Ich bin erleichtert, mehr zu Hause zu sein, in mir selbst, mit mir selbst. Ich klage weniger. Ich kann Diskussionen, Hoffnungen oder Erwartungen an mich selbst besser, leichter und doch weniger häufig verlieren, denn das Reden, Hoffen und Tun ist bereits Sieg genug. [...] Es kam vor, dass ich gesessen habe, um nichts gebeten, nichts gewollt, und mich reich gefühlt habe. Mein Rückgrat und meine Hände haben jetzt eine andere Spannung. Wenn ich aus der Balance falle, falle ich nicht mehr wie ein Kantholz, sondern eher wie eine Katze. Wenn ich sitze, dann kann niemand – ob Geliebte oder Feind – mir geben, was mir fehlt, oder mir nehmen, was ich bin. Und so kann ich mich daran ausrichten, die Person zu werden, mit der ich zu leben haben werde, wenn ich mich das nächste Mal zum Meditieren hinsetze. Kein anderer, keine Kommentare, kein Lob, keine Anklage kann in der Konfrontation mit dem, was ich bin, vermitteln. Ich bin nicht so schlecht wie ich dachte – und noch viel schlimmer. Aber ich bin in jedem Fall jeden Moment aufs Neue frisch und real.«[105]

Fleischman beschreibt seine tägliche Meditation als seinen Anker, als eine Art Kompass, der ihm die Richtung weist, ihn erdet und trägt gleichermaßen. Er betont, dass all die positiven Auswirkungen von Meditation nicht als Einmalgabe funktionieren. »Wenn Sie wollen, dass Meditation weiterhin für Sie wertvoll sein soll, dann müssen Sie weiter und kontinuierlich meditieren.«[106]

Doch zurück zur dynamischen Verortung im Fluss des Lebens und wie Vipassana dabei hilft. Fleischman sagt weiter:

> »Durch die Meditation beginnen Sie, sich selbst als ursächlich wirkende Kraft zu erleben, als den Geschäftsführer, der für die Gestaltung Ihres Lebens verantwortlich zeichnet.«[107]

Durch kontinuierliche Praxis erleben wir das Prinzip der Bedingten Entstehung jeden Tag aufs Neue, wir bleiben eingestimmt darauf zu beobachten, wie Gedanken, Erfahrungen, Verhalten einander hervorbringen, in jedem Moment. Die Art und Weise, wie ich Entscheidungen treffe, beeinflusst meinen Geist; was ich denke oder fühle, beeinflusst meinen Körper. Peter stellt fest: »Natürlich gehen Dinge auch mal schief. Aber das Gute ist: Ich merke das, spätestens auf dem Kurs.« Die mehrwöchigen Kurse, die er als langerfahrener Praktizierender jedes Jahr besucht, sind für ihn eine wichtige Instanz, eine Art existenzieller Boxenstopp, ein seelisches Detox-Programm. »Das ist meine Kur. Alles, was unerledigt ist, kommt an die Oberfläche. Nach dem Kurs ist dann für mich immer eine Zeit, in der ich Dinge in Ordnung bringe. Da ist mir klar, wo es hingehen muss, da kann ich gut wichtige Briefe schreiben und Weichen stellen oder korrigieren.«

Bislang kamen nur Menschen zu Wort, denen die geforderte Disziplin – und die ist gewaltig – keine Probleme bereitet. Für eine große Gruppe Meditierender bedeutet der Transfer in den Alltag, der Versuch eine tägliche Praxis aufzubauen, jedoch eine große Hürde. Nicht wenige, die mit vielen guten Vorsätzen im Gepäck vom Kurs nach Hause kommen, scheitern daran. Natürlich muss auch bei den Kursen jeder selbst meditieren, man wird aber doch durch Ablauf und Struktur und die anderen Meditierenden getragen. Zurück daheim sieht das völlig anders aus. Insgesamt haben die Teilnehmer unserer Studie »Buddhismus im Westen« von diesen Schwierigkeiten eher wenig erzählt. Das dürfte daran liegen, dass sie zu einem großen Teil so ausgewählt waren, schon lange zu meditieren. Sie haben den entscheidenden Schritt des Transfers in den Alltag also geschafft, und die These liegt nahe, dass er ihnen mehrheitlich nicht besonders schwerfiel. Einige wenige berichten davon, dass sie nach dem ersten

Kurs die Hürde, zwei Stunden Meditation in ihre gewohnten Abläufe einzubauen, einfach nicht nehmen konnten. Dass es zum Teil Jahre dauerte, bis sie nach weiteren Zehntageskursen die Entschlossenheit und Disziplin aufbrachten, diesen Vorsatz wirklich umzusetzen.

Hürden auf dem Weg

Für viele ist der Transfer in den Alltag eine Sollbruchstelle, an der sie aus der Praxis purzeln. Die Welt, in der wir leben, ist mittlerweile voller Apps und Kurse, die zum Meditieren anleiten. Diese haben jedoch meist zum Ziel, in möglichst kurzer Zeit möglichst große Wirkung zu erreichen – eine Art meditatives Fast Food. Sich eine ganze Stunde lang hinzusetzen, und das gleich zweimal am Tag, und einfach das zu beobachten, was da ist, ziellos, aus Überzeugung – das ist etwas völlig anderes.

Maja ist es bis dato nicht gelungen, eine wirklich regelmäßige Meditationspraxis umzusetzen. »Und das, obwohl ich mittlerweile meinen dritten Kurs gesessen habe. Ich bin da manchmal ganz schön frustriert, denn mir ist sehr bewusst, wie gut das für mich wäre und was ich mir da selbst vorenthalte. Es fühlt sich nach Selbstsabotage an. Wenn ich aus dem Kurs komme, dann halte ich ein paar Wochen durch, dann wird es weniger, die Konzentration immer schlechter … und irgendwann bin ich dann total frustriert und denke, ach, so halbe Sachen haben doch auch keinen Sinn, dann werde ich wütend auf mich selbst.« Auch andere Meditationsschüler erzählen von Frust, Enttäuschung und Selbstvorwürfen, die sie sich machen. Goenka schweigt dazu, er bietet auch keinen Kompromiss an. Einen Satz wie »Im Notfall tut es auch mal eine halbe Stunde« wird man nicht finden in seinen Vorträgen oder Schriften, mildernde Umstände sind nicht vorgesehen.

Geduld statt Schuld

Wer in die Schleife von Frustration und Selbstabwertung gerät, der tut gut daran, innezuhalten und zu beobachten: Was passiert da gerade, was sind das für Empfindungen und Gefühle, was sind die Gedanken dazu? Kenne ich das aus anderen Zusammenhängen? Das ist sehr wahrscheinlich. »Bei mir war da schnell ganz viel Frust«, erzählt Maja. »Direkt nach dem Kurs war das Messer meines eigenen Geistes scharf wie ein Skalpell, das war unglaublich. Ganz tiefe Meditation, auch zu Hause noch. Und dann wurde das so schnell wieder stumpf, obwohl ich sehr diszipliniert war. Das fand ich total frustrierend. Ich glaube, diese Enttäuschung hat dazu beigetragen, dass ich weniger meditiert habe.«

Wer sich das Meditieren vorgenommen hat und es dann nicht oder nicht ausreichend umsetzt, neigt dazu, sich schlecht zu fühlen. Da ist von Schuldgefühlen die Rede und von mangelndem Selbstwert. Eine fiese Falle. Da ist der Vorsatz, zu meditieren, aus voller Überzeugung. Und dann taucht das Unvermögen auf, sich hinzusetzen. Es geht einfach nicht, immer ist irgendwas. Das Kind schreit, der Einkauf muss noch gemacht werden, das Bad geputzt, die E-Mail geschrieben, Sport wollte ich doch auch noch machen. Das passt einfach nicht alles in einen Tag! Maja sagt: »Irgendwie passiert mir das, dass meine Überzeugung ›Ich will meditieren‹ sich im Laufe der Wochen dann in etwas verwandelt, das ich schaffen oder leisten muss. Da ist ein Vorsatz, den ich einhalten, ein Versprechen, das ich einlösen muss, permanentes schlechtes Gewissen. Und weil es sich schrecklich anfühlt, jeden Tag aufs Neue zu versagen, wird es dann immer seltener, dass ich mich hinsetze.« Sie setzt hinzu: »Das finde ich eigentlich total traurig.«

Paul R. Fleischman bekam die Frage »Wie schaffe ich es, täglich zu meditieren?« offenbar so oft gestellt, dass er einen Vortrag erarbeitete, um darauf zu antworten.[108] »Schuld ist nicht der Weg«, sagt er und weist darauf hin, dass Menschen im Westen darauf konditioniert sind, sich stets zu messen, den eigenen Wert zu ermitteln anhand dessen, was wir zu leisten, durchzuziehen, umzusetzen in der Lage sind. Wenn man es dann »nicht schafft«, liegt der Selbstwert darnieder. »Nutze Vipassana, um dir selbst zu helfen, nicht um dir Schaden zuzufügen«, schlussfolgert Fleischman mit Nachdruck, und meint damit: Wer sich wegen dhamma schlecht fühlt, ist in irgendeiner Art auf dem Holzweg und sollte ins Nachdenken kommen und hinterfragen, was da vor sich geht. Konditionierungen können sehr subtil sein, im Alltag sind sie schwerer aufzuspüren als im sicheren Rahmen eines Retreats ohne jede Ablenkung. Gerade deshalb sind die zwei Stunden am Tag nötig – um das Beobachten zu üben, auch den Blick auf die unangenehmen, langweiligen, anscheinend belanglosen Dinge.

Schuldgefühle sind der erste Schritt auf dem Weg zum Selbsthass. Ein starkes Wort für ein leider sehr verbreitetes Phänomen. Eines, das nicht nur individualpsychologisch, sondern vor allem kulturell bedingt zu sein scheint. Sich selbst schlecht zu machen, ja sich insgeheim für von Grund auf schlecht zu halten, ist in christlich geprägten Gesellschaften über Jahrhunderte hinweg Ausdruck des rechten Glaubens gewesen. Es ist ein Treffen zwischen dem Neurowissenschaftler und tibetischen Mönch Matthieu Ricard und dem Dalai Lama überliefert, in dem Ricard, der französischer Abstammung ist, das damalige tibetische Staatsoberhaupt fragte, ob der tibetische Buddhismus eine Antwort darauf habe, wie mit Selbsthass umzugehen sei. Der Dalai Lama musste sich erst einmal erklären lassen, was das überhaupt ist – es gibt in seiner Sprache keinen entsprechenden Begriff, da dieses Konzept kulturell im asiatischen Raum nicht verankert ist. Dieser Umstand könnte erklären, warum auch S. N. Goenka, ebenfalls aus Asien stammend, auf dieses Phänomen nicht näher eingeht.

Und dann ist da noch diese immense Unruhe. Meditierende erleben sie am eigenen Leib, als etwas zutiefst Persönliches. Dieses ständige Getriebensein ist aber auch ein gesellschaftliches Symptom. Mehr denn je leben wir mit der Angst, etwas zu verpassen im Ozean der Möglichkeiten, nicht genug Zeit zu haben für all das, was wir nutzen, umsetzen, verwirklichen wollen. »FOMO«, »Fear of Missing Out«, die Angst, etwas zu verpassen, ist ein allgemein anerkanntes und verbreitetes Leiden. Wie soll man da auch noch Zeit zum Meditieren finden? Fleischman betont, es sei nicht Willenskraft, sondern Entscheidung, die letztlich den Schalter umlege: »Erwarte nicht, dass dein Leben plötzlich Zeit bietet, zu meditieren. Schaffe Platz, mach den Kanal frei, damit dhamma in dein Leben fließen kann.« Meditation sei etwas »für starke Individualisten«, man müsse »nein sagen können«.[109] Diese Aufforderung ist nicht im Sinne einer eisernen preußischen Disziplin gemeint, die ihren Wert in sich selbst hat. Sie will vielmehr vermitteln, dass es hilfreich ist, eine wohlwollende Haltung sich selbst gegenüber einzunehmen. Da ist etwas, das mir guttut – also könnte es eine gute Idee sein, diesem Etwas eine echte Chance zu geben und es in mein Leben zu holen. Es geht darum, die Technik dazu nutzen, sich der eigenen Existenz wirklich zuzuwenden. Es geht ums Bejahen, nicht ums Optimieren. »Geh nicht meditieren wie ein Soldat an die Arbeit«, fordert Fleischman, an »Alte Schüler« gewandt, seine Hörer auf, »nutze diese Zeit für dich. [...] Mach Meditation zu deinem Zentrum, zu dem Stein, den du ins Wasser wirfst, von dem aus alle Wellen ausgehen.« Fleischman nennt das Sitzen, zwei Stunden am Tag, »[s]ein Rückgrat, [s]eine Zuflucht, [s]eine Lebensweise«. Er rät: »Gerade dann, wenn du am wenigsten sitzen willst, wäre es wahrscheinlich am besten für dich«. An den Stellen, wo der

Widerstand besonders groß ist, lässt er sich auch systematisch und tiefgreifend überwinden – wenn wir uns über die alten Konditionierungen hinwegsetzen und tun, wofür wir uns hier und heute, just in diesem Augenblick, aus freien Stücken entscheiden. Meditation als Medikation.

Es ist eine gute Idee, von den Stunden daheim auf dem Meditationskissen nicht zu viel zu erwarten. Eher, sie als eine feste Verabredung mit sich selbst zu betrachten, komme, was da wolle. Gerhard berichtet, dass seine Meditationsstunden »völlig unterschiedlich« ablaufen. »Die ganze breite Palette« sei dabei. »Von ›Ach, die Stunde ist schon rum‹ bis ›Jetzt müsste doch die Stunde rum sein‹ – dabei sitze ich erst seit zehn Minuten. Oder ich sitze und gehe in Gedanken spazieren und meditiere eigentlich gar nicht, eine ganze Stunde lang bin ich mit meinen Gedanken unterwegs und denke hinterher: ›Also das hättest du dir auch sparen können, dieses Kopfkino hättest du auch gemütlicher haben können.‹ Für mich ist wirklich keine Stunde wie die andere.«

Ein Missverständnis, dem Meditierende häufig aufsitzen: Es gibt gute Meditation und schlechte. Gute ist hochkonzentriert, gedankenlos, nichts als Stille und Weite im inneren Raum. Wer sich nicht konzentrieren kann oder in Gedanken abschweift, meditiert gar nicht, oder nur sehr schlecht. Diese Bewertung führt in die Irre. Es kann gar nicht oft genug wiederholt werden: Maßstab für die Meditation ist nicht die Konzentration, sondern der Gleichmut, mit dem wir beobachten, was da ist. Nicht wenige Menschen brauchen Jahre, um sich in dieser Erkenntnis wirklich zu verankern. Martin hatte Glück, für ihn kam diese Einsicht schon im ersten Kurs: »Mir war klar, dass das zu Hause anders wird als auf dem Kurs. Dass man da nicht in solche Ekstasen kommt, vielleicht mal müde ist oder sich kaum konzentrieren kann. Aber ich hatte verstanden, dass das nichts macht, dass das egal ist. Ich wollte ausprobieren, was passiert, wenn ich das umsetze.«

Der Buddha hat keine Schriftrolle hinterlassen, auf der die Anweisung zu finden ist, man solle zweimal täglich für eine Stunde meditieren. Es handelt sich bei dieser Zeitangabe um eine Empfehlung von S. N. Goenka. Zwei Stunden sieht er, vor dem Hintergrund seiner Erfahrung, als ausreichende Zeitinvestition für Meditierende, die sich auf dem Pfad wirklich stabilisieren wollen. Je nachdem, wo ein Mensch im Leben steht, kann es auch nötig sein, diesen Anspruch herunterzufahren – und sich erst einmal damit zu begnügen, den Kontakt zur

Technik nicht zu verlieren. Wir kommen nicht darum herum, uns selbst da abzuholen, wo wir sind. Gerhard erinnert sich: »Ich habe mich sehr bemüht, morgens und abends zu meditieren, aber ich musste klein anfangen. Eine ganze Stunde, bei mir daheim, das habe ich nicht geschafft. Ich habe dann mit zwanzig Minuten angefangen.« Gerhard hatte damals eine kleine Tochter. Er tat gut daran, seine abendliche Meditation nicht einzustellen, wenn sie Phasen hatte, in denen sie nicht schlafen konnte, sondern sie einfach mit einzubeziehen. »Ich habe sie oft dazu geholt. Sie hat dann auf meinem Schoß gesessen, ich habe meditiert, und sie ist darüber eingeschlafen. Dann konnte ich sie wieder in ihr Bettchen legen und meine Stunde zu Ende meditieren.«

Zwang ist das Gegenteil von dhamma. Hilfreich ist, das anzuwenden, was man bei dem Kurs gelernt hat: die Dinge mit Gleichmut zu betrachten. Dazu gehört auch die Unlust, sich hinzusetzen, das Gefühl, keine Zeit zu haben, der Frust, nicht »gut« genug zu meditieren. Ein freundlicher, gelassener Blick auf uns selbst hilft dabei. Der Wert einer eigenen Praxis liegt nicht darin, es von Anfang an perfekt zu machen, sondern in die eigene Form hineinzuwachsen. Sich selbst zu akzeptieren, so unperfekt, wie man gerade ist, das eigene Unvermögen und Bemühen. Zu scheitern und wieder aufzustehen, und beides mit Gleichmut hinzunehmen.

Anstrengungslose Anstrengung

Wer sich wirklich durchringt, täglich zweimal die volle Aufmerksamkeit auf das eigene Sein zu richten, unbeeindruckt davon, was da zu finden ist, für den beginnt eine Odyssee. Eine Reise, von der niemand als die Person zurückkehrt, als die sie oder er aufgebrochen ist. Wer es schafft, den Inhalten des eigenen Geistes und Körpers verlässlich mit liebevollem Gleichmut entgegenzutreten, dem wird es möglich, sich selbst und das eigene Leben auf ganz neue, sehr intime Weise kennenzulernen.

Ein Schlüsselmoment dabei scheint das Verhältnis von Spannung und Entspannung zu sein. Meditieren wird gern mit »Relaxen« oder »Wellness«, also mit Entspannung verwechselt. Die Wahrheit ist: Meditation ist mehr als Entspannung – aber sie ist ohne Entspannung nicht möglich. Das ist vergleichbar mit der Saite eines Streichinstruments: Um den richtigen Ton zu erzeugen, muss die Spannung stimmen. Manche Meditierende neigen dazu, mit viel Druck und Anspruch zu starten. Jeder tritt die Reise dort an, wo er oder sie eben ist. Martin erzählt von seinen Beobachtungen: »Ich kann mich nicht immer gut konzentrieren. Ich muss eher aufpassen, dass ich nicht nur laufenlasse, sondern mich auch wieder zurückhole. Momentan mache ich es so, dass ich während der ersten zehn, zwanzig Minuten einfach akzeptiere, was da ist. Klar, ich achte auf die Empfindungen und den Atem, aber ich zwinge meinen Geist auch nicht zu sehr. Das ist ein Austarieren.« In diesem Austarieren, dieser Suche nach der Balance, liegt die Kunst. »Deswegen ist das Sitzen auch kein Stress«, erzählt Martin weiter. »Da ist dann vielleicht Unruhe da, aber das ist ja nicht so schlimm. Wenn ich total müde bin, dann erkenne ich halt an: Ich bin erschöpft. Dann ist das halt so.« Was zählt, ist der Entschluss, eine ganze Stunde lang nicht vor sich selbst wegzulaufen. Sich selbst aufmerksam und solidarisch die Hand zu halten – egal, was kommt. Das kann der Beginn einer völlig neuen Beziehung sein – zu uns selbst, und damit auch zu der Welt, in der wir leben.

Die gute Nachricht ist: Was zu Beginn extrem schwerfallen kann, wird mit der Zeit immer leichter. Es verhält sich wie mit allem, was wir im Leben lernen oder einüben, wie mit jeder neuen Gewohnheit, die wir im Alltag etablieren wollen: Zu Beginn ist der Aufwand groß, Anstrengung und Einsatz sind gefordert. Später wird es immer müheloser, zunächst die Meditation selbst, früher oder später dann auch das restliche Leben. Darauf weist auch Goenka in seinen Vorträgen hin. Auf neurologischer Ebene ist der typische Trainingseffekt sichtbar. Davidson und Goleman konnten zeigen: Mit der Zeit wandert die Steuerung der Prozesse, die beim Meditieren aktiv ist, vom präfrontalen Kortex in die Basalganglien. An diesem Punkt ist uns das, was wir tun, im wahrsten Sinne des Wortes in Fleisch und Blut übergegangen. Erinnern wir uns an Kapitel 1.3: Je länger Menschen meditieren, desto mehr selbstverstärkende Effekte stellen sich ein. Es ist dabei aber wichtig, wie lange tatsächlich meditiert wird. Zwei Stunden täglich bringen mehr als dreißig Minuten täglich. Auf Retreats intensiv zu meditieren, über Tage oder gar Wochen hinweg, katapultiert diese Wirkung nochmal auf eine ganz andere Ebene.[110]

Zur Zeit des Buddha war dieser Effekt bereits bekannt, auch ohne Hirnscans. In alten Anleitungen zum Meditieren findet sich folgender Vergleich: Die Gedanken loszulassen ist zunächst vergleichbar mit einer Schlange, die sich auseinanderrollt: Der Anfang braucht ein gewisses Maß an Energie, aber je weiter der Prozess fortschreitet, desto mehr passiert er von allein. Später sind die Gedanken dann eher wie ein Dieb, der in ein leerstehendes Haus eindringt. Es gibt für ihn nichts zu tun, also zieht er wieder ab.[111]

Wer jetzt weitermeditiert, beginnt etwas zu leben, was man »auf dem Pfad wandeln« nennt. Dieser Pfad liegt nicht einfach vor uns in der Landschaft und führt auf einen definierten Horizont zu. Er entsteht beim Gehen, und er will jeden Tag neu begangen sein. Buddhistische Schriften beschreiben ihn als einen Trampelpfad im Dschungel, der zu einer alten Stadt führt: Er wächst binnen kürzester Zeit wieder zu, wenn er nicht begangen und freigehalten wird.

Zentrierung in einer beschleunigten Welt

Die Lehre des Buddha, auch dhamma oder »Der edle achtfache Pfad genannt«, ist nicht vergleichbar mit den zehn Geboten des Christentums. Da ist keine Durchsage einer transzendenten Instanz, es gibt keine Gesetze, die eine spirituelle Obrigkeit erlassen hat. Der achtfache Pfad ist eher als eine Art Gebrauchsanweisung zu verstehen, als »ein Modell für ein zentriertes Leben, das ausgeglichen, harmonisch und ganzheitlich ist«.[112] Auf die Frage, was ihm dabei hilft, nicht vom »Weg« abzukommen, das Meditieren nicht einfach wieder sein zu lassen, sagt Martin: »Es mag kitschig klingen, aber da habe ich nur diese Antwort drauf: Sīla, Samādhi und Paññā.« Er bezieht sich mit diesem Satz auf die drei Abschnitte, in die die Lehre Buddhas traditionell unterteilt wird. Wer bereits einen Zehntageskurs der Vipassana-Tradition besucht hat, dem werden diese Begriffe durch die abendlichen Vorträge vertraut sein.

Sīla (sprich: »Schila«) bedeutet auf Pali »Sittlichkeit« im Sinne einer praktischen Ethik. Es geht um ganz pragmatische Anweisungen, wie sich ein von Achtsamkeit getragenes Leben praktisch umsetzen lässt. Die Regeln, die Meditationsschüler zu Beginn eines Vipassana-Kurses einwilligen zu befolgen, bilden dieses Moment ab: Nicht stehlen, nicht lügen, nicht töten, keine bewusstseinsverändernden Substanzen, kein sexuelles Fehlverhalten. Diese Regeln bestehen nicht um ihrer selbst willen. Sie sollen die Meditierenden dabei unterstützen, einen möglichst ruhigen, ausgeglichenen Geist zu kultivieren. Bei einem Kurs ist das leicht umsetzbar. Gesprochen wird ohnehin nicht, gegessen wird, was auf den Tisch kommt, Drogen sind nicht verfügbar und das andere Geschlecht meist nicht zu sehen. Im Alltag sieht das anders aus. Das Thema »Sexuelles Fehlverhalten« zum Beispiel wirft oft Fragen auf. Was heißt das konkret, wenn ich zum Beispiel nicht in einer festen Beziehung lebe, sondern gerade auf Partnersuche bin? Was ist mit Alkohol, darf ich den jetzt nie wieder trinken? Viele Meditierende berichten davon, dass durch die tägliche Praxis die Dinge sich irgendwann von allein in Richtung sīla eingependelt haben. Dass die schlechte Konzentration am Tag nach dem Rotwein unangenehm war oder dass ihnen bewusst wurde, dass es unter Alkoholeinfluss eher zu Streit mit dem Partner kommt. Wer dem eigenen Körper und Geist jeden Tag verlässlich einen Besuch abstattet, der ist viel eher bereit und auch in der Lage, gegenzusteuern oder sich so zu verhalten, dass diese Besuche angenehmer ausfallen. »Man organisiert sich nach und nach von selbst in Richtung friedvollere Zustände«, resümiert Martin.

Mit samādhi ist »Versenkung, Sammlung« oder auch die »rechte Konzentration« gemeint, die Meditation einerseits ermöglicht, aber auch mit steigendem Vermögen immer konzentrierter macht. Paññā (sprich: »Panja«) meint die »Weisheit« – und zwar keine akademische oder intellektuell erlernte, sondern eine unmittelbar durch persönliche Erfahrung gewonnene Weisheit im Sinne von Einsicht. Paññā basiert auf der durch den Körper und die Sinne erfahrenen Erkenntnis der Prinzipien von annica (Vergänglichkeit), dukkha (Leiden) und anattā (Substanzlosigkeit), von denen bereits an früherer Stelle die Rede war.

Diese drei Säulen können Praktizierenden eine Art Grundstein sein, eine Orientierungshilfe auf dem Pfad. Denn wenn der Buddha von der »Zuflucht« spricht, die in seiner Lehre liegt, dann ist diese kein Haus, keine Institution oder Religion, der wir uns anschließen und dann automatisch alles richtig machen. Es liegt bei jedem einzelnen, sich selbst und das eigene Handeln täglich neu auszurichten, die Zuflucht jeden Tag aufs Neue selbst zu bauen. Eine kontinuierlich fluktuierende Welt fordert von uns beständige Navigation und Kurskorrektur. Die mit vollem Einsatz errungene Wahrheit, die der Buddha der Welt mitzuteilen hat, ist heute sehr aktuell, und das nicht von ungefähr: Auch das Indien des 5. Jahrhunderts v. Chr., war eine Welt im Umbruch und voller Komplexitäten und Unsicherheit. In der Gangesebene entwickelten sich neue Technologien, der Handel spezialisierte sich mehr und mehr; die Urbanisierung begann, und die traditionell sehr rigiden Gesellschaftsstrukturen brachen nach und nach auf.

Siddharta, der Fürstensohn, hätte, wenn er nicht zum Buddha geworden und sein Leben der Lehre verschrieben hätte, vermutlich ein politisches Amt bekleidet – wir können daher davon ausgehen, dass die gesellschaftspolitische Dimension seiner Lehre dem Erwachten bewusst war. Die Lehre des Buddha, in der der Einzelne keine vorbestimmte und unveränderliche Stellung in der Welt hat, sondern in einem unablässig in Bewegung sich befindenden Fluidum agiert, ist auch eine kritische Auseinandersetzung mit verkrusteten Traditionen. Er propagiert eine Spiritualität, die das Heil nicht in einem weit entfernten Jenseits oder dem nächsten Leben sucht, sondern in dieser, unserer Welt. Dhamma führt Praktizierende nicht aus der Welt heraus, sondern mitten hinein.

Der Buddha starb mit achtzig Jahren, hochbetagt und -geehrt im Kreise seiner Anhänger. Der Erwachte erlitt einen menschlichen, irdischen, geradezu banalen Tod, verursacht von einem Magen-Darm-Infekt. Es soll im Wald des Schlosses von Kusinara* gewesen sein, im heutigen Uttar Pradesh, im Schatten zweier großer blühender Bäume.

* Kusinara, heute Kushinagar genannt.

Teil III: Nach Hause kommen

3.1 Erleuchtung in Wanne-Eickel. Nibbāna ist für alle da

Meditierende, die einen Zehntageskurs besuchen, werden es spätestens in einem der abendlichen Vorträge zu hören bekommen: All die angenehmen Effekte, die Vipassana-Meditation bringt, sie sind schön und gut – aber eigentlich geht es ums Ganze, ums Nirwana. Nirwana ist gewissermaßen die Endhaltestelle des achtfachen Pfades, der buddhistischen Lehre.

Was hat es mit diesem ominösen Betriff auf sich? Im 21. Jahrhundert ist er, ähnlich wie »Karma«, so sehr von Popkultur und Klischees durchwirkt, so inflationär und unscharf gebraucht, dass er mehr Verwirrung als Orientierung stiftet. Ist Nirwana nicht eine Art Paradies der Buddhisten, wo man hinkommt, wenn man bis zum letzten Atemzug ordentlich meditiert und ausreichend gute Taten angesammelt hat? Und war da nicht etwas mit Grunge-Akkorden und Selbstmord?

Für die meisten Meditierenden spielt der Gedanke an Erleuchtung in der täglichen Praxis kaum eine Rolle. Zugleich ist Nirwana ein Schlüsselbegriff der buddhistischen Lehren, ein Konzept, das selbst die meisten Menschen, die sich selbst als Buddhisten bezeichnen, nicht so recht verstehen. Was steckt dahinter? Das wollen wir in diesem Kapitel untersuchen.

Nirwana – oder auf Pali, der Sprache des Buddha, »nibbāna« – schiebt einen dicken Bauch von Bedeutungsschwangerschaft vor sich her. Das Wort weist auf etwas Magisches und Ekstatisches hin, auf Lichteffekte und Sphärenklänge. Erleuchtung als ein Moment, in dem plötzlich das Licht angeht und die ganze Welt im Schein der eigenen Allwissenheit erstrahlt. Wahrscheinlich muss man lange in einer Höhle gehaust haben, um einen solchen Zustand zu erreichen. Dieses Bild reicht bis ins altindische Denken zurück. Dort gab es die Vorstellung, dass, wer lange genug bestimmte Übungen exerziert, mit Atman, der allumfassenden Urseele, verschmelzen kann und so Befreiung erlangt.

Siddharta, der spätere Buddha, hatte nie vor eine Religion zu gründen. Sein Anliegen war es, den Menschen einen Weg aufzuzeigen, wie sie das allgegenwärtige Leiden hinter sich lassen können. Nach seinem

Tod wurde im Laufe der Jahrhunderte das Motiv der »Erleuchtung« so sehr aufgebläht, dass es sich zum Zentrum des buddhistischen Kultes entwickelte. Wir erinnern uns: In Burma zum Beispiel, dem Land, in dem Vipassana als Methode über 2500 Jahre hinweg erhalten und kultiviert wurde, war Erleuchtung über Jahrtausende hinweg den Mönchen vorbehalten. In traditionell geprägten Gegenden ist das bis heute so. Die Ordensmänner widmen ihr Leben der Meditation und dem Streben nach Erleuchtung, die Gläubigen spenden Geld und Nahrung, um sie dabei zu unterstützen. Im Gegenzug führt der Klerus Rituale durch und ordnet die Ereignisse zwischen Geburt und Tod. Im Leben von Otto Normalverbraucher spielt die Frage nach der eigenen Erleuchtung keine Rolle, sie scheint tausende Leben entfernt.

Unter den Eingeweihten kursieren unterdessen skurrile Zertifikate: Der Status der Erleuchtung wird durch einen kundigen Lehrer festgestellt und urkundlich verbrieft.[113] Die Kriterien, die hierzu angelegt werden, sind dabei höchst unterschiedlich.[114] Einige davon werden wir uns in diesem Kapitel anschauen.

Im Westen, wo buddhistische Praktiken seit etwa fünfzig Jahren Fuß gefasst haben, wird das Phänomen der Erleuchtung schon skeptischer betrachtet. Das Berufsbild »Guru« ist weniger verbreitet; ein allwissender Erleuchteter, der sich niemals irrt und niemals ärgert, wurde bislang noch nicht gesichtet. Es ist zwar durchaus richtig, dass viele Langzeitmeditierende über eine erstaunlich klare Intuition verfügen – immerhin kultivieren sie durch ihre Praxis einen wachen und kontinuierlichen Kontakt zu ihren körperlichen Empfindungen, Gefühlen und Wahrnehmungen –, dennoch bleiben auch die erfahrensten unter ihnen allesamt und lebenslang Menschen. Menschen, die Fehler machen und Dinge auch einmal falsch einschätzen.

Es scheint eher das Gegenteil zu gelten: Wer »Erleuchtung« auf dem Arbeitszeugnis stehen hat, der kann im Leben durchaus – oder gerade deshalb – richtig Mist bauen. Wo Menschen zu geistigen Führern ernannt werden und sich eine Gefolgschaft etabliert, schnappt schnell die Logik unserer Leistungsgesellschaft zu, es entsteht dann etwas, was man als »spirituellen Materialismus« bezeichnen könnte.[115] In einem solchen System stehen einige auf der Erleuchtungskarriereleiter weiter oben als andere, und es entsteht ein Machtgefälle, das den Weg bereitet für Personenkult und (Macht-)Missbrauch.[116]

Zurück zu nibbāna. Wir werden eher von »Erwachen« als von »Erleuchtung« sprechen – einfach deshalb, weil hier keine externe Instanz im Spiel ist, die ein Licht angehen lässt. Dazu an späterer Stelle mehr. Wörtlich übersetzt bedeutet nibbāna »Verlöschen«. Interessanterweise klingt das zunächst nach dem Gegenteil von Erleuchtung. Wer oder was verlischt da?

Es fällt auf, dass in den Versuchen, nibbāna zu beschreiben, sehr häufig das Wort »nicht« fällt. Das Phänomen entzieht sich so sehr unserer an Objekten geeichten Sprache, dass es am ehesten ex negativo beschrieben werden kann.

> »Es gibt, ihr Mönche, einen Bereich, wo weder Festes noch Flüssiges ist, weder Hitze noch Bewegung, weder diese Welt noch jene Welt, weder Sonne noch Mond. Das, ihr Mönche, nenne ich weder ein Kommen, noch ein Gehen, noch ein Stillstehen, weder ein Geborenwerden, noch ein Sterben. Es ist ohne jede Grundlage, ohne Entwicklung, ohne Stützpunkt: Das eben ist das Ende des Leidens.«[117]

So sprechen die traditionellen Schriften des Pali-Kanons vom Nicht-Erleben und von der Abwesenheit aller Sinnesaktivität. Wahrnehmung und Gefühle werden unterbrochen: Kein Sehen, kein Hören, kein Schmecken, kein Riechen, kein Fühlen. Kein Denken, kein Bewusstsein. Der gesamte körperlich-geistige Prozess ist unterbrochen. Noch nicht einmal der tiefe Friede, mit dem nibbāna in Zusammenhang gebracht wird, ist spürbar – erst im Nachhinein wird von ihm berichtet. Genau das scheint nibbāna zu kennzeichnen: Dass es ein Davor und ein Danach gibt, und dazwischen eine Leerstelle, von der nicht berichtet werden kann, eben weil die erlebende Person für den fraglichen Augenblick als solche nicht mehr vorhanden ist.

Einige wenige, besonders geschulte Praktizierende sind offenbar in der Lage, sich willentlich in diesen Zustand zu begeben. Andere Menschen berichten davon, dass eine solche Erfahrung ihnen zugestoßen ist. Plötzlich war »es« da – oder besser: Plötzlich gab es ein »Danach«, und alles war anders. Diese Menschen erzählen von einer Erfahrung, die die Kontinuität ihres Bewusstseins jäh unterbrochen hat. Sie berichten davon, dass danach etwas grundlegend anders war und auch blieb. Diese Menschen erscheinen beseelt und inspiriert, sie berichten von innerer Weite und Frieden, sie tragen in sich den Wunsch, achtsam und heilsam zu wirken und andere Menschen dabei zu unterstützen, ihre Erfahrung zu teilen. Auch in der westlichen Welt haben einige dieser Menschen einen hohen Grad an Bekanntheit erreicht. Was spirituelle Lehrer wie Eckhart Tolle oder die Ärztin und

Sterbebegleiterin Elisabeth Kübler-Ross beschreiben, kommt dem Phänomen, dem wir uns in diesem Kapitel zu nähern versuchen, zumindest nahe.

Endstation Sehnsucht

Was berichten Teilnehmer unserer Studie »Buddhismus im Westen«?

Im Großen und Ganzen spielt das Thema Erleuchtung in der Vipassana-Community keine tragende Rolle. Die meisten Meditierenden treibt, wie eingangs beschrieben, ein Leidensdruck in die Arme von Vipassana. Ein Schmerz, ein Verlust, eine Angst, eine Leere, der gesellschaftliche Druck. Erleuchtung ist da erst einmal Nebensache. Diejenigen, die sich dieser Praxis wirklich verschreiben (der Soziologin Michal Pagis zufolge sind dies etwa 20 Prozent), bekommen allerdings mit dem Thema zu tun. Sei es, dass sie in Langzeitkursen über Vorträge wieder und wieder damit konfrontiert werden, oder sei es, dass sie sich fragen, was sie da in der Meditation eigentlich erleben.

Stephen Batchelor vergleicht nibbāna mit

> »einem Raum im eigenen Erleben [...], der sich jäh öffnet, wenn die eigenen angeborenen Neigungen schwächer werden und die Reaktivität allmählich nachlässt«.[118]

Einige wenige unserer Interviewpartner berichten von Erfahrungen, die dem ähneln, was der Buddha als »Erwachen« und was Batchelor als diesen sich öffnenden Raum beschreibt. Für ein solches Erlebnis braucht es keine Höhle, in die man sich ein halbes Leben lang zurückzieht; genauso wenig muss man dazu in der Lage sein, stundenlang bewegungslos im Lotussitz auf einem Meditationskissen zu sitzen.

Hannah, eine erfahrene Meditierende, berichtet von einem höchst ungewöhnlichen Ereignis auf einem Universitätsseminar. Als Philosophiestudentin im letzten Semester hatte sie sich – es könnte kaum schöner im Drehbuch stehen – für ein Heidegger-Seminar mit dem Titel »Welt und Dasein« eingeschrieben. Sie war gerade dabei, in der Diskussion mit Kommilitonen eine These zu vertreten, als »es« plötzlich einsetzte:

»Ich kann mich nur noch erinnern, dass ich mich meinem Nachbarn zuwende und sage ›Okay, ich fange nochmal von vorne an‹ – und dann ist da nichts mehr. Das nächste, was ich wieder wahrnehme, ist, dass alle den Professor anstarren. Der nimmt seine Brille vom Kopf, legt sie vor sich auf den Tisch, dreht sich zu mir und sagt: ›Sie bleiben also bei Ihrer These ›Welt gleich Dasein‹?‹ Ich wusste ja nicht, was ich gesagt hatte, also sagte ich ›Es scheint so‹. Dann schaute ich auf die Uhr und sah, dass ich losmusste, ich sagte noch ›Ich muss jetzt zum Zug und ich wünsche noch einen schönen Abend.‹ Als ich draußen war, dachte ich: Was ist denn da eigentlich gerade passiert?«

Es fällt der Interviewten schwer, ihre Gefühle zu beschreiben, sie ringt um Worte. »Ich war unendlich glücklich ... irgendwie so total frei und leer. Da war totale Ruhe, Stille, Friedlichsein.

Mir wurde klar, dass ich mich an nichts erinnerte. Obwohl ich offensichtlich irgendeine Beweisstruktur vorgetragen habe, weiß ich nichts davon. Ich habe auch nicht bewusst gedacht. Die Menschen, die Gegenstände, alles, was da war, war da, und trotzdem war es nicht da, die Geräusche, die Stimme, die vielleicht gesprochen hat – da war nichts. Und gleichzeitig war da alles. Ich glaube, das ist für jemanden, der diese Erfahrung nicht gemacht hat, völlig unglaubwürdig. Das ist unlogisch. Aber ein solches Phänomen existiert, mehr kann ich dazu gar nicht sagen.«

Bemerkenswert ist, wie Hannah das Erlebte – oder besser: das Nicht-Erlebte – reflektiert: Als Zustandsveränderung, gewissermaßen als Riss in der Matrix ihrer Erfahrung. Als einen Moment, an den sie sich selbst nicht erinnert, von dem an jedoch alles grundlegend anders ist. Diese Veränderung scheint nachhaltig zu sein: »Interessant ist, dass diese Zustandsveränderung einen eigentlich danach nie wieder verlässt. Das ist jetzt zwei Jahre her. ... Seitdem hat sich mein Leben total verändert. Es ist alles wie einmal auf den Kopf gestellt.« Hannah, die ihr Studium in fortgeschrittenem Alter absolviert hat, nach langer Krankheit und Berufsunfähigkeit, berichtet von gewaltigen Umbrüchen in ihrem Leben, die seitdem stattgefunden haben: Eine neue Beziehung, Abschluss der Promotion, Umzug nach Übersee. Das alles sei ihr sehr leicht und, anders als früher, ohne große Ängste von der Hand gegangen. Sie sagt: »Dieses Unsicherheitsgefühl, das wir Menschen ja oft haben, das ist nicht mehr da.«

Britta, ebenfalls eine Teilnehmerin unserer Studie mit jahrzehntelanger Meditationserfahrung, erzählt von einer ähnlichen Erfahrung. Anders als Hannah hatte Britta seit Jahren darauf hingearbeitet, etwas zu erleben, das sich nach Befreiung oder Erleuchtung anfühlen würde.

Auch Britta traf »es« unerwartet, in der Begegnung mit einem spirituellen Lehrer, den sie für ihre Doktorarbeit interviewen wollte.

Das Gespräch wurde für sie zu einem »Wendepunkt«, den sie als Zustand »beyond mind and matter« (jenseits von Geist und Materie) erinnert. Sie berichtet von »einem positiven Schock, an den man sich im Nachhinein erinnert, weil er so eindrücklich war«. Auch sie sagt: »Man kann das nicht beschreiben, weil es nichts mit Gefühl zu tun hat.« Sie erzählt weiter: »Ich bin da so reingefallen irgendwie. Aber es war kein Ich mehr da, was da reingefallen ist. Das war das Entscheidende. Es war niemand mehr da. Und dann kam dieses große Gelächter. Und dann bin ich später irgendwann aus dem Gespräch wieder auf die Straße gegangen. Und es war als ...« – sie sucht nach Worten – »... als wäre die Welt neu geboren worden. Ja, ich bin voller Verwunderung durch die Straßen gelaufen und es war, als würde ich alles zum ersten Mal sehen.«

Ich kenne dich, Māra

Dass ein Erleben von nibbāna derart überfallartig einsetzt wie bei Hannah oder Britta ist die große Ausnahme. Selbst die »Edle Suche« des Buddha wird als jahrelanger Prozess beschrieben, seine konkrete Erleuchtung als etwas, das sich über drei Tage und Nächte hinweg nach und nach entfaltete.

Wir erinnern uns: Nachdem Siddharta das Leben als Prinz hinter sich gelassen und jahrelang mit Asketen durchs Land gezogen war, beschloss er, dem Mittleren Weg zu folgen. Er sah ein, dass die Abkehr vom Leben nirgendwo hinführt, und verschrieb sich voll und ganz der Praxis, die wir heute Vipassana nennen. (So jedenfalls erzählt es die Vipassana-Tradition.) Er sah Potenzial im reinen Beobachten aller körperlichen und geistigen Prozesse und eines Tages beschloss er, sich zum Meditieren unter die Pappelfeige zu setzen, zu der Buddhisten aus aller Welt bis heute pilgern. Der Sage nach sollte es 49 Tage dauern, bis Siddharta endgültig erwachte und zum Buddha wurde.

Kurz vor Ablauf dieser Zeitspanne erhielt der künftige Buddha Besuch von einem alten Bekannten: von Māra. Diese Figur entspricht in der buddhistischen Mythologie in etwa dem Teufel der christlichen Lehren. Er ist der Widersacher des Guten; er verkörpert alles, was die Menschen vom rechten Weg abbringt. So ist er denn auch für Siddharta kein Unbekannter, seit Jahren taucht er in regelmäßigen Abständen auf, um ihn zu stören, vornehmlich dann, wenn der Erleuchtung Suchende gerade in besonders tiefer Versenkung an einem Flussufer sitzt.

Sinnbild für die vielen Formen, die Māra sich gibt, ist »Māras Armee«: Stephen Batchelor beschreibt diese teuflische Division als Metapher für die geballte Ladung unserer Triebe und Neigungen. Sie setzt sich zusammen aus

> »sinnlichem Begehren, Unzufriedenheit, Hunger und Durst, heftigem Verlangen, Faulheit und Trägheit, Furcht, Zweifel, Heuchelei und Sturheit, Bereicherung, Ansehen, Ehre und unrechtmäßigem Reichtum, dem Preisen seiner selbst und der Herabsetzung anderer«.[119]

Diese umfassende Liste gibt zu denken. Was sich der Suche nach Befreiung in den Weg stellt, ist nicht einfach das »Ego«, wie wir gerne mal so dahinsagen, oft ohne zu wissen, was wir damit eigentlich meinen. Was uns da auf dem Weg in den inneren Frieden stört, ist etwas, das wir nicht so einfach ignorieren oder weglassen können. Es sind tief verankerte Instinkte und Triebe – so ziemlich alles, was im evolutionären und sozialdarwinistischen Kampf ums Dasein hilft. Wir Menschen sind und bleiben Säugetiere, ausgestattet mit einer entsprechenden Neurobiologie – ob wir wollen oder nicht. Diese Biologie kämpft um unser Überleben, und das tut sie besonders effektiv, weil sie sich auf Reflexe und Konditionierungen verlassen kann, die unser Fühlen, Denken und Handeln in großen Teilen steuern. Das Vermächtnis des Buddha ist nichts anderes als eine Gebrauchsanweisung. Seine Lehre ist als Anleitung zu verstehen, wie wir uns aus solchen Programmierungen lösen können und den Schatz heben, der in unserem Bewusstsein verborgen liegt: die Fähigkeit zur Freiheit.

Dieser Suche nach Freiheit hat Siddharta sich verschrieben, und im Laufe der Jahre kommt er seinem Ziel immer näher. Māra tut alles, was in seiner Macht steht, um Siddharta von seinem Vorhaben abzuhalten. Er greift tief in die Trickkiste und ruft Erscheinungen hervor: Einmal sind es Armeen von brutalen Kriegern, um Siddhartas Angst und seine Wut anzufachen, ein anderes Mal schickt er schöne Frauen, um ihn zu verführen. Māra fährt Berge von Gold und Silber auf, und Wagenladungen voller köstlicher Speisen. Im Laufe der Jahre wird der künftige Buddha immer vertrauter mit Māras miesen Machenschaften. Er weiß, wie vergänglich all die Freuden und Leiden sind, die Māras Armee aus dem Ärmel zieht, und wie viel Aufruhr und Verwicklung es mit sich bringt, auf seine Angebote einzusteigen. In den Schriften wiederholt sich ein Motiv: Sobald Siddharta Māras Spiel begriffen hat, enden die Verführungsszenen stets damit, dass er einen einfachen Satz sagt: »Ich kenne dich, Māra.«

Siddharta bezwingt Māra nicht durch Besänftigen, nicht durch einen Wutausbruch oder eine brilliante Argumentationskette, sondern allein dadurch, dass er das Potenzial nutzt, das ihm als Mensch zur Verfügung steht: Die Fähigkeit, das Entstehen und Vergehen unserer körperlich-geistigen Bewusstseinsprozesse wahrzunehmen, und dadurch auf unsere Geisteszustände, auf unser Fühlen und Denken und Verhalten Einfluss zu nehmen. »Ich kenne dich, Māra« – dieser einfache Satz reicht aus, um den Widersacher zum Verschwinden zu bringen. Indem Siddharta die vor seinem Auge erscheinenden Trugbilder erkennt – nichts anderes ist Māra –, verliert dieser seine Macht.

Besonders raffiniert wird die Verführung in dem Moment, in dem Siddharta erwacht und zum Buddha wird. Die Erde bebt, der Himmel braust, die prachtvollsten Vögel singen wie nie zuvor, ganz wie es sich für einen indischen Mythos gehört. Der Erleuchtete ist nun am Ziel seines Strebens angekommen. Jahrelang hat er gesucht, er hat alle Bequemlichkeiten und festen Bindungen aufgegeben, um das Leiden zu überwinden und sich selbst und allen anderen Menschen Befreiung zu ermöglichen. Wir können davon ausgehen, dass Siddharta auch in diesem so besonderen Moment ein Mensch war. Er dürfte sich ordentlich gefreut haben.

Der Buddha sitzt also von Freude und Ekstase durchflutet unter seinem Baum – und sofort tritt Māra auf den Plan. Dieses Mal hat er sich eine andere Form der Versuchung ausgedacht: Er ist wild entschlossen, dem frischgebackenen Buddha die Idee auszutreiben, seine Lehre zu verbreiten. Māra hofiert und umsäuselt den Buddha, und versucht ihm klarzumachen, dass es doch viel besser wäre, jetzt und hier endgültig ins nibbāna einzugehen. Alles andere sei reine Zeitverschwendung, die lieben Menschen hätten ohnehin nicht die Fähigkeit, seine tiefgründigen Einsichten zu verstehen, geschweige denn zu praktizieren. Perlen vor die Säue! Māra packt den Buddha exakt an den für uns Menschen kritischen Punkten: Faulheit und Eitelkeit. Die teuflische Idee ist gar zu verführerisch, eigentlich hat der Erleuchtete nicht mehr wirklich Lust, sich weiter anzustrengen und die ganze Freud-und-Leid-Nummer eines irdischen Lebens wieder auf sich zu nehmen. Hat er es nicht einfach verdient sich nun endlich vom Leiden zu befreien? Und wozu so viel Entbehrung in den Dienst von Menschen stellen, die dieses Opfer gar nicht zu schätzen wissen werden?

Der Buddha wäre natürlich nicht der Buddha, wenn er der Versuchung nicht widerstehen würde. Wir wüssten nichts von seiner Lehre, wenn er Māra nicht besiegt hätte und wenn er nicht jahrzehntelang durch halb Indien gewandert wäre, um dhamma, seine Lehre, zu verbreiten. Sein Leben wäre uns bestenfalls als ein virtuoses Beispiel für asketische Weltflucht in Erinnerung geblieben. Stattdessen verkörpert sein Name einen Strom der Wärme und des Mitgefühls, der bis heute die Menschen berührt und inspiriert.

Warum diese Episode? Sie erzählt von einem fiesen Fallstrick, der in das Streben nach Befreiung eingebaut ist. Wer nicht aufpasst, für den kann die Suche nach Erleuchtung zum Problem werden. Gerade die besonders eifrig Suchenden und die, denen Konzentration und Versenkung relativ leicht von der Hand gehen, sind in dieser Hinsicht gefährdet.

Britta zum Beispiel erlebt die Zustände, die auf ihr zuvor beschriebenes intensives Nicht-Erlebnis folgen, als derart erhebend und anziehend, dass sie regelrecht süchtig danach wird. Das Glücksgefühl hält eine Weile lang an, doch dann lässt es nach. Was passiert, wenn der »sich jäh öffnende Raum« sich wieder schließt? Britta gerät in die Krise, und das gleich mehrfach, wie wir im Laufe der vorigen Kapitel gesehen haben. Sie gehört zu den Meditierenden, denen die Technik von Anfang an leichtfällt und die sich Konzentration und Versenkung nicht durch Schmerzen hindurch erarbeiten müssen. Wir erinnern uns: Von Anfang an meditiert Britta problemlos. Sie erreicht bereits im ersten Kurs, als Siebzehnjährige, Zustände, in denen sie sich wie von Licht durchflutet fühlt; Innen und Außen, Zeit und Raum fließen ineinander und sie fühlt sich von Liebe eingehüllt wie in eine Wolke. Sie erlebt das, was, wie zuvor beschrieben, den meisten Vipassana-Schülern früher oder später als bhaṅga begegnet. Es ist nur folgerichtig, dass Meditierende dieses Phänomen der Auflösung irgendwann erleben – die einen früher, die anderen später. Tief bewegt von ihrem Erlebnis und überglücklich sucht Britta das Gespräch mit der Lehrerin, um von ihrer Erfahrung zu berichten. Die Lehrerin antwortet, wie es von einer Vipassana-Lehrerin erwartet wird. Britta erinnert sich: »Sie sagte einfach: ›Ja, macht nichts. Meditiere einfach weiter.‹ Das war so grausam!«

Was für einen Außenstehenden – und auch für den Meditierenden – erst einmal kalt und unempathisch klingt, hat einen guten Grund: Wer sich an solche angenehmen Zustände zu sehr klammert, sie wieder und wieder erleben will, der geht in die Falle. Je heftiger die

Zustände und die Reaktion darauf, desto schwerwiegender können die Folgen für die psychische Gesundheit sein. Davor versucht der Lehrer die Meditierenden zu schützen. Britta stürmt nach diesem Dialog aus dem Meditationszentrum, sie fühlt sich unverstanden und kann die Reaktion der Lehrerin nicht nachvollziehen. Einige Wochen später fällt sie in eine tiefe Depression. Im Laufe der kommenden Monate rappelt sie sich auf, sie macht ihr Abitur und beginnt ihr Studium; Meditation bleibt eine Säule, die ihr Leben trägt und stabilisiert. Einige Jahre später wiederholt sich das Motiv des »Erfolgs«, der in die Krise führt: Wir erinnern uns an das zuvor beschriebene Erlebnis mit einem Interviewpartner, aus dem sie durch ein großes Gelächter wieder auftauchte. Dieses Mal ist Britta voll und ganz ergriffen von ihrem Erlebnis – und sie will dieses Gefühl wiederhaben. Das Einssein, das Neugeborensein. Sie ist regelrecht besessen davon, diese Erfahrung zu vertiefen und trifft in den folgenden Wochen und Monaten immer extremere Entscheidungen. Sie lässt ihr Leben in Hamburg hinter sich und zieht nach Italien in eine spirituelle Gemeinschaft, dort führt sie unter anderem in Eigenregie dreißigtägige Dunkelretreats in ihrer Wohnung durch.

Petra, langjährige Meditationslehrerin, kennt Szenen wie aus Brittas Erzählung aus der anderen Perspektive. »Wenn jemand zu mir kommt und sagt ›Ich bin erleuchtet‹, dann denke ich: ›Okay, wo ist die nächste Ambulanz?‹ Ich sage dann, was auch Goenka in seinen Vorträgen immer wiederholt: ›Gut, wunderbar. Jetzt weiterleben.‹« Über sich selbst sagt sie: »Ich bin nicht so der subtile Typ«, und erzählt, dass sie die Beobachtung macht, dass »Menschen, die zu feinstofflichen Erlebnissen neigen, es auf lange Sicht deutlich schwerer haben.« Nibbāna hat viele Vorstufen, die in den alten Texten auch systematisch detailliert beschrieben werden, bhaṅga ist nur eine davon. Angesichts solcher Erlebnisse die Ruhe zu bewahren und einfach zu beobachten, was ist – das kann nach einem solchen Erlebnis auch schwieriger statt leichter werden. Es ist die ultimative Probe für eine der größten Tugenden der buddhistischen Philosophie: den Gleichmut.

Was meint der Buddha, wenn er sagt, nibbāna sei »klar, sichtbar, einladend, erhebend und von den Weisen erfahrbar«?[120] In der Vipassana-Tradition ist nibbāna eine Motivation am hintersten Horizont, eine Art spirituelle Möhre vor dem Meditationskarren, den es zum Ziel zu schleppen gilt, irgendwo in weiter Ferne. Gleichzeitig werden S. N. Goenka und die anderen Lehrer der Tradition nicht müde zu betonen:

Es ist ein Prozess. Im Grunde geht es um ein immer umfassenderes und vollständigeres Verständnis von anicca, Vergänglichkeit. Alles, was entsteht, löst sich irgendwann auch wieder auf.

Was ist denn nun nibbāna? Ein plötzlich einsetzender Moment, in dem das Licht angeht und ich erleuchtet werde? Oder ein kontinuierlich verlaufender Prozess? Letztlich zieht sich diese Frage durch die Jahrhunderte, Schriftgelehrte werden sich nicht einig. Das demokratischere, liberalere Verständnis ist sicher das Prozesshafte: »Für jeden erfahrbar«, der weise genug ist, ein Erleben, das sich sukzessive einstellt und das eine Offenheit kultiviert für das Nibbānahafte jedes einzelnen Moments.

Alles fließt

Dhamma, die Lehre des Buddha, hat zwei Kernaspekte: Zum einen nibbāna, das Phänomen, dem wir uns in diesem Kapitel annähern. Zum anderen die Bedingte Entstehung. Dieses Konzept ist zentral für das buddhistische Denken, es zeigt die kausale Entfaltung des Lebens auf.

In Kapitel 2.4 sind wir darauf ausführlich eingegangen. In aller Kürze wollen wir hier noch einmal diejenigen Aspekte dieses Konzepts ins Bewusstsein holen, die für das Verständnis von nibbāna wichtig sind. Erinnern wir uns noch einmal an den Ratschlag, den der Buddha dem Wanderer Udayin mit auf den Weg gibt:

> »Lass die Vergangenheit sein, Udayin, lass die Zukunft sein. Ich zeige dir den Dharma:
>
> Wenn dieses ist, wird jenes;
>
> mit dem Entstehen von diesem entsteht jenes.
>
> Wenn dieses nicht ist, wird jenes nicht,
>
> mit dem Aufhören von diesem erlischt jenes.«[121]

Machen wir uns noch einmal klar, dass dass es keinen festen Grund gibt, auf dem wir stehen. Bis ins kleinste Atom hinein ist die Welt, das ganze Leben in kontinuierlicher Veränderung begriffen – inklusive unserer selbst. Sosehr man das auch verinnerlicht zu haben meint, es ist ganz normal, immer wieder zurückzufallen in ein Denken, das von abgeschlossenen, stabil bleibenden Einheiten ausgeht. Prozesshaftes Denken ist mühsam, weil ungewohnt, Beschreibungen bewegen sich hier nur tastend und ungelenk, wie auf einem Schiff bei starkem

Seegang. Unsere Sprache entzieht sich diesem Verständnis, die Falle des Essentialismus steht immer bereit zuzuschnappen, um die Dinge wieder stabil und sicher zu machen.[122] Denkschulen wie die Systemtheorie versuchen diese prozesshafte Verfasstheit allen Lebens zu greifen – unwillkürlich entsteht bei der Lektüre vor lauter Rekursivität gerne mal ein gewisser Drehschwindel.

Die Lehre von der Bedingten Entstehung ist, das betont auch Stephen Batchelor, im Grunde als eine Aufgabe zu verstehen: Es geht darum, sich »darin zu schulen, dem wirklichen Pulsieren des Lebens in uns und um uns herum innige und im Körper verankerte Aufmerksamkeit zu schenken«.[123]

Man muss kein Buddha sein, um das zu begreifen. Schon wer erstmals an einem Zehntageskurs teilnimmt, macht die Erfahrung, dass jeder aktuelle Bewusstseinszustand aus dem vorherigen entsteht. Je geschulter die Aufmerksamkeit, je tiefer die Konzentration und desto stabiler der Fokus auf der Beobachtung aller Phänomene, desto deutlicher steht Meditierenden vor Augen: Jeder Augenblick gebiert den nächsten. Angst, Schmerz, Freude, Scham, Lust – die jeweils folgende Momentaufnahme des Bewusstseins wird sich grundlegend auf den vorherigen Moment beziehen, sei es sukzessive oder sprunghaft, verstärkend oder ablehnend. Nicht nur unser Körper, auch unser Bewusstsein ist fluide und unablässig in Veränderung begriffen. Auch hier gilt der Satz von Heraklit: »Alles fließt.« Von »Bewusstsein« als etwas Vollständigem, Abgeschlossenem zu sprechen, führt in die Irre. Vielmehr ist Bewusstsein ein kontinuierlicher Prozess, in dem ein Zustand den anderen hervorbringt, sobald er vergeht. Der nächste Zustand wiederum baut sich auf, bleibt kurz bestehen und macht dann dem nächsten Bewusstsein Platz. Die Visuddhi-Magga beschreibt diesen Umstand so:

> »Genau genommen ist die Dauer eines Lebewesens außerordentlich kurz: Sie ist nicht länger als die Dauer eines Gedankens. So wie ein Wagenrad im Rollen wie im Stehen nur in einem Punkt den Boden berührt, in gleicher Weise existiert ein Lebewesen nur für die Dauer eines Gedankens. Sobald dieser Gedanke aufhört, hat auch das Lebewesen aufgehört, so heißt es.«[124]

Zur Rekapitulation: Die Bedingte Entstehung beschreibt ein ständig in Bewegung befindliches Gefüge, das für den ungeübten menschlichen Geist zum Gefängnis wird. Reaktion reiht sich an Reiz, Reiz an

Reaktion. Das Konzept liefert jedoch den Schlüssel zur Gefängnistür gleich mit. »Ich kenne dich, Māra« – Erkenntnis macht frei, und der erste Schritt auf diesem Weg heißt aufmerksame Beobachtung.

Denken wir zurück an die Geschichten von Martin, Tanya und David, dem israelischen Soldaten. Insbesondere Davids Geschichte macht deutlich, dass Vipassana sehr viel mehr ist als ein therapeutisches Mittel, auch wenn diese Wirkung an sich schon sehr beeindruckend ist. Die Erfahrung von Befreiung kann eine extrem tiefgreifende sein, eine, die Leben und Erleben eines Menschen grundlegend verändert. Voraussetzung dafür ist, dass man es schafft, wie der Meditationslehrer es Tanya gegenüber ausgedrückt hat, sich vom Sturm der Konditionierungen nicht überwältigen zu lassen. Wer aufmerksam genug ist, den Moment zu erwischen, in dem sich eine gewohnheitsmäßige Reaktion an die andere reiht, der ist frei. In diesem einen Moment. Frei von dem Zwang, in den Prozess hineinagieren zu müssen und ihn so auszuformen, wie er schon Tausende von Malen zuvor geschaffen wurde. Wir können gar nicht oft genug an die bereits zitierten Worte Buddhas denken:

»Wenn dieses ist, wird jenes;
mit dem Entstehen von diesem entsteht jenes.
Wenn dieses nicht ist, wird jenes nicht,
mit dem Aufhören von diesem erlischt jenes.«[125]

Das leidvolle Wesen, das man bewusst oder unbewusst Tausende von Malen gewesen ist – oder glaubte zu sein –, es existiert in diesem Moment nicht mehr. Es ist verloschen, hat sich aufgelöst, es entsteht und vergeht nicht mehr.

Dies ist die Freiheit, von der auch Viktor Frankl spricht. Wenn die buddhistischen Lehren von »Erwachen« sprechen, meinen sie genau dies: sich der Momente bewusst werden, die frei von Konditionierung sind, sich selbst in genau dem Augenblick, in dem die eigene Freiheit sich manifestiert, zu beobachten. Die vier edlen Wahrheiten des Buddhismus werden so zu ganz konkreten Übungen. Die Bedingte Entstehung – der Aufbau eines konkreten, Leid und Unruhe bringenden psychosomatischen Prozesses – wird sich ihrer selbst bewusst und erfährt ihre Umkehr: die Auflösung in eine als Glück empfundene Freiheit. Das ist mit »Erwachen« gemeint. Für die meisten von uns ist das kein magischer Moment, der uns unverhofft ereilt. Es ist ein

Prozess, der eingeübt und erarbeitet sein will – selbst der Buddha brauchte der Überlieferung nach viele Jahre dafür.

In den Strom eintreten

Es ist noch kein Meister vom Himmel gefallen, auch kein Meister der Meditation. Entsprechend gibt es in der buddhistischen Tradition einen Begriff, der die erste tiefe Begegnung mit nibbāna bezeichnet: den sogenannten »Stromeintritt«. Wer in den Strom des dhamma eintritt, der hat ein tiefes Verständnis von der Lehre des Buddha erlangt, hinter das er ab diesem Zeitpunkt nicht mehr zurückkann. Der »Strom« steht hier als Metapher für die Richtung. Das Leben trägt den Praktizierenden nun in Richtung dhamma, eine sanfte und doch gewaltige Macht bestimmt nun den Kurs des Erlebens und Handelns. Wie auch bei der Erleuchtung, so sind auch beim Stromeintritt die Kriterien strittig, buddhistische Schriftgelehrte streiten seit Jahrhunderten darüber. Dies lässt sich daran ablesen, dass diverse Szenen überliefert sind, in denen Menschen den Buddha aufsuchen und ihm diese Frage stellen, in immer neuen Variationen: Wie weiß ich, dass ich auf dem rechten Weg bin? Eine dieser Geschichten geht wie folgt:

> »Ein Adliger namens Mahānāma ist ein Schüler des Buddha. Er praktiziert täglich und voller Hingabe. Da er jedoch kein Mönch ist und weiter seinen weltlichen Verpflichtungen nachgehen muss, sorgt er sich um den Erfolg seiner spirituellen Bemühungen: Er hat mit Herausforderungen zu tun, die jedem Bewohner der modernen Welt bekannt vorkommen dürften. Zwar muss er noch keine E-Mails beantworten oder seinen Smartphone-Konsum zügeln, aber in der chaotischen, lauten Stadt Kapilavathu ist es ihm nicht möglich, kontinuierlich zu meditieren oder gegenwärtig zu sein. Er stellt sich vor, wie es wäre, wenn der Tod ihn ereilen sollte, während vor seinen Augen gerade ein Pferd durchgeht oder ein durchgedrehter Mann herumschreit. ›Mir kommt dann in den Sinn: Sollte ich in diesem Moment sterben, was wäre meine Bestimmung, was würde die Zukunft bringen?‹ Der Buddha antwortet ihm: ›Fürchte dich nicht, Mahānāma! Hab keine Angst! Du hättest keinen schlechten Tod. Ein edler Zuhörer, der vier Dinge verinnerlicht hat, neigt sich, gleitet und lehnt sich dem nibbāna zu. Welche vier Dinge? Nun Mahānāma, ein edler Zuhörer hat ein klares Vertrauen in den Buddha, in dhamma und die Gemeinschaft. Und er besitzt die Tugenden, die edlen Menschen teuer sind. Wenn er gefällt würde, in welche Richtung fiele er?‹ Mahānāma kann sich durch Siddhartas Frage daran erinnern, dass er die Antwort im Grunde seines Herzens kennt. Er entgegnet: ›In die Richtung, in die er geneigt war, Herr.‹«[126]

Stephen Batchelor, der auf diese Geschichte referiert, um zu zeigen, dass auch Laien, die ständig den Widrigkeiten des weltlichen Lebens begegnen müssen, hohe Stufen der Verwirklichung erreichen können, sieht im »Strom« eine Metapher für den achtfachen Pfad, die acht grundlegenden Verhaltensregeln des Buddhismus. Wer in den Strom eingetreten ist, hat sich diesen Pfad zu eigen gemacht. In den Strom eingetreten zu sein bedeutet, eine entscheidende Schlacht gewonnen zu haben: Er oder sie ist der eigenen Reaktivität, instinktiven Triebe, sozialen Konditionierungen und psychischen Neigungen nicht mehr einfach ausgeliefert. Man ist nicht länger in den Kreisläufen der Gewohnheit gefangen, stattdessen kann das Leben frei fließen und einen tragen, wie ein großer, kraftvoller Strom. Batchelor schreibt: »Dieser freie Fluss wird als ein Lebendigsein erfahren, das die eigene Autonomie und Integrität bestätigt.«[127] Mit anderen Worten: Der Pfad ist nicht mehr etwas, woran man glaubt oder wonach man strebt, er wird zu etwas, das einen umfängt und trägt. Wer in den Strom eingetreten ist, für den hält das Leben immer mehr Momente bereit, in denen sich nibbāna erfahren lässt. Für die meisten Menschen geschieht das im Kleinen.

In der buddhistischen Tradition wird jemand, der in den Strom eingetreten ist, »sotāpanna« genannt. Einen sotāpanna erkennen andere Menschen daran, dass er die »drei Fesseln« abgelegt hat: Diese sind Persönlichkeitsglaube, Zweifelsucht und das Hängen an Regeln und Riten. Konkret bedeutet das: An den Lippen eines Gurus hängend und Mantren rezitierend hat noch niemand nibbāna erlangt. Erwachen im buddhistischen Sinn ist etwas hochgradig Autonomes, ein Weg, den man nur selbst gehen kann.

Wer einmal in den Strom eingetreten ist, der hat einen entscheidenden Schritt vollzogen. Die grundlegende Illusion ist durchbrochen. Das Wissen um die Bedingte Entstehung ist dann nicht mehr Theorie, es ist nun in Fleisch und Blut übergegangen. Dieses Verinnerlicht-Haben ist irreversibel, in einem gewissen Sinne wie Fahrradfahren: Einmal gelernt, können zwar die Reflexe einrosten, aber wirklich verlernen kann man es nicht mehr. Je mehr man übt und dranbleibt, desto besser hält man das Gleichgewicht, und umso intuitiver findet man in die Balance zurück. Die Erfahrung von nibbāna, auch wenn es nur ein kurzer Moment gewesen sein mag, mag verblassen und ins Unbewusste absinken, dort bleibt sie aber zuverlässig vorhanden. Es ist wie mit einem Zimmer in einem gewaltig großen Haus, das man einmal vor langer Zeit betreten hat. Vielleicht muss man eine Weile danach suchen, bis man es wiederfindet – man wird es aber sofort wiedererkennen, wenn man die richtige Tür öffnet.

Auf der buddhistischen Karriereleiter des Erwachens wird auch der »Kleine sotāpanna« genannt, also eine Vorstufe des sotāpanna, gewissermaßen das Seepferdchen in Sachen Erleuchtung.* Als »Kleiner sotāpanna« wird bezeichnet, wer ein tiefes Verständnis des dhamma, der Lehre Buddhas zeigt. Theoretisches Wissen ist dazu nicht vonnöten, gemeint ist eher eine Haltung, eine Art der Lebensführung. Jenseits von Gelehrtendebatten über Erleuchtung ist das Konzept des »Kleinen sotāpanna« deshalb interessant, weil es zeigt, dass auch in frühbuddhistischen Zeiten, als etwa 450 Jahre nach Buddhas Tod der Pali-Kanon niedergeschrieben wurde, kleinere Momente des Erwachens und ein intuitiver Zugang zu nibbāna durchaus wertgeschätzt wurden. So gesehen dürften viele sotāpannas unter uns sein, die gar nichts von ihrem Status wissen, vielleicht haben sie sogar noch nie von Vipassana-Meditation gehört. Sie würden aber den Segen der Lehren von der Bedingten Entstehung und der Veränderlichkeit weltlicher Formen sofort verstehen, da sie tief im Inneren schon längst darum wissen.

Das Bild von der spirituellen Karriereleiter verleitet dazu, sich eine formale Schulung vorzustellen, die Praktizierende durchlaufen, mit Stufen von eins bis zehn und einem Abzeichen auf dem Meditationskissen für jede bestandene Prüfung. Und wenn genügend Karmapunkte auf dem Konto gesammelt sind, klingelt die Kasse. Solche Vorstellungen machen deutlich, wie ein spiritueller Weg gerade *nicht* verläuft. Erwachen ist kein Bankkonto, auf dem man Karmapunkte anhäufen kann. Die Dinge ganz besonders gut und richtig zu machen ist kein Kennzeichen eines erwachten Menschen. Angestrengt den Regeln zu folgen und sich für eine besonders alte Seele zu halten, auch nicht. Viel eher fällt an solchen Menschen auf, dass sie in der Lage sind, die Dinge sich entwickeln zu lassen, in dem Bewusstsein, dass die Welt nicht kontrollierbar ist, dass es kein festgelegtes Ich gibt, das das Leben steuert. Wer in den Strom eingetreten ist oder Momente davon erlebt, der wird feststellen, dass er immer gelassener den Ereignissen seines Lebens ihren Lauf lassen kann.

Es gibt nichts zu tun, außer aufmerksam Zeuge zu sein. Den gegenwärtigen Augenblick mit Präsenz zu empfangen und dabei

---

* Die Visuddhi-Magga (Vis. XIX. 9) spricht hier vom »angehenden Stromeingetretenen (cūla-sotāpanna)«.

zuzuschauen, wie Gefühle, Gedanken und Empfindungen sich aufbauen und wieder verebben, wie sie von einem psychosomatischen Komplex in den nächsten übergehen. Je mehr es gelingt, sich in diese Haltung hinein zu entspannen, desto eher wird sich der Raum einer ungeheuren Freiheit auftun: Wenn ich aufhöre, mich gedanklich und emotional in Gedanken und Befürchtungen und Bedauern zu verwickeln, trete ich wirklich in Kontakt mit dem gegenwärtigen Moment, mit meinem Leben. Wenn es mir gelingt, mein Beobachten dieses Raums mit Wärme und Mitgefühl zu füllen, dann wird sich das Leben grundlegend verändern. Erwachen ist keine Zielmarke, die man irgendwann erreicht. Es ist eher so, dass man eines Tages feststellt, dass man angekommen ist. Und zwar dadurch, dass man auf einer tiefen Ebene begreift, dass es nichts zu erreichen gibt. Alle sinnlichen Phänomene entstehen und vergehen – vermeintliche spirituelle Errungenschaften bilden da keine Ausnahme.

Der Stromeintritt also ist keine Erleuchtungsstufe, die irgendwann, nach einer gewissen Anzahl erfolgreich meditierter Stunden, zwangsläufig erreicht wäre. Die wenigsten Vipassana-Schüler erleben so heftige Einschnitte wie Hannah oder Britta. Für die meisten ist das Erwachen ein gradueller Prozess, ein allmähliches Hineinwachsen in eine grundlegend neue Perspektive auf sich selbst und das Leben. Vipassana-Lehrer haben hunderte von Geschichten zu erzählen von Schülern, die immer wiederkommen, jedes Mal mit einer neuen Entdeckung oder Frage zu den Zuständen, die sie erlebt haben, zur Entwicklungsstufe, auf der sie sich befinden könnten. »Irgendwann wissen sie's dann selbst und haben es verinnerlicht«, erzählt Petra lachend.

Entwicklung verläuft spiralförmig, auch auf dem achtfachen Pfad. Wer ihn geht, kommt immer wieder an die scheinbar selbe Stelle. Bei genauerem Hinsehen lässt sich aber feststellen: Es ist zwar dieselbe Stelle, aber auf einer anderen Ebene. Die eigene Haltung ist es, die sich verändert hat.

Ich weiß, dass ich nichts weiß – und das ist gut so

Der Weg zu diesem wunderbaren Zustand ist mit Missverständnissen gepflastert. Erinnern wir uns an die drei Kriterien des Pali-Kanons, an denen Außenstehende erkennen können, ob eine Person erwacht ist: Er oder sie verliert das Interesse an Riten und Regeln, der Glaube an eine unveränderliche, unabhängige Persönlichkeit oder Seelenessenz, die wiedergeboren wird oder auch nicht, spielt keine Rolle mehr. Das dritte Kriterium war: keine Zweifel mehr zu haben am dhamma, der Lehre Buddhas. Ein Zustand von gelassener Gewissheit scheint typisch zu sein für jemanden, der in den Strom eingetreten oder gar erwacht ist.

Viele Meditierende erfahren Zustände, in denen Zeit und Raum sich aufzulösen scheinen. Meist geschieht das in Phasen intensiver und hochkonzentrierter Meditation. Die Meditierenden berichten von Momenten, in denen sie sich tief ergriffen fühlten und die mit einem umfassenden Gefühl von Einsicht einhergingen. Angela erzählt: »Plötzlich war mir klar: Es gibt keine Zeit und keinen Tod.« Franziska erinnert sich: »Mit einem Mal wusste ich: Mein Bewusstsein ist unsterblich und unendlich.« Diese Erlebnisse werden in einer Art und Weise erfahren, die Körper, Geist und Emotion komplett erfasst, sie werden nicht mehr als getrennt erlebt. Solche Erfahrungen sind sehr intensiv und scheinen so evident, dass sie sich wie eine absolute Gewissheit anfühlen, wie ein tiefer Einschnitt ins Leben. Einsichten und Zustände dieser Art können sich im Moment des Erlebens anfühlen wie ein existenzielles Erdbeben, wie eine Zäsur, ab der alles anders sein wird. Sie können unter Umständen auch im Alltag noch lange tragen. Und doch bleibt da prinzipiell die Möglichkeit des Zweifels. Ist das wirklich Realität, was ich da erlebt habe? Hatte ich da Zugang zu einer universellen Wahrheit? Ist das nicht auch nur eine Illusion, die mir mein Geist vorgegaukelt hat? Oder sind das »nur« neuronale Prozesse, die durch die Meditation im Gehirn blockiert oder befördert werden? Die Liste der Fragen, die sich auftun, ist so lang wie Menschen verschieden sind. Einige Meditierende sind sich sicher, dass sie es mit Gefühlen und Erinnerungen zu tun bekommen, die aus früheren Leben stammen, doch auch hier stellt sich die Frage, ob dies nur eine Einbildung war. Petra, die seit über dreißig Jahren meditiert und seit fünfzehn Jahren Lehrerin ist, berichtet ebenfalls von dieser Faszination:

»Das hat mich früher sehr stark beschäftigt. Viele neue religiöse, spirituelle Praktiken zielen ja in diese Richtung. Wer meditiert, der hat sehr wahrscheinlich auch schon mal von Wiedergeburt gehört. Das ist schon faszinierend, man kann sich da sehr viele Fantasien zu machen. Letztlich ist es aber einfach eine Erinnerung, den Rest interpretiere ich ja.« Abschließend befindet sie: »Heute ist mir das eigentlich egal, ich habe die Frage gar nicht mehr.«

Mit dieser Feststellung ist Petra nicht allein. Viele Langzeitmeditierende erzählen davon, dass es ihnen mit der Frage nach der Erleuchtung oder nach der Bedeutung von »feinstofflichen Zuständen« ähnlich ging: Irgendwann war es nicht mehr wichtig. Mit der Überwindung des Zweifels ist also nicht gemeint, dass jemand allwissend wird. Es ist eher so, dass der innere Druck nachlässt, auf bestimmte Fragen eine letzte, endgültige Antwort zu bekommen. Je mehr Meditierende verinnerlichen, dass auch Gewissheit nur ein Zustand ist, der wieder vergeht, desto mehr verlieren auch Zweifel und Fragen an Bedeutung.

Vor diese Einsicht hat der liebe Gott (oder dhamma) jedoch viel Aufregung und Verwirrung gesetzt. Es ist, wie wir in Kapitel 2.3 bereits beschrieben haben: »Feinstoffliche« Erlebnisse und Einsichten scheinen integraler Bestandteil einer spirituellen Entwicklung zu sein, nicht umsonst werden sie im Pali-Kanon detailliert beschrieben und hierarchisiert. S. N. Goenka wird in seinen Kursen nicht müde zu betonen: Vorsicht damit! Wer beim Meditieren bestimmte Erfahrungen hat und im Anschluss glaubt, etwas erreicht zu haben, wer an diese Erlebnisse sein Herz oder seinen Selbstwert hängt, der geht in die Falle. In der buddhistischen Mythologie wird dieser Irrweg verkörpert von Māras »schönen Töchtern«. Sie bilden eine schlagkräftige Einheit seiner dämonischen Armee und stehen für die Versuchungen der angenehmen Art – alles, was Sehnsucht auslöst, unserer Eitelkeit schmeichelt, uns umgarnt und in die Irre führt. Aus diesem Grund wiederholen Vipassana-Lehrer auf der ganzen Welt mantrahaft diesen oder einen ähnlichen Satz, wenn Schüler begeistert von ihren feinstofflichen Erlebnissen und Einsichten berichten: »Nein, das ist nicht nibbāna, das sind einfach nur abgefahrene Zustände. Sie kommen und vergehen wieder. Einfach beobachten und weitermeditieren.« Ähnlich wie bei Britta wird diese Antwort in vielen Meditierenden erst einmal Frustration auslösen. Das nächste ekstatische Erlebnis wird irgendwann kommen, die dazugehörige Erregung mit einem Sturm von Fragen im Schlepptau sowie dem Gang zum Lehrer. Irgendwann in der Entwicklung des Meditierenden lässt dann die Aufregung um diese Phänomene nach. Das soll keineswegs den Eindruck erwecken, dass Menschen, die diese Fragen umtreiben, sich hysterisch verhalten. Es scheint einfach typisch zu sein, dass diese Aufregung zunächst immer wieder groß ist und dann früher oder später immer weiter nachlässt beziehungsweise seltener auftritt.

Früher oder später stellt sich die Erkenntnis ein: Es wird niemand kommen, der mir sagt, ob das, was ich erlebe, erfahre und verstehe, eine allgemeingültige, unantastbare und nicht mehr zu hinterfragende

Wahrheit ist. Die Philosophin würde sagen: Der ontologische Status von solchen Erfahrungen ist nicht endgültig zu klären. Interessant ist, dass die hiermit einhergehenden Fragen mit zunehmender Erfahrung und Verankerung in der Praxis immer weniger wichtig werden. Denken wir an das Beispiel vom Elefanten: Wir sehen immer nur einen Teil der Wirklichkeit. Alles, was ich erlebe, fühle und denke, ist von einem komplexen Beziehungsgeflecht abhängig, ich bin kulturell, psychologisch und biophysiologisch konditioniert. Und das trifft nicht nur für mich selbst zu, sondern für jeden anderen Menschen, mit dem ich mich unterhalte, mit dem ich streite oder den ich liebe. Jede Wahrheit, jede Wahrnehmung von Wirklichkeit ist per se standort- und perspektivenabhängig. Streit um die richtige Meinung, um den Anspruch auf Wahrheit wird dann sinnlos.

Für viele Fragen gibt es Experten, die besser Bescheid wissen als man selbst. Die großen metaphysischen Fragen jedoch, die nach Leben und Tod, bleiben unbeantwortbar. Auch der Buddha selbst wurde er nach letzten, großen Antworten gefragt, wich diesen Fragen aber eher aus und zeigte sich pragmatisch. Von einem Schüler auf die Frage nach dem Tod angesprochen antwortet er, das sei eine belanglose Frage. Sicher sei nur, dass es Leiden gebe und man wissen müsse, wie man sich von leidvollen Verstrickungen befreit. Es sind zahllose Dialoge überliefert zwischen dem Buddha und Schülern, die Antwort auf existenzielle Fragen suchen. Sie alle enden auf die gleiche Weise: Es spielt keine Rolle.

»Frei von Zweifel« zu sein, bekommt in diesem Licht eine neue Bedeutung. Es geht nicht darum, die Antworten auf die großen Fragen zu kennen. Sondern darum, sich in die Einsicht zu entspannen, dass wir Menschen bestimmte Dinge nicht wissen können. Dass es keine letzten Antworten gibt. Ich weiß, dass ich nichts weiß – und das ist okay so. In dieser Gewissheit, in diesem Loslassen der Suche, kann sich nibbāna ausbreiten.

Hannah, die Philosophiestudentin, die wir zu Beginn dieses Kapitels kennengelernt haben, erzählt davon, was sich für sie verändert hat seit dem Erlebnis im Hörsaal:

»Es fehlt nichts mehr. Das beschreibt es eigentlich am besten. Es fehlt nie etwas, es ist immer alles okay. Das hat nichts mit Passivität oder Apathie zu tun. Es ist einfach – das, was da ist, ist okay. Alles ist eben so, wie es ist, und dazu gibt es ein bedingungsloses Ja. Es gibt überhaupt keine Zeit, es gibt überhaupt keinen Raum. Es ist einfach nur dieses ›So‹, und in diesem ›So‹ ist alles drin.« Sie erzählt, dass sie im Alltag seitdem fähig ist, Entscheidungen zu treffen, die sie früher nie getroffen hätte, dass sie insgesamt viel weniger Ängste hat. Sie fühle »mehr Beweglichkeit, ein größeres Resonanzfeld«.

Hannah erscheint ihr bisheriges Leben als eine Art absurdes Theater. Sie begreift: Es geht nicht darum, irgendwo anzukommen. Weil alles schon vollständig ist, wie es ist, und nichts anderes nötig ist. Menschen, von denen wir mit Grund annehmen können, dass sie erwacht sind, berichten von einem ruhigen und leeren inneren Raum, der resonanzfähig ist. Hier können Gedanken, Worte und Handlungen entstehen, die nicht einfach nur Reflex sind, sondern eine Antwort. Was sich dadurch eröffnet, ist die Möglichkeit, auf eine radikal andere Art und Weise in der Welt zu sein. Es tut sich eine bis dahin ungekannte Freiheit auf: die Möglichkeit, nicht den Impulsen folgend zu handeln, die als eingeübte, natürliche Reaktion auf eine bestimmte Situation aufsteigen. Die Entscheidung, dem ersten Impuls oder aber einer gewählten Handlungsrichtung zu folgen, steht dann auf einem anderen Blatt. Stephen Batchelor schreibt: »Anders zu denken, zu sprechen und zu handeln als tausendfach erprobt, das braucht Entschlossenheit und hohes Engagement.«[128]

Von Lehre und Leere

Es steht geschrieben, dass der Buddha »in Leere verweilte«.* Das Konzept der Leere, auf Pali anattā genannt, das wir bereits in Kapitel 2.1 angerissen haben, ist etwas, unter dem man sich gerade kein »Etwas« vorstellen darf. Das fällt einem westlich geprägten Geist schwer; wir sind es seit der Antike gewohnt, uns abgeschlossene Objekte anzuschauen und ihre Eigenschaften zu ergründen. Anattā beschreibt die Erkenntnis, dass nichts auf dieser Welt einfach in sich abgeschlossen und unabhängig von allem anderen existiert. Jedes einzelne Ding, vom Elefanten bis zum winzigsten subatomaren Partikel, ist bedingt, bestimmt durch nahe und ferne Ursachen. Ein jedes Ding ist mehr als

* Batchelor 2017, S. 22 f. Batchelor betont, dass Leerheit nicht als ein abstraktes philosophisches Konzept zu verstehen ist, sondern als eine Haltung, die gegenüber sich selbst und der Welt eingenommen werden kann: »In Leerheit weilen bedeutet voll und ganz in Kontakt sein mit dem Reichtum der Sinneserfahrungen, die ein lebender Körper mit sich bringt, aber auf eine Art, die nicht mehr länger von der eigenen gewohnheitsmäßigen Reaktivität bestimmt ist. [...] In Leerheit zu weilen bringt uns auf den Boden der Tatsachen zurück und zurück in unsere Körperlichkeit. Es ist ein Weg, der uns befähigt, unsere Augen zu öffnen und gewöhnliche Dinge wahrzunehmen, als wäre es das erste Mal.«

die Summe seiner Teile, ein jedes Ding wird für uns Menschen das, was es ist, durch Worte und Begriffe, die unserer spezifischen Kultur entstammen und entsprechen. Noch deutlicher wird diese Denkfigur, wenn man versucht herauszufinden, was das eigene »Ich« ist. Wer sich auf eine solche Suche macht und dabei die Bedingte Entstehung gegenwärtig hält, wird kein Ende finden, sondern eher eine Schlange, die sich in den eigenen Schwanz beißt. Anattā wird auch mit »Nicht-Ich« übersetzt. Batchelor schreibt:

> »Es ist nicht so, dass da niemand wäre, das erstaunliche Gefühl, dass da jemand auf einzigartige Weise lebendig ist, bleibt bestehen. Aber Sie werden nie bei einem nicht mehr reduzierbaren Kern ankommen, von dem Sie sagen können: Da! Hab ich dich gefunden!«[129]

In diesem Sinne sagt man, das Selbst oder die betreffende Person sei »leer«. Erstaunlicherweise ist diese Seinsweise der Leere keine unangenehme, verlorene. Sie lässt sich eher als ein aufmerksames, ja staunendes Gewahrsein von einem stetigen Wandlungsprozess beschreiben. Wer zum Beobachter wird, der steht in dieser überwältigenden, ungewissen Welt quasi im Auge des Sturms – in Sicherheit.

Anattā wird als die »Bleibe des Großen Menschen« beschrieben. Sie zu kultivieren, zu behausen, ist eine hohe Kunst. Die mindestens ebenso große Herausforderung ist die, die der Buddha annimmt, indem er entscheidet, nicht ins nibbāna einzugehen, sondern sich der Lehre zu widmen: sich auf die Welt einzulassen, in ihr aktiv zu sein und zu bleiben. Es gehört zur conditio humana, in eine Welt geworfen zu sein, die sich permanent wandelt und immer wieder ruckartig verändert – das war im Indien des 5. Jahrhunderts, zu Lebzeiten des Buddha, nicht anders als heute. Am Leben teilzunehmen heißt, mit Gewusel und Ablenkung konfrontiert zu sein, mit Ängsten und Ärgernissen und unerfüllbaren Sehnsüchten. Millionen von Reizen stürmen unentwegt auf unsere Sinne ein und lösen Kaskaden von Reaktivitäten aus, mit denen es umzugehen gilt. Beobachten, Weiteratmen.

Buddha, der Erwachte, wurde über achtzig Jahre alt. In den Ruhestand ging er nie. Bis ins hohe Alter zog er durch Nordindien, um seine Lehre zu verbreiten. In Begleitung einiger enger Gefolgsleute hielt er Lehrreden und führte Gespräche. Er wendet sich den Menschen und ihren Fragen zu, was sich in vielen überlieferten Dialogen ausdrückt, die fast sokratisch anmuten. Stephen Batchelor hat sich die Mühe gemacht, den Pali-Kanon nach Episoden zu durchforsten, in denen selbst der Buddha, Inbegriff von Mitgefühl und Langmut, höchst ungehalten wird. Batchelor bürstet damit die Legende vom Heiligen gegen den Strich, um zu zeigen: Auch der Buddha war nicht unfehlbar. Er war ein Mensch, im besten und wahrsten Sinne.

Viele Meditationsschüler schlagen sich mit Fragen herum, die angesichts solcher Konzepte unweigerlich aufkommen. Wenn es »mich« eigentlich gar nicht gibt, wenn ich alles immer nur beobachten und dabei Gleichmut üben soll – werde ich dann nicht passiv und fatalistisch? Darf ich mich denn dann noch für etwas einsetzen? Und was ist, wenn jemand mir Unrecht tut, darf ich mich dann wehren, oder soll ich das dann auch einfach nur beobachten? S. N. Goenka, in William Harts Buch *Die Kunst des Lebens* danach befragt, fordert seine Schüler auf, eine klare und entschlossene Haltung einzunehmen. Er sagt:

> »Sie dürfen anderen nicht erlauben, Ihnen Unrecht zu tun. Immer, wenn jemand etwas Schlechtes tut, schadet er anderen und gleichzeitig auch sich selbst. Wenn Sie es zulassen, dass er Unrecht tut, ermutigen Sie ihn, damit weiterzumachen.«

Er weist darauf hin, dass es durchaus richtig und wichtig sein kann sich zu wehren, dass es dabei aber darauf ankommt, »von Wohlwollen, Mitgefühl und Empathie für diesen Menschen erfüllt« zu sein. »Wenn Sie mit Gefühlen wie Hass und Zorn handeln, dann verschlimmern Sie nur die Situation.«[130] Nichts leichter als das. Oder?

Hoffnungen, Begehren, Ängste und Aversionen – all das begleitet auch Menschen, die in den Strom eingetreten oder gar erwacht sind, ein Leben lang. Es gibt aber einen grundlegenden Unterschied: Wenn ich nicht mehr ankämpfe gegen das, was ist, wenn ich die psychosomatischen Verkrampfungen loslasse, die daraus resultieren, dass ich ständig versuche, jemand anderes zu sein oder irgendwo anders hinzugelangen, dann wird es möglich, sich dem eigenen Beziehungsgeflecht und seinen Möglichkeiten wirklich zuzuwenden. Dann wird das eigene Leben zu einem Partner, auf den ich mich bedingungslos einlasse und mit dem ich zu tanzen beginne. In dem Wissen, dass ich ein schwacher, verletzlicher, fehlbarer und in vielen Dingen unwissender und unfähiger Mensch bin, liegt nicht Depression, sondern Freiheit.

Die Einsicht, dass ich von einer unendlichen Anzahl von Bedingungen abhänge, die ich nicht kontrollieren kann – sie ist auf den ersten Blick alles andere als sexy. Zumal in einer Welt, in der Autonomie ein hoher Wert ist. Meditiert man nicht, um endlich besser mit dem Leben klarzukommen, um sich selbst eine Insel zu sein? In der Tat kann eine solche Akzeptanz der eigenen Unzulänglichkeit das Gegenteil dessen sein, was einen ursprünglich bewogen hat, mit Meditation zu beginnen. Denken wir an die vielen Versprechen der Selbstoptimierung, mit denen sich der Begriff »Meditation« in den letzten Jahren aufgeladen hat. Und doch wird diese Einsicht interessanterweise nicht als Verlust erlebt. Im Gegenteil: Meditierende berichten, dass sie fühlen, wie eine existenzielle Last von ihren Schultern fällt. In diesem Stadium gibt es nichts zu erreichen. Alles ist vergänglich, aber das ist kein Grund, sich zu fürchten oder in Melancholie zu verfallen. Was zählt, ist nur der gegenwärtige Augenblick.

Dadurch, dass wir Überzeugungen aufgeben, von denen wir bislang annahmen, dass sie unsere Persönlichkeit ausmachen, gewinnen wir etwas ganz Wesentliches. Wir können auf eine entspannte Art einverstanden sein mit dem, was auf uns zukommt. Meditierende beschreiben einen Prozess, der sie gleichsam in die Mitte des eigenen Lebens treten lässt. Paradoxerweise führt die absolute Akzeptanz von existenzieller Unsicherheit dazu, sich endlich geborgen fühlen zu können – in einem sich unablässig neu gestaltenden Fluss des Lebens. Erwachen verträgt keinen Leistungsdruck. Scham und Perfektionismus fallen ab, das Leben wird einfach, auf eine zuvor nie gekannte Art und Weise. Es wird erfüllter, intensiver. Ein Zen-Lehrer, befragt für die Studie »Buddhismus im Westen«, sagte über seinen eigenen Lernprozess in Sachen Erwachen: »Ich dachte immer, ich muss über eine ganz besonders hohe Latte drüber. Heute weiß ich: Ich kann unter der Latte auch drunter durchgehen. Und zudem: Auf der anderen Seite ist es auch nicht anders.«

Diese Haltung vermittelt sich auch in einer weiteren Interpretation des Begriffs »nibbāna« mit Blick auf die vier Edlen Wahrheiten. Sie lautet: »das Aufhören betrachten«.[131] Dieses Betrachten des Aufhörens oder Verlöschens passiert nicht einfach, es ist eine Praxis, die ein hohes Maß an Aufmerksamkeit verlangt. Sie ist aber auch nichts Außergewöhnliches.

Noch einmal zur Rekapitulation: Erleuchtung ist nur in sehr, sehr wenigen Fällen etwas, was einem einfach zustößt. Da knipst niemand ein Licht an. Das Wort »Erwachen« trifft es besser. Nicht umsonst wird

Vipassana übersetzt mit den Worten »sehen, was ist«. Die plötzlich auftretenden Momente von Erwachen, die wir am Anfang des Kapitels betrachtet haben, und die sukzessive verlaufende Entwicklung auf ein Erwachen hin, in dem Momente von nibbānischer Qualität immer häufiger werden, sind keine Gegensätze. Eher markieren diese beiden Zugänge zu nibbāna zwei Enden eines Kontinuums. An einem Ende steht ein Virtuose, ein jahrelang in Meditation geschulter Mensch, der möglicherweise sogar in der Lage ist, willentlich seinen Bewusstseinsstrom zu unterbrechen und nibbāna beziehungsweise einen nibbānischen Moment herbeiführen. Vielleicht sitzt er dabei in einer Höhle, vielleicht nicht. Am anderen Ende steht ein Mensch, der vielleicht noch nie von Meditation gehört hat. Beide erleben jedoch das Gleiche: Wie ihr Geist zur Ruhe kommt, wie das unermüdliche Kreisen von Gedanken und Gefühlen verstummt. Sie erfahren, dass sich ein Raum auftut, dass eine offene Weite entsteht, die sich vor allem durch Abwesenheit beschreiben lässt: Da ist kein Hass mehr, kein Neid, kein Zweifel, keine Ablehnung, kein Hadern, kein Habenwollen. Stattdessen ein Gefühl von Freiheit und Frische. Jeder Mensch, egal ob er meditiert oder nicht, kann solche Momente erleben – die Frage ist, ob er sie würdigt, als das, was sie sind: Tore zum Erwachen. Denn nibbāna ist alltagstauglich. In jedem Moment, in dem wir unsere Reaktivität als solche erkennen und unseren Gewohnheiten das Ruder aus der Hand nehmen, leuchtet es auf. Ich kenne dich, Māra. nibbāna ist immer da und immer zugänglich – wie die Stille. Nur für den wahrnehmbar, der sich selbst Zeit und Raum gibt, sie zu hören.

Wer Meditation nicht als Mittel zum Zweck der Selbstoptimierung betreibt, sondern sich auf diese Erfahrung wirklich einlässt, in dessen Leben beginnt sich genau dies zu entfalten. Meditierende begeben sich in einen Lernprozess, der darauf abzielt, diese Räume von Stille und Möglichkeit zu kultivieren und herbeizuführen. Wie in Bodhgaya, so in Wanne-Eickel.

»Im Gesehenen wird nur das Gesehene sein;
Im Gehörten wird nur das Gehörte sein;
Im Gerochenen, Geschmeckten, Berührten
wird nur das Gerochene, Geschmeckte, Berührte sein;
Im Erkannten wird nur das Erkannte sein.«[132]

3.2 Die Rückkehr. Mit Mitgefühl und Liebe der Welt begegnen

Vipassana lehrt, hochkonzentriert und still in den Raum des eigenen Bewusstseins zu tauchen und sich dort wie ein Forscher umzuschauen. Die Technik kommt nicht ohne Rückzug aus – es ist damit jedoch nicht getan. Vipassana ist nicht vollständig ohne die Idee von liebevollem Mitgefühl, auf Pali »mettā« genannt.

Rufen wir uns noch einmal den frisch erwachten Buddha in Erinnerung. Erinnern wir uns an Siddharta, der unter seinem Bodhi-Baum sitzt und schließlich kurz davorsteht, endgültig und unwiderruflich zu erwachen, – und an Māra, den ewigen Widersacher, der nun seine Felle davonschwimmen sieht. Māra hat seine ganze Armee auf den Plan gerufen, doch der Buddha widersteht seinen Tricks. In einem verzweifelten Angriff versucht Māra den Buddha zu verführen: Er möge doch gleich ins nibbāna eingehen. Der Dämon verfolgt den Plan der Schadensminimierung. Immerhin wäre dann nur dieser eine Mensch, Siddharta, vom Leiden befreit – ein zwar herber, aber doch verschmerzbarer Verlust. Der Buddha muss sich entscheiden: Sein großes Ziel ist es, die Menschheit vom Leiden zu befreien. Was er erfahren hat, ist so schockierend wie beglückend, so unbegreiflich wie verstörend und daher derart schwer zu beschreiben, dass es durchaus möglich ist, dass niemand ihm glauben wird. Wie soll es weitergehen? In diesem Moment, so erzählen die Schriften, kommen die Devas dem frisch Erwachten zu Hilfe. Devas sind Lichtwesen, die in der buddhistischen Mythologie den Engeln des Christentums entsprechen und den Aspekt der Liebe verkörpern. Sie bitten den Buddha, in die Welt zu ziehen und seine Lehre zu verkünden. Siddharta hört auf sie – er widersteht Māras Versuchungen und setzt sich in Bewegung. In Begleitung zweier Schüler macht er sich auf nach Benares; im nahegelegenen Wildpark bei Sarnath wird er seine berühmte erste Lehrrede halten. Māra selbst versinkt in einer Pfütze und löst sich auf.

Diese Geschichte verdeutlicht einerseits den Stellenwert der Lehre, des dhamma, im Buddhismus. Gleichzeitig steht sie für eine radikale Wende im Leben des Buddha: von der Versenkung ins eigene Innere zur Rückkehr in die Welt. Er zieht aus, um zu lehren – um Menschen zuzuhören, ihre Fragen zu beantworten, sich auf ihr Leid und ihr Suchen einzulassen, ihnen von Mensch zu Mensch zu begegnen. Das alles aus dem einen Motiv heraus, das den Buddha ursprünglich auf seine große Suche hat aufbrechen lassen: Einen Ausweg aus dem Leiden zu finden, nicht nur für sich selbst, sondern für alle Wesen. Er tut es aus Liebe. Mettā entspricht dem griechischen »agape«: Gemeint ist der Aspekt der Liebe, der sich in Selbstlosigkeit, in bedingungslosem Wohlwollen und Mitgefühl äußert.

Auch an dieser Stelle lässt sich beobachten, dass die Struktur der Vipassana-Kurse aufgreift, was die Heilsgeschichte des Buddha vermittelt. Der letzte Tag jedes Kurses nach S. N. Goenka ist mettā gewidmet, und auch im Alltag endet idealtypisch jede Meditation mit dieser Praxis. »Mettā-Meditation« ist eine Art Fürbitte, ein liebevolles Teilen des eigenen Glücks mit anderen. Vipassana ist ohne mettā nicht vollständig. In diesem Kapitel wollen wir untersuchen, was es damit auf sich hat.

Der »Mettā-Tag« verwirrt viele Schüler. Die Anweisungen kommen recht abrupt und ohne große Erklärung daher. Das ist ein bisschen schade – vielleicht aber auch Absicht. Wir wollen das an dieser Stelle nicht beurteilen, sondern uns lieber damit beschäftigen, welchen Stellenwert mettā, auch »Mitfühlende Liebe« oder »Loving Kindness« genannt, in der Vipassana-Tradition hat.

Die Geschichte des Buddha illustriert sehr schön: Die perfideste, die am schwersten zu durchschauende Verführung auf dem spirituellen Pfad liegt darin, sich für etwas Besseres zu halten. Die Schriften nennen dieses Phänomen »Dünkel« und beschreiben es als eine nur sehr schwer abzuschüttelnde »Fessel« auf dem Weg zur Erleuchtung. (Von anderen Fesseln wie dem Persönlichkeitsglauben, Zweifel, oder dem Sich-Hängen an Regeln und Riten haben wir bereits gehört.) Es ist in der Tat ein Weg voller Irrungen und Wirrungen, der auf keiner Landkarte verzeichnet ist, den es selbst zu gehen und zu entdecken gilt. Und so ist es typisch, dass Praktizierende in eine Falle laufen, die sich gleichsam als in der Sonne glitzernder Tempel tarnt. Da hat man tage-, monate-, ja vielleicht jahrelang meditiert, dabei unzählige Erfahrungen gemacht und Einsichten gehabt. Man hat verstanden, dass es nichts zu erreichen gibt, nichts festzuhalten, dass der Wunsch, angenehme feinstoffliche Zustände festzuhalten, die den Zugang zu höheren Sphären versprechen, nur vom Weg abführt und neues Leid bringt. All das kann begriffen und gemeistert sein – und dennoch, oder gerade darum, ist es so leicht und verführerisch, an diesem vermeintlichen Gipfelpunkt des Pfades falsch abzubiegen.

Wer sich an dieser Stelle für erleuchtet und für etwas Besonderes hält, wer im gleichen Atemzug alle anderen für unbelehrbar, uneinsichtig hält, vielleicht auch für junge Seelen, die es nicht besser wissen, der sitzt einem fundamentalen Irrtum auf. Dieser Irrtum, diese egozentrische Falle, kann sehr subtil daherkommen. Zum Beispiel als das Verlangen, das Erreichte nicht zu verwässern, sich nicht ablenken zu lassen. Es ist nicht unbedingt der plakative Wunsch, ins Kloster zu gehen oder bis ans Ende der eigenen Tage in einer Höhle weiterzumeditieren, der diese Verirrung anzeigt. Wer feststellt, dass sie oder er sich mit dem Gedanken trägt, Abstand zu halten zu allen, die scheinbar nicht verstehen und nur die eigene feine Energie belasten, wer den Gedanken angenehm findet, sich in den kleinen Kreis eines elitären Zirkels zurückzuziehen, wer an sich feststellt, dass es gar nicht so übel ist, für die eigenen asketischen Leistungen von anderen bewundert zu werden – der oder die hat allen Grund, aufzumerken und die eigenen Motive zu hinterfragen.

Liebe will ins Leben

Es handelt sich an dieser Stelle um eine unauffällige, aber hochbedeutsame Weichenstellung. Wäre der Buddha Māras Ruf gefolgt, wäre er nach seinem Erwachen ins nibbāna eingegangen statt zurück in die Welt – er wäre nicht der Buddha, auf den wir uns heute beziehen. Er wäre einer von vielen namhaften Predigern und Asketen in der Geschichte Indiens, aber nicht »der Erwachte«. Dem Buddha und seinem Weg zu folgen heißt, sich aus der Versenkung heraus wieder der Welt zuzuwenden. Der Buddha steht auf und beginnt zu lehren, er wird dies tun bis ans Ende seiner Tage, 45 Jahre lang. Mindestens genauso wichtig: Er beginnt zu lieben. Es ist eine tätige, zugewandte Liebe, die aus jedem seiner Worte, jeder seiner Handlungen spricht. Der Erleuchtete spricht mit jedem Menschen, der zu ihm kommt.

Sein Weg führt nicht ins Kloster, in keinen elitären Zirkel, im Gegenteil. Er ist offen für alle. Der Buddha spricht mit Bettlern und Königen, mit Laien und Geistlichen, mit Kindern und Kriminellen, mit Frauen, Männern, mit ehrbaren Geschäftsleuten und Prostituierten, mit Alten und Sterbenden. Jedes Wesen, das sich an ihn wendet, ist es wert, gehört zu werden, einem jeden wendet er sich zu, versucht sein Leid und seine Probleme zu verstehen und darauf eine Antwort zu finden. Nichts Menschliches ist ihm fremd. Anderen zu dienen ist für den Buddha zu einem Wert an sich geworden. Er tut es aus einer Haltung von Mitgefühl (karuṇā), Mitfreude (muditā) und liebevoller Güte (mettā) heraus. Diese drei Eigenschaften werden in der buddhistischen Lehre neben upekkhā, dem Gleichmut, als göttergleiche Zustände bezeichnet. In der meistzitierten Sutta zu diesem Thema heißt es über den, der diese Zustände in sich zu kultivieren weiß:

> »Überall mit allem sich verbunden fühlend durchstrahlt er die ganze Welt mit einem von Allgüte erfüllten Geiste, mit weitem, erhabenem, unbeschränktem Geiste, frei von Gehässigkeit und Groll.«[133]

Last but not least: mettā

Der Dalai Lama, das Oberhaupt der Tibetischen Buddhisten, forderte im Jahr 2015 anlässlich seines 80. Geburtstags Menschen in aller Welt auf, Gelassenheit zu kultivieren und sich nach dem Kompass des Mitgefühls auszurichten. Nur so könne man in einer Art und Weise handeln, die die Welt zu einem besseren Ort mache. Die verschiedenen buddhistischen Schulen verorten das Prinzip mettā in ihrer Didaktik jeweils unterschiedlich. Ihnen allen gemeinsam ist, dass sie eine Lösung für das Problem brauchen, dass Menschen im Laufe ihrer spirituellen Praxis vom Weg abkommen, indem sie auf subtile Art selbstsüchtig werden. Menschen, die mit dem tibetischen oder dem Mahāyāna-Buddhismus vertraut sind, wissen um den hohen Stellenwert von mettā in diesen Zweigen der buddhistischen Lehre. Die Haltung, anderen Wesen helfen und dienen zu wollen, steht hier am Anfang der Übung, sie ist Ausgangspunkt für alles Weitere. Ähnlich des Motivs der christlichen Caritas soll diese Haltung aus der Egozentrik herausführen und gleichsam den spirituellen Weg freimachen und ebnen.

Im Theravāda-Buddhismus, zu dem sich Vipassana zählt, steht mettā dagegen am Ende. Das heißt aber nicht, dass Mitgefühl hier weniger wichtig wäre. Im Gegenteil, die Idee ist, dass wahres, klares mettā einen Ort braucht, an dem es sich ausbreiten kann. Je aufgeräumter und befreiter der Geist, je leerer und transparenter das Bewusstsein, desto besser kann mettā sich entfalten. Ist der innere Raum einmal frei vom Gerümpel alter Konditionierungen, ist es quasi ein Naturgesetz: Wo Klarheit ist, strömt Liebe nach. Der Geist wird dann zu einem Quell von liebevollem Mitgefühl, das ohne jede Anstrengung entsteht. Mettā ist der Seinsmodus eines befreiten Geistes.

Ein Vipassana-Kurs macht idealtypisch den ganzen Zyklus der Befreiung erlebbar, für den das Leben des Buddha exemplarisch steht. Da ist der Rückzug aus der Welt und in sich selbst, da ist samādhi, die konzentrative Versenkung, und da ist Vipassana – sehen, was ist. Der letzte Tag, der mettā gewidmet ist, verkörpert die Wende des Buddha zurück in die Welt. Die Schüler sollen die Selbsterforschung, die sie mittels Vipassana betrieben haben, nun damit verbinden, sich aus einer liebevollen Haltung heraus für andere zu öffnen. Das eigene Glück, der eigene Frieden, die eigenen Einsichten und der errungene Gleichmut werden mit Liebe und Mitgefühl gefüllt und allen anderen Wesen gewidmet.

Die Anweisung lautet: Verbinden Sie den freien Fluss von Empfindungen, den Sie am ganzen Körper oder auch in einzelnen Körperteilen spüren, mit Gedanken der Liebe und des Mitgefühls. Die Schüler werden aufgefordert, dies in Gedanken mit einer Art Absichtserklärung oder Fürbitte zu verbinden.

> »Möge ich frei sein von Unwissenheit, Hass und Begierde.
>
> Mögen alle Wesen meinen Frieden teilen.
>
> Mögen alle Wesen glücklich sein.«

Für viele Schüler kommt diese Anweisung, wie gesagt, sehr unvermittelt, sie berichten von Schwierigkeiten, diesen Übergang zu verstehen. Soeben noch über Tage hinweg immer tiefer versunken in die eigenen Erfahrungen und Gefühle, kann sich dieser plötzliche Schwenk anfühlen, als werde man überschnell ausgespuckt in die soziale Welt – und solle dann auch noch sofort Hinz und Kunz schön hingebungsvoll liebhaben. Die eine mag noch ganz ergriffen sein von ekstatischen Gefühlen der Auflösung und meditativer Versenkung. Ein anderer mag mit dem Echo leidvoller Erfahrungen oder traumatischer Erlebnisse zu tun haben, die während der Vipassana-Tage an die Oberfläche des Bewusstseins gespült wurden. Wieder andere sind vielleicht gerade einfach stolz und froh, zehn Tage eiserner Disziplin durchgehalten zu haben. Wie auch immer die aktuelle innere Verfassung aussehen mag – die Verbindung der Expedition in den eigenen Innenraum mit dem Befinden der Welt »da draußen« offenbart sich nicht auf den ersten Blick.

Die Kursteilnehmer stehen nun an der gleichen Weggabelung wie einst der Buddha. Sie haben zwei Möglichkeiten: Das Gelernte ausschließlich für sich selbst zu nutzen, den eigenen Erlebnissen nachzuhängen und weiter an der eigenen Befreiung zu arbeiten. Die andere Alternative: mit Hilfe der durch die Praxis gewonnenen Einsichten aus einer ganz neuen, veränderten Haltung zu sich selbst und allen anderen Wesen wieder in die Welt zu gehen.

Diese Wegkreuzung ist vom Wesen her ähnlich wie die, die wir bereits in Kapitel 2.3 untersucht haben. Wir erinnern uns: Wer angenehme, »feinstoffliche« Zustände, die sich beim Meditieren einstellen, mit Erleuchtung verwechselt und für die vermeintliche Endstation hält, die es aufrechtzuerhalten gilt, geht in die Irre. Das eigentliche spirituelle Ziel von Vipassana ist ein anderes. Man kann es gar nicht genug wiederholen. Es geht darum, die Wahrheiten oder Qualitäten des Daseins, die wir in den vorigen Kapiteln eingeführt haben, wirklich zu verstehen und zu verinnerlichen. Da ist zum einen das Prinzip der Bedingten Entstehung, die Tatsache, dass ein Augenblick den nächsten hervorbringt, auf ganz spezifische Art und Weise, und dass dadurch unser Bewusstsein und der Prozess des Sich-Bewusstwerdens untrennbar mit unserer Umwelt oder besser »Mit-Welt« zusammenhängen. Da ist anattā, die Einsicht, dass es kein isoliertes Selbst gibt, kein unveränderliches, unabhängiges »Ich«. Und da ist die Erfahrung von anicca: dass alles, was wir erleben, bedingt ist, hervorgerufen, »gemacht«, konstruiert – und damit dem ewigen Zyklus von Entstehen und Vergehen unterworfen. Da ist das Verstehen, dass der Versuch, dennoch an Dingen festzuhalten, nichts als Leid bringt – dukkha. Wir leben in einem Beziehungsgeflecht, aus dem es kein Entrinnen gibt. In einem ewigen Ablauf von Ursachen und Wirkungen, Abfolgen und Abhängigkeiten. Erwachen heißt, dazu »ja« zu sagen, – dieses Beziehungsgeflecht, das Verwobensein mit anderen, vollständig und rückhaltlos anzunehmen.

Wir sind körperliche Wesen und als diese Beziehungswesen. Dieser Umstand hat Konsequenzen. Der Neurobiologe Humberto Maturana hat diesen Umstand in seinem Vortrag »Neurophilosophie« so ausgedrückt:

> »Die menschliche Existenz ist eine kontinuierliche Transzendenz, nicht im Sinne von Hinausgehen in einen fremden Raum, sondern im Sinne dieser Dynamik, in welcher unsere Körperlichkeit sich in dem Maße wie unsere Beziehungen verändert und umgekehrt.«[134]

Rufen wir uns noch einmal den Weg in Erinnerung, den der Buddha zurücklegt. Zunächst verlässt er den Fürstenhof seiner Kindheit und zieht in die Hauslosigkeit. Er lässt allen Luxus zurück, alle Sinnenfreuden, die ein Leben als Adliger mit sich bringt – weil er erkannt hat, dass sie vergänglich sind und vor dem eigentlichen Leid nicht schützen werden. Bei den Lehrern, deren Unterweisung er sucht, erfährt er hochkonzentrierte Vertiefungen, die jhānas; er lernt, sich durch meditative Übungen in ekstatische Zustände zu versetzen. Doch auch diese Errungenschaften verwirft er schließlich. Er erkennt, dass auch diese Zustände »gemacht« sind, herbeigerufen, und daher auch vergänglich – im Grunde nur eine andere Spielart der alten Egozentrik. Auf der Suche nach Wahrheit hat er seinen Körper in fast unmenschlicher Askese gemartert und sich beinahe zu Tode gefastet, nur um festzustellen, dass auch diese Praktiken keine ultimative Wahrheit hervorbringen, dass sie ihn der Befreiung kein Stück näherbringen. Er hat die Extreme ausgelotet, Selbstsucht und Entsagung gleichermaßen, und ist gescheitert.

Die Lösung, der Mittlere Weg, tut sich auf, als er von den Extremen ablässt und sich in einer nicht mehr von der eigenen Egozentrik getriebenen Weise der Welt zuwendet. Siddharta wird zum Buddha erst in dem Moment, als er Māras Verführung widersteht. Anstatt direkt aus der meditativen Ekstase ins nibbāna einzugehen, entscheidet er sich dafür, auf die Menschen zuzugehen, ja ihnen sein Leben zu widmen. Hier, jenseits von Egozentrik und Nihilismus, lässt er sich auf eine Welt ein, die alles andere als ideal ist. Darin liegt sein entscheidender Siegeszug. Er darf nun, um mit dem Zen-Lehrer Graf Dürckheim zu sprechen, endlich der sein, der er »eigentlich ist«, im besten Sinne des Wortes »Mensch« – und zwar dieser ganz bestimmte Jemand, zu dem er »vom Wesen her angelegt und zu sein bestimmt ist«.[135] Der Buddha entscheidet sich für das Leben. Für das Leben in einem Körper und in Beziehung zu anderen. Er entscheidet sich für den Duft reifer Mangos, für den Gestank des Aborts, für Hunger und Kälte, für Farben und Liebe, für Erektionen, Blut und Knochenbrüche, für Freundschaft, Alter und Tod. Im Angesicht der Vergänglichkeit und Fragilität des Daseins erlangt er Unsterblichkeit.

Seine Erleuchtung ist eine von unerwarteter Art, sie eröffnet sich dadurch, dass er sich neu ins Verhältnis setzt, zu sich selbst und zur Welt. Er ist nun nicht mehr getrennt von der Welt, sondern ein Teil von ihr. Und er ist – wir erinnern uns an die Bedingte Entstehung – für diese Welt verantwortlich. Gerade indem er von sich selbst, von einem unveränderlichen Siddharta-Buddha-Ich absieht, gewinnt er die höchste Freiheit und Subjektivität. Er ist nun in er Lage, das eigene Schicksal anzunehmen und dadurch zu verwandeln. Das Beobachten dessen, was ist, unter den Bedingungen des Beziehungsgeflechts, in das er wie wir alle verwoben ist, führt beim Erwachten zu unbedingtem Mitgefühl. Für seine Mitwelt wie für sich selbst. Detlef Kantowsky, Buddhismusforscher und Soziologe, hat dies folgendermaßen formuliert: »Phasen meditativer Zurückgezogenheit sind [...] kein elitärer Weg in die Innerlichkeit, sondern eine intensive Übung zur mitweltlichen Öffnung.«[136]

Die Liebe ist ein Kind der Freiheit[137]

Diese »mitweltliche Öffnung« ist kein Gebot im Sinne einer Regel, die von oben verordnet wird. Sie ist vielmehr ein aktiver Vorgang, ein Prozess, der sich entfaltet. Nicht-Ich, anattā, bedeutet, dass es nichts mehr zu verteidigen gibt. Kein Ego, keine Überzeugung, keine Vorschriften oder moralischen Gebote, auch keine vermeintlichen spirituellen Errungenschaften. Es geht nicht um ein von einer wie auch immer gearteten Autorität verordnetes Gesetz zur Nächstenliebe. Es geht gerade nicht um Regeln wie »Du sollst alle Wesen lieben«, »Sei ein guter Mensch« oder »Stelle dich zurück und füge dich in die Gemeinschaft ein«. Solche normativen Forderungen kommen von außen, sie führen für den Einzelnen eher zu Trennung und Abspaltung. Wenn bestimmte Wesenszüge erwünscht, andere dagegen nicht gewollt sind, führt das eher nicht zu einer freundlichen Verbindung mit dem eigenen Sein, nicht dazu, im Sinne Dürckheims der Mensch zu sein, der man vom Wesen her ist. Mettā im Sinne des Buddha ist daher eher eine innere Haltung, eine Absicht als ein zu erfüllender Auftrag.

Schauen wir uns noch einmal die Anweisungen zur Mettā-Meditation an, die Vipassana-Schüler an Tag zehn entgegennehmen. Es geht weiter mit den Worten:

> »Möge ich frei sein von Unwissenheit, Hass, Zorn und Begierde. Möge ich Liebe in mir entwickeln.
>
> Mögen meine Mitmenschen frei sein von Unwissenheit, Hass, Zorn und Begierde. Mögen alle Menschen meinen Frieden, meine Liebe, meine Harmonie teilen.
>
> Mögen alle Wesen, ob groß oder klein, nah oder fern, sichtbar oder unsichtbar, frei sein von Unwissenheit, Hass, Zorn und Begierde. Mögen alle Wesen meinen Frieden, meine Liebe, meine Harmonie teilen.«

Die Idee ist, den Zirkel derer, für die wir liebevolles Mitgefühl entwickeln wollen, zu erweitern. Ausgehend von uns selbst kommen wir zu den nächsten Angehörigen, später erweitern wir den Kreis und schließen selbst Menschen ein, die wir vermutlich niemals kennenlernen werden – bis hin zu solchen, die uns unsympathisch sind, die wir ablehnen. Der Dalai Lama sagt dazu, dass wir »die Einheit aller Menschen« erkennen sollen. Es gehe darum zu verstehen, dass »alle Wesen, genau wie wir selbst, nicht leiden wollen. Alle Menschen wollen glücklich sein«[138], auch Menschen und Gruppen, die uns unsympathisch sind oder deren Überzeugungen wir ablehnen. Der Dalai Lama schließt selbst unbekannte Wesen in eventuellen fremden Galaxien mit ein.

Diese Art von Mitgefühl ist eine Haltung, die aus einem gleichmütigen, friedlichen Geisteszustand heraus entsteht. Es entspricht ihrer Natur, zu geben, gleich einer Schale, die überläuft vor Fülle. Paul R. Fleischman beschreibt diese Haltung so: »Mettā ist der Brief, den ich schreibe und dem Wind übergebe. Ich weiß nicht, wer ihn lesen wird, aber ich weiß, dass ich ihn geschrieben habe.«[139]

Arthur Zajonc, Quantenphysiker und Philosoph, drückt es so aus: Wenn unser Verlangen nachlässt,

> »werden wir offener für unsere wahren Erfahrungen und für andere Menschen. Diese Offenheit, eine Form von Liebe, trägt dazu bei, dass es uns leichter fällt, uns für das Leiden anderer Menschen zu öffnen.«[140]

Von Mitgefühl und Burn-out

An dieser Stelle ist es wichtig, Mitgefühl nicht mit Mitleid zu verwechseln. Denn Empathie hält eine fiese Falltür bereit, die die meisten Menschen kennen: In Form von »Mit-Leid« kann sie lähmen. Wenn ich zu intensiv mitempfinde, ja körperlich aufnehme, was der andere fühlt, mag mich sein Leid überfordern. Wenn ich mich instinktiv wegdrehe beim Anblick eines Junkies, der zusammengesunken in einer Ecke des U-Bahnhofes liegt, dann hat diese Reaktion unter Umständen eher mit einem Zuviel als einem Zuwenig an Empathie zu tun. Um mich dem Menschen nähern zu können, um von seinem Leid nicht eingeschüchtert zu sein und ihm mein mettā zukommen zu lassen – sei es in Form eines Apfels, den ich verschenke, einem Dach über dem Kopf oder einer Taxifahrt zum Arzt, die ich anbiete, oder auch nur eines respektvollen Blickes auf Augenhöhe –, braucht es eine Haltung, aus der heraus ich selbst mit beiden Beinen auf dem Boden stehe. Nur dann ist es möglich, das Leid der anderen Person zu fühlen und in die Tat zu kommen.

Nicht zuletzt aus diesem Grund setzt die Vipassana-Didaktik mettā ans Ende. Die Kursteilnehmer haben zu diesem Zeitpunkt neun Tage lang Gleichmut geübt und ihre Empfindungen beobachtet. Sie sind dadurch besser denn je zuvor in der Lage, ihre eigenen Emotionen und Wahrnehmungen von denen eines anderen zu unterscheiden. Diesen Boden braucht mettā, um sich ausbreiten zu können.

Es ist dieser Aspekt des tätigen Mitgefühls, den Zajonc meint, wenn er weiter sagt:

> »Große Seelen scheinen die Fähigkeit zu verkörpern, sich für Leid zu öffnen ohne zu kollabieren. Verlangen loslassen ist befreiend, es schafft eine moralische Achse für Aktion und Mitgefühl.«[141]

Diese zugewandte Haltung, aus der heraus man sich nicht wegdreht, sondern handelt, lässt sich trainieren – das zeigen auch Studien sehr deutlich.[142] Liebevolle Wärme und eine innere Haltung der zugewandten Güte treten dann irgendwann nicht mehr sporadisch auf, sondern werden zu einer stabilen und kraftvollen Größe in unserem Leben, zu einem Strom, der uns umgibt, trägt und auch schützt.

Matthieu Ricard, der bereits erwähnte tibetische Mönch mit neurowissenschaftlicher Ausbildung, nahm an einem Versuch mit Tania Singer teil. Die Versuchsleiterin hatte ihn gebeten, sich in einen Zustand der reinen Empathie zu versenken, ohne Mitgefühl oder altruistische Liebe. Hier sein Erinnerungsprotokoll:

> »[Ich beschloss...] mich empathisch in das Leid von Kindern in einem rumänischen Waisenhaus zu versetzen. Ich hatte am Abend vorher eine BBC-Dokumentation über diese extrem vernachlässigten Waisenkinder gesehen und war sehr berührt von ihrem Schicksal. Obwohl diese Kinder jeden Tag zu essen bekommen und gewaschen werden, waren sie vollständig ausgemergelt und emotional verwaist. Der Mangel an Zuwendung hatte bereits schwerwiegende Apathie- und Vulnerabilitätssymptome verursacht. Viele Kinder bewegten stundenlang ihren Oberkörper vor und zurück und ihr Gesundheitszustand war so schlecht, dass in diesem Waisenhaus Todesfälle auf der Tagesordnung standen. Selbst beim Waschen zuckten viele dieser Kinder vor Schmerzen zusammen, denn schon die kleinste Kollision konnte zu einem gebrochenen Arm oder Bein führen.«[143]

Ricard, durch viele tausend Stunden Meditation gleichsam Mettā-Meister, berichtet, wie sich im Folgenden sein innerer Zustand verändert:

> »Als ich mich in empathische Resonanz versenkte, visualisierte ich das Leiden dieser Waisenkinder so lebendig wie möglich. Das empathische Teilhaben an ihrem Schmerz wurde für mich sehr schnell unerträglich. Ich fühlte mich emotional erschöpft, sehr ähnlich dem Gefühl des Ausgebranntseins.«

Ricard schildert hier etwas, was vor allem Menschen in helfenden Berufen kennen dürften: Mitleid kann denjenigen, der es empfindet, regelrecht aushöhlen. Wer das Leid anderer ungefiltert in sich aufnimmt, fühlt sich früher oder später leer und erschöpft.

Das Experiment ging so weiter:

> »Nach ungefähr einer Stunde empathischer Resonanz wurde ich vor die Wahl gestellt, mich in liebevolles Mitgefühl zu versenken oder den Vorgang zu beenden. Und weil ich mich nach der empathischen Resonanz so ausgelaugt fühlte, willigte ich ohne Zögern in einen Wechsel zur Mitgefühlsmeditation unter Fortsetzung des Gehirnscannens ein.«

Matthieu Ricard berichtet von einem Effekt, der von spektakulärer Tragweite ist:

> »Beim nachfolgenden Versenken in die Mitgefühlsmeditation veränderte sich mein seelischer Zustand dann völlig. Obwohl die Bilder der leidenden Kinder noch genauso lebendig vor mir standen wie vorher, lösten sie keine Qual mehr aus. Stattdessen fühlte ich eine natürliche und grenzenlose Liebe für diese Kinder und den Mut, mich ihnen zu nähern und ihnen Trost zu spenden. Außerdem war die Distanz zwischen den Kindern und mir vollständig verschwunden. In diesem Moment erkannten wir das immense Potenzial des Mitgefühls als Gegenspieler zu empathischem Leid und Burn-out«.

Tatsächlich konnten Tania Singer und ihr Team zeigen, dass Mettā-Meditation empathischen Stress, der für gewöhnlich zu Burn-out und Erschöpfung führt, maßgeblich reduziert.[144]

Wer sich anderen wahrhaft liebevoll zuwenden will, muss in der Lage sein, dieselbe Haltung auch sich selbst gegenüber einzunehmen. Mettā schließt daher die Selbstliebe, im Sinne eines Selbst-Mitgefühls, mit ein. »Möge ich frei sein von Unwissenheit, Hass und Begierde« – dieser Satz ist nicht umsonst der erste, der Beginn der Mettā-Meditation. Eine gleichmütige, liebevoll mitfühlende Haltung sich selbst gegenüber haben die Vipassana-Schüler neun

Tage lang eingeübt, sie haben sie aus eigener Erfahrung heraus entwickelt, ohne explizit dazu aufgefordert gewesen zu sein. Das bildet den Ausgangspunkt für alles, was danach kommt. Empfindungen gleichmütig zu betrachten, bedeutet letztlich genau dies: sehen, was ist, fühlen, was ist. Wenn dies gelingt, entsteht Mitgefühl für einen selbst von ganz allein. Das Mitgefühl für andere entspringt aus derselben Quelle. Wenn ich mit freundlichem Blick auf meine eigenen Gefühle und Gedanken schauen kann, wenn ich in der Lage bin zu akzeptieren, dass ich wütend, traurig, erschöpft, begierig oder ignorant bin, dann kann ich auch verstehen und mitfühlen, dass es anderen genauso geht.

Dieser Schritt ist zentral für Vipassana. Wenn er nicht gelingt, geraten Menschen in Negativspiralen. Das gilt für Adhiṭṭhāna-Sitzungen genauso wie für das Leben im Alltag. Wer Teile von sich abwehrt, spaltet sie ab, erzeugt neue Knoten und Verspannungen und wird mit jeder Sekunde unglücklicher. Er oder sie wird diese Anteile auch bei anderen nicht dulden können. Auch andersherum wird ein Schuh daraus: Manchen Menschen fällt es leicht, sich in andere hineinzuversetzen und mitzufühlen, an sich selbst jedoch lassen sie kein gutes Haar. Hier kann das Mitgefühl für andere helfen, auch sich selbst gegenüber freundlichen Gleichmut zu entwickeln. Mitgefühl für andere und Mitgefühl für einen selbst gehen immer zusammen, sie verstärken einander.

Risiken und Nebenwirkungen: Glück

Menschen im Westen fällt es tendenziell eher schwer, die bedingungslose, offene Liebe, wie mettā sie meint, auch auf sich selbst zu richten. Das deutsche Wort »Mitgefühl« bezeichnet das Mitfühlen mit den Gefühlen eines anderen: Es schließt nicht die Person mit ein, die dies empfindet. Das über Jahrhunderte christlicher Prägung vermittelte Selbstverständnis vom »armen Sünder« sitzt tief in vielen Menschen. Im Osten ist dieses Verhältnis zu sich selbst kulturell bedingt ein anderes. Es sind mehrere Szenen überliefert, in denen der Dalai Lama, nach Themen wie dem Umgang mit Selbsthass befragt, sinngemäß geantwortet haben soll: »Sonderbar – wir gehen einfach davon aus, dass jeder Mensch von Natur aus sich selbst liebt.«[145]

In Durkheims Sinne der zu werden, der man ist, setzt voraus, sich selbst zu kennen. Und das wiederum heißt zunächst einmal *an*-zuerkennen, was und wer und wie wir sind. Es bedeutet, das eigene

Leben und die eigene Geschichte grundlegend anzunehmen, ohne sich wegzuwünschen oder jemand anderes sein zu wollen. Das kann schwer sein, sehr schwer sogar. Denn wir sind von den Menschen und Umständen, mit und unter denen wir leben, nicht getrennt. Erfahrungen, die wir machen, werden unweigerlich zu einem Teil unserer selbst. Unsere jetzige Situation ist das Ergebnis vieler unterschiedlicher, oft auch konfliktreicher Beziehungen. Wir haben nicht nur Schönes erlebt, sondern auch Schmerzhaftes, Traumatisches – es ist nur zu verständlich, dass wir oftmals gerade nicht die- oder derjenige sein wollen, die oder der wir geworden sind, sondern lieber eine idealere, bessere Version unserer selbst. Die Psychoanalyse nennt diese unbewusst ablaufende Strategie »Abspalten«.

Wird man zum Beispiel von einem Menschen, dem man in Liebe und Vertrauen verbunden war, misshandelt und enttäuscht, so nimmt man diese Erfahrung in sich auf, ob man will oder nicht. Man wird misstrauisch, kann nicht mehr vertrauen; vielleicht beginnt man selbst andere Menschen schlecht zu behandeln. Wer wie Angela auf der Suche nach Glück sein Heil darin sucht, sich einen »spirituellen« Kokon zu bauen, in dem es nichts als Liebe und Frieden gibt und wo Unangenehmes nicht vorkommt, der weicht sich selbst aus und bleibt letztlich freiwillig blind. Umgekehrt gilt: Tiefe Heilung ist möglich, wenn man sich darauf einlässt, die eigenen Ängste, die eigene Wut, die eigene Verzweiflung, Enttäuschung oder Depression – so unerträglich das zunächst scheinen mag – auf einer tiefen, intimen Ebene zu spüren und kennenzulernen. Gelingt dies, kann etwas geschehen, das einem Wunder gleicht: Das eigene Leid beginnt zu kippen, und zwar in Mitgefühl. Ein tiefes Verstehen breitet sich aus und im gleichen Maße verschwindet das Leiden. Es ist wie ein alchemistischer Prozess. Die alten Reaktionsmuster lösen sich in Nichts auf, sie verdampfen gleichsam. Genau das ist gemeint, wenn in den vorigen Kapiteln die Rede davon war, dass »saṅkhāras hochkommen«. Mitgefühl spielt dabei eine entscheidende Rolle. Abgespaltenes, Verdrängtes, Ungewolltes kommt an die Oberfläche des Bewusstseins, die entsprechenden Abwehrreaktionen gleich mit im Schlepptau. Wenn es gelingt, an dieser Stelle eine gleichmütige und akzeptierende Haltung zu bewahren, sich selbst gegenüber Mitgefühl zu empfinden, dann beginnen die Widerstände zu schmelzen wie Eis in der Sonne. In der Regel lösen sich hierbei auch die dazugehörigen Anspannungen und Verkrampfungen auf, geistig wie körperlich.

Die eigene Geschichte – oder das eigene Karma – abzuwehren und zu verdrängen ist dann nicht mehr nötig. Stattdessen verwandelt sich die eigene Biografie in einen Schatz, in eine Ressource, die es ermöglicht, anderen Menschen offen und mitfühlend zu begegnen. Es gibt nichts mehr vor sich selbst oder anderen zu verbergen, man fühlt sich in der Tiefe frei. Nicht nur Vipassana-Meditierende oder Buddhisten kennen diese existenzielle Befreiung, sie ist jedem jederzeit zugänglich – zumindest theoretisch. Vipassana ist ein Weg, sich diese Befreiung systematisch zu erarbeiten. Aus vielen Gesprächen und Interviews wissen wir, dass dieser innere Befreiungsweg funktioniert und Früchte trägt. Entscheidend dabei scheint die Einsicht zu sein, dass wir nicht so heilig und gut sind, wie wir gerne wären oder wie es unserem Selbstbild entspricht. Zu werden, wer man ist, heißt kompromisslos Mensch zu werden – mit allen Schwächen, Fehlern und Emotionen, die kommen und gehen. Allerdings scheint es bei vielen Menschen zehn, zwanzig Jahre oder noch länger zu dauern, bis sie diese Form des fraglosen Mitgefühls für sich selbst entwickeln.

Liebevolles Selbst-Mitgefühl hat Nebenwirkungen – und zwar das eigene Glück. Mettā ist das Gegenteil von Depression und zerstörerischer Selbstkritik. »Der erste Mensch, der von liebevollem Mitgefühl (für andere) profitiert, ist derjenige, der es fühlt«, so der Dalai Lama.[146] Dieser Effekt ist auch im Hirnscan beobachtbar, und er ist vergleichsweise schnell zu haben: Er setzt bereits nach acht Stunden Mettā-Meditation ein.[147] Mettā soll zwar keine Übung zum Zweck sein – aber es ist doch interessant und aussagekräftig, dass Studien zeigen: Diese Form der Meditation wirkt bei Depressionen genauso gut wie Medikamente, bei schweren Depressionen sogar besser.

Ein wichtiger Aspekt mitfühlenden Handelns ist die Frage der Verantwortung. Denn in all der Unperfektheit, die uns Menschen eigen ist und die es zu akzeptieren gilt, sind wir Wesen, die pausenlos agieren. Wir sind egoistisch veranlagt, auch wenn wir uns noch so sehr bemühen. Selbst in bester Absicht werden uns Fehltritte unterlaufen, die anderen schaden, sie verletzen oder beeinträchtigen. Das betrifft auch Handlungen, die gar nicht per se sozialer Natur sind. Es ist nun einmal so: Leben hat Konsequenzen. Wir sind eingebettet in das Geflecht der Bedingten Entstehung. Alles Handeln, Reden, Essen, Fortbewegen, selbst das Atmen hinterlässt Spuren, ob wir wollen oder nicht. In einer globalisierten und zunehmend klimaprekären und ökologisch vulnerablen Welt wird das derzeit offensichtlicher denn je. Rosa, eine Meditierende, mit der wir gesprochen haben, erzählt von ihrer eigenen Erfahrung mit diesem Thema: Direkt nach der Geburt ihres Kindes bekam sie das Kindbettfieber, so stark, dass sie in Lebensgefahr schwebte. Zunächst wollte sie keine Antibiotika nehmen – denn auch die Erreger, die ihre Krankheit verursachten, hatten doch ein Recht auf Existenz!? Sie wollte nicht töten. Dann wurde ihr klar, was sie damit sich selbst und ihrer Familie antun würde, und sie änderte ihre Haltung. Sie beschloss, ihrem Körper samt den Bakterien mettā zu geben und um ihr Leben zu kämpfen.

Vergebung, Versöhnung, Verantwortung

Wenn wir wahres Mitgefühl für uns selbst entwickeln, dann gehört dazu auch, dass wir einsehen, dass wir nicht leben können ohne anderen Wesen Schaden zuzufügen, sosehr wir uns auch darum bemühen. Es führt kein Weg daran vorbei: Wir müssen essen, uns verteidigen, vielleicht die Ernte sichern und dafür Schädlinge töten oder zumindest in ihren Bedürfnissen beschneiden. Einen neuen Job, den ich bekomme, hat dafür eine andere nicht gekriegt. Wenn ich auf Windenergie umsteige, um die Umwelt zu schützen, trage ich dazu bei, dass Menschen auf dem Land das Panorama verbaut wird und Vögel Schaden nehmen. Es gibt Tausende von Beispielen und kein Entrinnen. Ein wichtiger Meilenstein auf dem Weg des Mitgefühls ist es daher, andere in ihren Fehlern akzeptieren zu lernen – und ebenso uns selbst.

In der Didaktik der Vipassana-Kurse drückt sich dies aus, indem am elften und letzten Tag zur am Vortag eingeführten Mettā-Meditation noch eine Dimension hinzukommt:

> »Ich vergebe allen, die mich verletzt haben, wissentlich oder unwissentlich.
>
> Ich bitte alle Wesen um Vergebung, die ich verletzt habe, wissentlich oder unwissentlich.«

Es gibt buddhistische Schulen, die gerade die Übung, mettā auf die Menschen zu richten, mit denen wir uns schwertun oder die sich an uns vergangen haben, als spirituellen Katalysator betrachten. Auf das Zusprechen von Schuld zu verzichten ist dabei jedoch etwas anderes, als sich oder die anderen von Verantwortung freizusprechen. Es geht nicht darum, ein wehrloses Schaf zu werden, sondern darum, sich von Vergangenem zu befreien. Die Zehn Thesen zur Vergebung der Luxemburger Kommission »Justitia et Pax« machen diese Haltung sehr schön anschaulich.

1. Vergebung kann ein langer Prozess sein.
2. Vergebung ist nicht von einem Geständnis abhängig.
3. Vergebung erfordert keine übereinstimmende Auffassung von der Vergangenheit.
4. Vergebung bedeutet, mein Recht auf Rache loszulassen.
5. Vergebung bedeutet nicht Vergessen.
6. Vergebung bedeutet, das Unrecht nicht immer wieder zur Sprache zu bringen.
7. Vergebung bedeutet nicht, das Verhalten einer anderen Person zu entschuldigen.
8. Vergebung bedarf vorab einer Entscheidung.
9. Vergebung bedeutet nicht unbedingt, erneut zu vertrauen.
10. Vergebung ist Voraussetzung für einen Neuanfang.

»Justitia et Pax« ist eine Kommission der katholischen Kirche in Luxemburg und will zu Versöhnung und konkretem Handeln anregen. Der Geist, der hier weht, macht deutlich: Die Fragen, um die es hier geht, sind nicht etwa rein buddhistisch, sondern universell. Die Suche nach Antworten auf das Leid der Menschen, sie ist eine spirituelle und wohl auch anthropologische Konstante. Auch viele Christen ehren das Ideal eines Menschen, der die Qualitäten von innerer Freiheit und liebevollem Mitgefühl verkörpert. Im religionslosen Christentum,[148] wie es Dietrich Bonhoeffer radikalisiert hat, handelt der Mensch aus seinem Dasein für andere, aus Liebe und Empathie heraus, nicht weil die zehn Gebote oder der Katechismus es fordern. Ohne Angst, aus freien Stücken. Bonhoeffer schreibt aus dem Konzentrationslager Buchenwald: »Es ist nach Matth. 8,17 ganz deutlich, daß Christus nicht hilft kraft seiner Allmacht, sondern kraft seiner Schwachheit, seines Leidens.«[149]

Von Kopf bis Fuß auf Liebe eingestellt

All diese Erklärungen und Erläuterungen bemühen wir, weil wir mettā richtig verstanden wissen wollen. Liebe und Mitgefühl im Sinne von mettā sind mehr als ein Konzept. Es geht nicht um eine abstrakte Begriffswolke, sondern um ein eine ganz konkrete, ja körperliche Art und Weise, in Beziehung zu sein. Liebe ist etwas sehr Irdisches, Diesseitiges, ein ganz konkretes Gefühl, das mit konkreten Haltungen und Handlungen einhergeht. Liebe ist in den menschlichen Körper, in seine Leiblichkeit, eingeschrieben.

Hier liegt auch die Verbindung zur Vipassana-Übung: Indem wir Stunde um Stunde die Verfasstheit des eigenen Körpers erforschen, ohne dabei eine Absicht zu verfolgen oder etwas ändern zu wollen, erhöhen und verfeinern wir das Bewusstsein und klären den inneren Raum. Es scheint eine Art Naturgesetz zu sein, dass in den derart entrümpelten Geist, unter den Bedingungen der Absichtslosigkeit und des Gleichmuts, Liebe einströmt. Meditierende berichten von einer feinen Empfindung, die durch den ganzen Körper fließt. Dieser Strom kann so stark anschwellen, dass Menschen den inneren Raum als regelrecht »von Liebe geflutet« beschreiben. Liebe können wir nicht machen. Sie passiert, wenn wir dafür Platz schaffen. Mettā ist eine urmenschliche Qualität. Es steht zu vermuten, dass auch deshalb die Effekte von Mettā-Meditation diejenigen sind, die am schnellsten eintreten und sich auch am schnellsten außerhalb der Meditationspraxis im Leben zeigen – viel schneller als die anderer Meditationsformen. Davidson vermutet, dass das Kultivieren von mettā auf den fruchtbaren Boden einer Art »biologischen Bereitschaft« fällt, ähnlich wie wenn Kleinkinder sprechen lernen. »Das Gehirn scheint dafür gemacht zu sein, zu lieben.«[150] Humberto Maturana, der chilenische Neurobiologe, hat das bereits in den 1970er-Jahren vermutet. Er spricht von

> »Liebe [als] ganz gewöhnliche[r], schlichte[r] Liebe, kein großes Ideal, keine Tugend, nichts dergleichen, bloß schlichte Liebe. Sie eröffnet den Handlungsspielraum, in dem man andere neben sich gelten lässt. Wer so die Koexistenz des Anderen gleichgültig in welcher Dimension des Miteinanders als begründet anerkennt, der empfindet Liebe. [...] Somit ist Liebe einfach, alltäglich und sehr grundlegend, weil sie das Säugetier prägt.«[151]

Maturana betont in seiner »Biologie des Erkennens«, wie wichtig es für unsere körperliche und geistige Gesundheit ist, lieben zu können.

> »Wir menschlichen Wesen haben die Fähigkeit in Liebe zu leben, um physiologisch und geistig gesund zu bleiben. Natürlich können wir auch Gleichgültigkeit, Misstrauen und Hass lernen, aber wenn das geschieht

> und zentral wird in unserer Lebensweise, dann hört unser Leben auf, sozial zu sein. Denn soziales Leben ist konstitutiv ein Bereich des Zusammenlebens, der auf Liebe gegründet ist.«[152]

Durch Liebe sind wir uns selbst und unseren Mitwesen verbunden. Der Verlust von Liebe ist daher immer eine Entfremdung. Ohne jeden buddhistischen Hintergrund beschreibt Maturana, dass diese Entfremdung dann geschieht, wenn sich Zwecke und Absichten zu sehr in unser Beziehungshandeln schieben.[153]

Gefühle der Liebe und des Mitgefühls und die damit einhergehenden körperlichen Empfindungen und konkreten Handlungsimpulse sind also etwas, was sich quasi automatisch einstellt, wenn Vipassana gelingt. Es geht gar nicht anders. Die Meditationslehrerin Petra sagt dazu: »Wenn du den Geist reinigst über Vipassana, dann ist Mitgefühl eine Qualität des Geistes, die dann automatisch zum Vorschein kommt. Der ›reine Geist‹ ist ja nicht irgendein abgehobenes Wesen, das über den Wassern schwebt, sondern er hat Empfindungen und Qualitäten. Wo unendlicher Gleichmut ist, ist auch unendliches Mitgefühl.«

Meditierende beschreiben dieses unendliche Mitgefühl oft als eine Art Überfließen, im wahrsten Sinne des Wortes als »Überfluss«. Diese Fülle braucht Stille und Leere, um sich zeigen zu können. Paul R. Fleischman beschreibt sehr schön den Zusammenhang zwischen dieser Fülle und etwas, was sich wie eine Rückkehr in ein längst verloren geglaubtes Zuhause, in ein kindliches Weihnachtsland anfühlt: »Wenn der Kurs vorbei ist, fühlt man eine solche Ehrfurcht vor dem Leben. Für dein eigenes Leben, und für das jedes einzelnen Salamanders.« Es ist als würden wir wieder Kinder, im besten Sinne. »So gut wie alle Kinder,« so Fleischman weiter,

> »haben dieses Gefühl von Ehrfurcht. Sie schauen sich die Sterne an, das Gras, die Tiere im Zoo, [...] und sie haben die Ahnung, dass wir in eine Welt hineingeboren sind, die auch vor uns schon da war und aus der wir entstanden ist, und dass dieser Welt unser Staunen, unsere Verehrung gebührt. Die Veränderlichkeit unseres eigenen Lebens ist die beste Erinnerung daran, dass wir alle diese Ehrfurcht in uns haben. Wir spüren, dass wir umgeben sind von den einfachen Geschenken des Lebens selbst. Und oft, wenn wir von einem Kurs kommen, haben wir das Gefühl, alles zu haben und nichts anderes zu brauchen. Wir fühlen uns reich, spirituell reich.«[154]

Es ist so überflüssig wie unerlässlich, darauf hinzuweisen: Auch dieser Zauber unterliegt den Gesetzen der Natur und des Karmas. Sobald wir ihn behalten wollen und versuchen ihn festzuhalten, verfliegt er.

Man kann daher Vipassana als eine Übung verstehen, die der Liebe dabei hilft, sich selbst zu finden. Indem Vipassana aus dem Weg räumt, was der Liebe im Wege steht – das Habenwollen, das Festhalten, das Wegwünschen und im Extremfall den Hass auf alles, was stört – macht es den Weg wieder frei: dafür, den anderen hören und wahrnehmen zu können, ohne zu bewerten, dafür, spontan und mitfühlend zu handeln. Vipassana öffnet die Tür für bewegliche, lebendige Beziehungen.

Das soll keineswegs heißen, dass Vipassana die allein selig machende Praxis ist. Erinnern wir uns an die Stadien der Erleuchtung im vorigen Kapitel: Diese Erfahrungen sind alles andere als übernatürlich. Jeder Mensch hat vermutlich in ihrem oder seinem Leben bereits auf diese Art und Weise gefühlt, gehandelt, gelebt und Momente oder Phasen erlebt, in denen alles Sinn zu machen schien, in denen die Wahrnehmung zutiefst sinnlich, geradezu schmerzhaft intensiv wurde. Diese Qualitäten können in den unterschiedlichsten Momenten auftauchen: in der Phase des Frisch-verliebt-Seins, in der überbordenden und tatkräftigen Liebe zu den eigenen Kindern, aber auch in einem kurzen einvernehmlichen Blickkontakt mit einem Fremden im Zug, im Kontakt mit einem Vogel auf der Balkonbrüstung. Die intensiv gefühlte Verbindung mit einem Baum im Wald, die Stille an einem Sterbebett. Das Leben ist voll von Momenten dieser Qualität, in der wir lauschen, helfen, unterstützen wollen – nicht mehr und nicht weniger.

Vipassana hat den großen Vorteil, dass es die Qualität solcher Erfahrungen systematisch erfahrbar macht. Die Fähigkeit, diese Momente zu erkennen und das Potenzial zur Befreiung, das ihnen innewohnt, zu nutzen, lässt sich trainieren. Dennoch bleiben solche absichtslos liebevollen Momente ein Geschenk. Wir können sie nicht herstellen, nur den Boden dafür bereiten. Das Geschenk, das wir empfangen, ist ein sehr irdisches. Es kann sich darin ausdrücken, dass eine Meditationsschülerin nach dem Kurs den Impuls spürt, nach langer Konfliktphase die Eltern zu besuchen und ihnen mit offenem Herzen zu begegnen. Es kann sich darin zeigen, auf den schwierigsten Kollegen von allen zuzugehen und einen Neuanfang zu wagen. Es kann seine Form finden, indem eine Praktizierende merkt, dass sie vielleicht doch nicht, wie bisher angenommen, zum Leben als buddhistische Nonne bestimmt ist, sondern sich eigentlich ein Leben mit Partner und Kindern wünscht – und nun endlich bereit ist, sich darauf einzulassen. Es bedeutet, die Sehnsucht des Lebens nach sich selbst wieder zuzulassen und ihr zu folgen.

In all diesen Fällen bringt Vipassana Meditierende in die Lage, sich die Hindernisse, Verletzungen und Traumata anzuschauen, die dem Fluss des Lebens im Wege stehen, sie anzuerkennen und zu sich zu nehmen, um dann erneut in den Fluss zu steigen. Nicht als unbeschriebenes Blatt – aber in neuer Frische, in wiedergewonnener Unschuld. Vipassana macht wahrnehmbar, was sich ohnehin natürlicherweise abspielt. Die Lehre vom Nicht-Selbst, anattā, bedeutet auch, dass wir selbst uns einem Beziehungsgefüge verdanken, das jederzeit im Fluss ist und sich neu ordnet. Es gibt keine getrennte Seele, die in irgendeinem transzendenten Himmel Erlösung finden könnte. Es gibt für uns diese eine Welt, in der wir leben und in der wir unsere Bezogenheit jeden Tag aufs Neue in Ordnung bringen können. Das Himmelreich liegt in der Art und Weise, wie wir die Beziehungen, die uns ausmachen, bewusst und aktiv mitgestalten. Wenn dieser existenzielle Lebensbezug verloren gegangen ist, dann ist Vipassana eine Landkarte, mit deren Hilfe sich wieder Orientierung finden lässt.

Die Alchemie des Leids

Wer mit den schmerzhaften Aspekten der eigenen Biografie Frieden geschlossen hat, wird feststellen: Das eigene Leid verwandelt sich; es wird zu einem Schatz. Das am eigenen Leib erfahrene Leid wird zur Quelle eines tief empfundenen Mitgefühls, einer Verbundenheit mit allem, was lebt. Wer in der Meditation die eigenen leidvollen Erfahrungen angeschaut und überwunden hat, wird fast zwangsläufig Sinn und Befriedigung darin finden, anderen Menschen, die Ähnliches erfahren haben, Mitgefühl und Unterstützung zu bringen. Es geht nicht darum, das eigene Leid zu vergessen, sondern es neu zu nutzen, zu verwandeln. Wer dem eigenen Schmerz begegnet ist, kann von diesem Ort aus anderen ganz neu gegenübertreten. Jede und jeder von uns kennt dieses Phänomen. Das Extrem dieser Verwandlung zeigen uns Menschen wie Dietrich Bonhoeffer, Malcom X, Martin Luther King oder Mahatma Gandhi. All diese Menschen bewundern wir dafür, dass sie in der Lage waren, angesichts einer unausweichlichen verzweifelten Situation die nackte Existenz anzuerkennen. Bei allen schlug diese tiefe Akzeptanz in bedingungsloses Mitgefühl um. Auch sie haben im Grunde Vipassana entdeckt, ohne es zu wissen. Unabhängig vom Ergebnis, unabhängig davon, ob ein Ausweg denkbar ist, wird mitfühlende Liebe zu allen Wesen zum einzig gangbaren Weg. Die eigene Erfahrung wird zum Bindeglied, über das wir uns mit anderen verbunden fühlen, und über die mitfühlende Verbundenheit mit anderen können wir uns wiederum uns selbst angstfreier zuwenden. Einmal angestoßen, wird dieser Prozess zum Perpetuum mobile, es entsteht ein heilsamer Kreislauf. Selbsthilfegruppen wie zum Beispiel die Anonymen Alkoholiker veranschaulichen dieses Phänomen sehr schön. Die, die es selbst erlebt haben, können den anderen Mitgefühl entgegenbringen, um dadurch für sich selbst und den anderen heilsam zu sein, wohlwissend, dass die Probleme wiederkommen können und erneut nach einer mitfühlenden Begegnung verlangen.

Die Aufforderung zum Neubeginn hören Meditationsschüler in den Zehntageskursen täglich viele Male. »Start again«, »Beginne von Neuem«, so leitet Goenka jede Gruppensitzung ein. Aus dem Blickwinkel des Mitgefühls bekommt diese Aufforderung einen weiteren Sinn. Jeder einzelne Moment birgt eine neue Chance. Um es mit Vaclav Havel auszudrücken:

> »Hoffnung ist eben nicht Optimismus,
> ist nicht die Überzeugung, dass etwas gut ausgeht,
> sondern die Gewissheit, dass etwas einen Sinn hat –
> ohne Rücksicht darauf, wie es ausgeht.«[155]

Dass der Buddha sich nach seiner langen und schwierigen Suche nach Erleuchtung für das ganz gewöhnliche Leben entscheidet, erscheint vor diesem Hintergrund noch einmal in einem neuen Licht. Er beendet sein Leben nicht in einer Höhle im hohen Himalaya, sondern entscheidet ganz bewusst, sich ins Gewusel des Lebens zu stürzen. Er begibt sich in Beziehung, übernimmt Verantwortung für Freud und Leid. Er sucht den Kontakt zu seiner Mutter, zu seinem Sohn, er tritt in Dialog mit allen, die ihn aufsuchen, zieht als Lehrer ins Ungewisse und stellt sich der Welt zur Verfügung, mit allem, was er hat. Der buddhistische Mönch und Gelehrte Stephen Batchelor vermutet, dass das »Todlose«, das nibbānische Heilsversprechen des endgültigen Erwachens, nicht so sehr damit zu tun hat, nach altindischer Vorstellung dem ewigen Kreislauf von Geburt und Tod zu entkommen, sondern vielmehr damit, mitten im Leben zu landen.[156] Es liegt so nahe, und ist doch schwer zu begreifen.

Vipassana als Institution – eine Ökonomie der Gnade

Ein wichtiger Aspekt im Zusammenhang von mettā ist der institutionelle Charakter von Vipassana in der Tradition nach S. N. Goenka. Wie eingangs kurz geschildert: Alle Kurse werden kostenlos angeboten. Alle Helfer, Lehrer, Kursleiter und Köche geben freiwillig ihre Zeit und ihre Kraft, manche auch Geld. Sie alle haben zuvor mindestens einen Zehntageskurs absolviert und dort etwas erhalten, was ihnen so existenziell wertvoll erscheint, dass sie es weitergeben wollen. Sie haben eine zutiefst beglückende Erfahrung gemacht und möchten dieses Glück anderen zukommen lassen.

Im Umkehrschluss heißt das: Die Schüler des aktuell stattfindenden Kurses erhalten ein Geschenk. Die Lehre, die Unterkunft, die Mahlzeiten – all das wird gegeben ohne die Erwartung einer Gegenleistung, verdankt sich dem Mitgefühl anderer. Und das seit jeher: Seit Buddhas Zeiten wird die Lehre von Lehrer zu Schüler weitergegeben, es ist eine Kette von Beziehungen über Jahrhunderte und Jahrtausende hinweg, an der sich eine Perle an die andere reiht. Vipassana ist dadurch auch etwas sehr Persönliches. Goenka betont es immer wieder: »Echtes Vipassana darf nichts kosten.« Er besteht darauf, dass die Schüler gar nicht zahlen *dürfen*. Vipassana soll gerade kein Tauschhandel sein, keine Ökonomie, die das eine gegen das andere aufrechnet. Einerseits wird so Bescheidenheit kultiviert: Wer nicht bezahlt hat, kann auch keine Ansprüche anmelden, sondern »muss« sich zufrieden geben mit dem, was andere von sich aus geben. Andererseits wird auf diese Weise erfahrbar, was es heißt, große Dinge anderen Menschen und ihrem Mitgefühl, ihrem Wunsch, zu geben, zu verdanken. Wer einmal den letzten Tag eines Zehntageskurses erlebt und in all die leuchtenden klaren Augen geschaut hat, der wird es sofort wieder fühlen können: das Gefühl von Dankbarkeit und Rührung, die Empfindung, in einem Strom der Wärme und des Mitgefühls zu stehen.

In nicht wenigen Schülern entsteht der Wunsch, weiterzugeben, was sie erfahren haben. Sie möchten anderen ermöglichen, diese Erfahrung ebenfalls zu machen. Auch hier gilt: Diese Art von Liebe und von Geben-Wollen entsteht auch in anderen sozialen Zusammenhängen. Die liebevolle Sorge um die eigenen Kinder, die Hingabe an eine künstlerische oder wissenschaftliche Aufgabe oder die Pflege eines Gartens sind nur wenige Beispiele. »Service« auf einem Vipassana-Kurs zu geben, also sich als Helfer zur Verfügung zu stellen, ist auch hier wiederum gewissermaßen die idealtypische Form. Seine eigene Kraft und Zeit zur Verfügung zu stellen, damit andere in Ruhe und Frieden meditieren können, übt quasi die Essenz von verbundenem, bezogenem Handeln ein.

Es ist auch eine wunderbare Übung für den Alltag. Wer Service gibt, arbeitet mit anderen Helfern zusammen, sei es in der Küche, beim Putzen oder im Garten. Es gilt, mit den Eigenarten, Allüren, vielleicht auch mit Regelverstößen oder übertriebener Konformität von Mitmenschen zurande zu kommen und gleichzeitig sich selbst so zu verhalten, dass die Arbeit gemeinsam möglichst gut und frohgemut von der Hand gehen kann, getragen von einem Geist des Mitgefühls. Dreimal am Tag wird gemeinsam mit den Kursteilnehmern in der Halle meditiert. Viele Langzeitmeditierende, mit denen wir gesprochen haben, sagen sinngemäß: Service zu geben war für mich der Durchbruch.

Fabio erinnert sich: »Ich habe das zunächst eigentlich nur auf Druck von außen hin gemacht, ehrlich gesagt wollte ich lieber selbst meditieren. Ich wollte diesen inneren Frieden erleben und dachte, wenn ich auf dem Kurs arbeite, dann gibt es das nicht. Irgendwann habe ich dann aber doch zugesagt, und dann gemerkt, dass ich davon eigentlich noch mehr profitiere. In Demut anderen zu dienen, das hat mir total gutgetan. Ich habe gelernt, Vipassana im Leben umzusetzen, und habe kapiert, dass es gar nicht um die Zustände geht, die man beim Meditieren erlebt. Dass es auch nicht um mich geht. Sondern darum, anderen zu dienen und zu beobachten, wie man das tut, welche Empfindungen dabei auftauchen. Und dabei immer wieder mettā zu entwickeln.«

Die Meditationslehrerin Petra denkt zurück an ihren ersten »Dienst« als Helferin bei einem Zehntageskurs: »Ich war in der Küche eingesetzt, das war so ein kleines Kabuff, sehr anstrengende Arbeit, zehn Tage lang. Eigentlich haben wir nur mit versagenden Geräten gekämpft, mit Überschwemmungen und was weiß ich alles. Aber wir waren ein beherztes, gut gelauntes Küchenteam, das gemeinsam alle Widerstände überwunden hat.« Sie hält einen Moment inne, Tränen rollen über ihre Wangen. Dann spricht sie weiter: »Als der Kurs vorüber war, war ich so beseelt, ich wusste einfach: Das ist das, was ich im Leben machen will.«

Petra erzählt, dass Service zu geben für sie zum Ausweg aus der Depression wurde, in die sie geraten war. Sie ist damit das lebende Beispiel für ein Phänomen, das mittlerweile auch durch Forschung belegt ist. »Dieser Kurs hat wirklich mein Leben verändert. Ich wusste: Jetzt bin ich angekommen. Das ist richtig harte Arbeit, aber da geht für mich auch kein Weg mehr dran vorbei.« Sie reflektiert: »Service zu geben hat diesen Aspekt, den man beim Sitzen und Meditieren nicht bekommt, nämlich seine Zeit zu geben – nur um anderen zu helfen. Auch als Helfer meditiert man, man lernt sicherlich auch einiges dazu, aber man arbeitet eben auch viel. Die Meditation hat nicht die Tiefe, denkt man, wie bei den Schülern, die den ganzen Tag sitzen und üben. Man sitzt dann da auf seinem Kissen und denkt: ›Oh, da habe ich noch vergessen, das Besteck auf den Tisch zu tun. Und wir müssen Milch bestellen.‹ Ich erinnere mich noch gut, wie mein Kopf gesummt hat auf den Kursen, bei denen ich Service gegeben habe.« Sie beschreibt, dass es dafür andere Qualitäten gibt, die man nur durchs Helfen erlernt. »Etwas zu geben, ohne dafür eine Gegenleistung zu erwarten, das hat einen Anteil von anattā, jedes Mal. Ich selbst bin gar nicht der Grund, warum ich da bin. Ich bin nicht auf dem Kurs, um etwas Besonderes zu erleben, es geht nicht um mich, sondern eigentlich bin ich da, um in der Küche rumzuwühlen und wirklich harte Arbeit zu leisten. Und auch ein bisschen zu meditieren.«*

Für Martin, der einige Kurse lang die Aufgabe des Kursbetreuers übernahm, war es eine bewegende Erfahrung, sich »auf der anderen Seite des Vorhangs« wiederzufinden. »Als Kursbetreuer ist man in gewisser Weise noch näher dran an den Schülern als der Lehrer. Das fand ich eine unheimlich dankbare Aufgabe. Es ist sehr berührend zu sehen, was der Kurs mit den Menschen macht, wie das funktioniert. Wie die Teilnehmer sich durch ihre Themen und Ängste hindurcharbeiten und glücklich werden. Wann sonst im Leben kann man so etwas erleben?«

Goenka betont, wie wichtig es ist, dass das Dienen und Helfen aus einer von mettā getragenen Haltung geschieht: Verkniffenes Märtyrertum in der Hoffnung auf Karma-Zinsen ist nicht gefragt.

* Auch der Philosoph Tugendhat (2006) sieht den eigentlichen Kern von Spiritualität in der Bewegung, das eigene Ego zu dezentrieren – nicht mehr und nicht weniger.

Martin fasst zusammen: »Die Grundidee ist, dass das liebevoll geschieht. Es kommt darauf an, dass es Spaß macht, dass man das mit Freude tut.«

Im sozialen Miteinander ist das nicht immer eine leichte Übung, weder im echten Leben noch im Kurs. Der eine mag ganz genaue Vorstellungen haben, wie es in der Küche zu laufen hat, andere übertreiben es mit der Idee, keine Spendengelder zu verschwenden und werden vor lauter Eifer ganz steif. »Dann wird es krampfig«, meint Martin. Und setzt hinzu: »Jeder hat seine Macken, wir sind halt Menschen. Das Schöne am Service-Geben ist, dass man lernt, das zu akzeptieren.«

Petra erzählt, dass sie durch ihre Einsätze als freiwillige Helferin viele entscheidende Lernschritte gemacht hat, die ihr auch im Alltag helfen. »Auf so einem Kurs kann ja alles passieren. Einmal hatten wir einen Teilnehmer mit Gallenkoliken. Dann begleitest du den halt, bis der Krankenwagen kommt. Das ist natürlich eine wunderbare Gelegenheit sich zu verwickeln und daran zu leiden, dass da jemand solche Schmerzen hat und wie gefährlich das jetzt sein kann. Aber das macht es eben nicht besser, sondern eher schlimmer. Also lernt man, Mitgefühl zu haben und das zu tun, was man tun kann, was dran ist. Und siehe da: Es ist nicht mehr belastend.« Erinnern wir uns an Matthieu Ricard, den Mönch im Hirnscan und seine Beschreibung: Sobald er seinen Geist mit mettā füllte, hörte das empathische Mit*leid* auf, er konnte präsent und liebevoll sein und sich erholen. Petra erzählt von Marianne, einer anderen Lehrerin, die ihr in dieser Hinsicht ein Vorbild sei. »Die kann das. Die sagt: ›Ich vertraue auf die Lehre.‹ Das gelingt ihr wirklich, sie ist nicht gestresst, die hat kein Problem damit, einen Kurs mit hundert Leuten ganz alleine zu machen. Das belastet sie nicht.« Petra spricht etwas an, das viele Meditierende als »von dhamma getragen sein« beschreiben. Das Bewusstsein darum, in die ganze, große Lebenserfahrung eingebettet zu sein, wie ein Faden in einem Gewebe oder ein Ton im Orchester, kann ein ganz neues Vertrauen ins Leben geben. Zugehörigkeit wird spürbar, wo vorher ein Gefühl von Einsamkeit oder gar Isolation war. Man ist ein wichtiger, aber nicht zentraler Teil eines großen Ganzen.

Der Status der Lehrer ist in dieser Hinsicht ein interessanter Aspekt der Vipassana-Bewegung. Er ist denkbar unspektakulär. Die Lehrer tun ihre Arbeit. Sie betreten den Raum, nehmen Platz, sind präsent. Manchmal schalten sie ein Tonband ein, ein anderes Mal stellen sie Fragen oder hören zu, wenn Schüler Probleme schildern. Sie verdienen nichts an den Kursen, stellen ihr Können, ihre Zeit und ihre Kraft genauso unentgeltlich zur Verfügung wie alle anderen Helfer auch. Sie zu verehren oder anzuhimmeln, dazu gibt es schlicht keine Gelegenheit. Und doch ist ein Vipassana-Kurs undenkbar ohne die Unterstützung der Lehrer. Sie treten als erfahrene Gefährten in Erscheinung, die die Kursteilnehmer durch die Höhen und Tiefen der Kurserfahrung begleiten und ihnen manches Mal helfen, eine Hürde zu überwinden oder eine Stromschnelle heil zu überstehen. Vor allem sind sie durch ihr Mitgefühl präsent, das sie wie einen warmen Strom in die Halle und in jedes Gespräch fließen lassen. Denken wir noch einmal an die Heilsgeschichte des Buddha: Indem er den Käfig der eigenen Selbstbezogenheit verlässt, findet er Befreiung. Einsiedlerischer Rückzug wäre ebenso möglich gewesen – aber seine Rückkehr in die Welt steht nun unter einem anderen Vorzeichen: Es geht ihm nicht um eine Sonderstellung als ultimativ erleuchteter Oberguru, sondern, so schlicht wie groß: um Mitgefühl.

Jede Weltanschauung baut sich das Wirtschaftssystem, das zu ihr passt. So auch Vipassana. In der Maßgabe, dass die Kurse nicht für Geld angeboten werden sollen, stecken Werte, die S. N. Goenka besonders wichtig sind – und die wir über die Kette der Weitergabe der Lehre bis hin zu Siddharta, dem Buddha, persönlich zurückverfolgen können. Vipassana-Zentren könnten heutzutage aus der immer stärkeren Nachfrage jede Menge Gewinn generieren, wenn sie für die Zehntageskurse eine Gegenleistung verlangten, die sich an marktüblichen Preisen für Achtsamkeitsretreats orientiert. Sie könnten eindrucksvollere, luxuriösere Zentren errichten, zusätzliche Angebote aufbauen oder für die Zukunft vorsorgen. Das geschieht jedoch nicht – die Motivation ist nicht da, beziehungsweise: Sie ist eine andere. Natürlich werden Gelder verantwortlich angelegt, es werden auch neue Zentren gebaut, um der Menge an Interessierten, die in die Zentren strömen und zum Teil jahrelang auf einen Kurs warten, gerecht zu werden. Aber Expansion ist kein Wert an sich, ebensowenig wie Vermögen. Stattdessen geht es um Gnade. Ein großes Wort. Gnade wird gewährt, wenn der Geber keine Gegenleistung fordert. Vipassana ist keine Psychotherapie, keine Heilanstalt, deren Dienste ich als Selbstzahler oder über die gesetzliche Krankenkasse in Anspruch nehmen kann. Es ist kein Wellnessurlaub, den ich buchen und mir »gönnen« kann. Der

Kurs, seine Lehre, die hingebungsvolle Unterstützung durch Lehrer und Helfer – nichts davon kann eingefordert werden.

Vipassana kommt als ein Geschenk daher, das erst der, der es umfänglich erhalten hat, in seinem Wert ermessen kann. Die Technik gelehrt zu bekommen ist daher eine Gnade. Von Gnade ist man abhängig, man steht mit leeren Händen vor dem, der sie gibt oder nicht und wird dadurch in eine Bescheidenheit hineingezwungen, die manchem vielleicht erst einmal gar nicht liegt. Wer nicht bezahlt hat, hat auch kein »Recht« auf eine weitere Decke, wenn es nachts kälter wird. Man kann lediglich darum bitten. Oder sich dabei beobachten, dass man sich nicht traut, danach zu fragen oder es nur sehr ungern tut. Klingt ungemütlich – und tatsächlich kann es schwierig sein, sich auf dieses Prinzip einzulassen. Vielleicht ist die Kursmanagerin eine Person, die mich an meine kniepige Vermieterin erinnert und die ich ums Verrecken um nichts bitten möchte. Vielleicht fällt mir auch auf, wie bedürftig nach Aufmerksamkeit ich bin, wenn ich jeden Tag mehrfach die freiwilligen Helfer um eine wirklich nur ganz kleine Extrawurst bitte. Ein Zehntageskurs bietet jede Menge Gelegenheit, sich selbst in diversen sozialen Positionen zu erleben, sowohl für Teilnehmer als auch für Helfer.

Wie wir bereits gesehen haben, ist auch dieser ungemütliche Punkt wieder einmal eine der Herausforderungen, die sich später als besonders lohnenswert erweisen. Vipassana ist keine spirituelle Kommune, auch wenn einige freiwillige Langzeithelfer für begrenzte Zeit in den Zentren vor Ort leben. Die Bewegung hat nicht den Anspruch, eine ideale Lebensgemeinschaft aufzubauen, die sich von anderen abgrenzt. Im Gegenteil, der Anspruch ist: Was im »Vipassana-Raum« erarbeitet und eingeübt wird, soll hinaus in die Welt getragen werden, soll sich im Alltag bewähren und dort eine Hilfe sein. Mettā ist hierbei Ausgangs- wie Endpunkt der Reise. Mettā und Mitgefühl stehen für die Sehnsucht, die einen aufbrechen lässt, und für die immer wieder neu zu erlangende Offenheit, in der Mitfühlen und Lieben wieder wahrhaft möglich wird.

Im Sinne des Buddha »zurück ins Leben zu gehen« heißt, das, was man erfahren hat, im eigenen heimischen Beziehungsgeflecht zum Ausdruck zu bringen. Im besten Falle ist die Suche dort zu Ende, wo man aufgebrochen ist. Man ist da angekommen, wo man gebraucht wird, wo die eigene, ganz persönliche Bezogenheit zur Welt einen Unterschied macht und für andere wertvoll ist. Eine Rückkehr in die Welt mit mettā ist eine ohne Knalleffekte und Glitzerstaub – aber dafür mit leuchtenden Augen und warmem Herzen. Das ist es, was viele Meditierende als »Nachhausekommen« bezeichnen. Auch an dieser Stelle ist das Kurssetting eine Analogie auf das Leben. Viele Meditierende entwickeln das Bedürfnis, sich sehr explizit anderen zuzuwenden. Gerhard beginnt, im Lehrerkollegium ānāpāna weiterzugeben. Britta wird Lebensberaterin. Martin hat das dringende Bedürfnis, seine Mutter zu besuchen und sich besonders um sie zu kümmern, andere engagieren sich in der Demenzhilfe, in der Hospizarbeit oder bemerken »einfach nur«, dass ihnen die Qualität ihrer Beziehungen im Alltag viel mehr am Herzen liegt als früher. Wer mit mettā zurück in die Welt geht, geht nicht allein, sondern immer mit anderen Menschen.

Vipassana ist ein Gemeinschaftsprojekt, in der Essenz wie auch in der Umsetzung. Es geht nur miteinander. Ich brauche den anderen, damit ich mich auf neue Weise als Mensch finden kann – und auch die andere braucht mich, damit sie ganz die werden kann, die sie ist, wiedergeboren in mitfühlender Bezogenheit.

3.3 Leben in Gemeinschaft und Unvollkommenheit – Warum wir keine andere Wahl haben

Die spirituelle Dimension von Vipassana liegt nicht im Rückzug in sich selbst, sondern im Sozialen. Nur so erschließt sich, warum die Qualität von anattā, von Nicht-Ich, so heilsam ist: Menschen sind nicht von sich aus schlecht, heilig, großzügig oder verblendet. Selbst unsere innersten, für uns grundlegend charakteristischen Qualitäten verdanken wir anderen. In der buddhistischen Philosophie drückt sich diese universelle Wahrheit aus, indem Menschen, die nach Befreiung streben, gleich dreifach »Zuflucht suchen«: Zu Buddha, dhamma und sangha. Buddha geht voran und lebt den Weg vor. Dhamma lehrt das Gesetz der Bedingten Entstehung und vermittelt die Einsicht, dass der Mensch in seinem Ich-Empfinden sich seiner Umwelt beziehungsweise Mitwelt verdankt. Die sangha, die Gemeinschaft der Praktizierenden, ermöglicht es, mit- und voneinander zu lernen, einander zu zeigen, wohin der Weg führt, was es heißt Mensch zu sein. Im Sinne der Mettā-Anweisung bedeutet das ganz konkret, zunächst die eigenen Schwächen und Fehler mitfühlend anzuerkennen und sich diese zu vergeben – und dann anderen auf dieselbe Weise zu begegnen. Umgekehrt lässt sich erleben, dass auch man selbst auf diese Weise so gesehen und angenommen wird, wie man ist.

Das Setting der Vipassana-Kurse mag auf den ersten Blick rigide erscheinen. Es ist aber mit voller Absicht so gebaut, dass genau diese Erfahrung möglich wird. In der gemeinsamen Stille, in der geteilten Enthaltsamkeit, im durch das Kollektiv gehaltenen Zurückgeworfensein auf sich selbst wird es möglich, sich selbst und andere tief zu berühren und zu verwandeln.

Die zentrale Stellung von mettā für Vipassana ist nicht augenfällig, aber sehr bedeutsam. S. N. Goenka steht in einer langen Tradition, wenn er betont: Wir meditieren nicht nur für uns selbst, sondern für eine bessere Welt. Jeder einzelne Mensch, der an seiner eigenen Befreiung arbeitet, tut damit auch etwas für andere. Je mehr Menschen es gelingt, sich vom Leiden zu befreien und ihr Glück, ihren Frieden, ihr mettā mit anderen zu teilen, desto besser für den ganzen Planeten. Angesichts der massiven ökologischen und sozialen Herausforderungen, vor denen die Menschheit steht, glauben nicht wenige: Dieser Weg könnte unsere einzige Chance sein.

»In Zeiten wie diesen« – das haben Menschen vermutlich zu allen Zeiten gesagt und sich stets besonders bedroht und herausgefordert gefühlt. Was früher der Säbelzahntiger war, später der Russe oder der Franzose, das ist heute eine tiefe globale Verunsicherung, gepaart mit der sich als immer gewisser erweisenden Ahnung, dass die Spezies Mensch auf dem besten Weg ist, sich selbst das Wasser abzugraben. Spätestens im Februar 2020 ist die Weltgemeinschaft in eine kollektive Dystopie eingetreten: Ein mikroskopisch kleines Virus greift in das Leben von Milliarden Menschen massiv ein und zeigt auf vielfacher Ebene auf, wie sehr wir alle voneinander abhängen.

> »Die gesamte Welt steht in Flammen,
> die gesamte Welt geht in Rauch auf,
> die gesamte Welt brennt,
> die gesamte Welt vibriert.«[157]

Diese Verse aus dem Pali-Kanon drücken ein sehr aktuelles Lebensgefühl aus. Angesichts existenzieller Unsicherheit und abhandenkommender Gewissheiten scheint es nötiger denn je, einen Halt, eine Achse in sich selbst zu finden. Zum einen, um selbst besser über die Runden zu kommen. Dies jedoch nicht zuletzt, um aus dieser Achse heraus, von einem ruhigen, mit Liebe und Klarheit gefüllten inneren Ort aus ins Handeln zu kommen. Klares Denken und Fühlen gebiert klares Handeln, und nichts braucht diese Welt nötiger. Der Dalai Lama wandte sich am 14. April 2020 an die Öffentlichkeit mit den Worten:

> »Diese Krise zeigt uns, dass wir nicht getrennt voneinander sind – auch wenn wir weit entfernt voneinander leben. Aus diesem Grund haben wir alle eine Verantwortung: Mitgefühl zu üben und einander zu helfen.«[158]

Gemeint ist damit nicht, einfach loszurennen und draufloszulieben, jeden Menschen oder Baum zu umarmen, ob er will oder nicht. Vielmehr entspringt dieses Mitgefühl einer Haltung, wie sie Yuval Noah Harari in seinem Buch *21 Lektionen für das 21. Jahrhundert* aufzeigt: Die Selbstbeobachtung, die er skizziert, nimmt unvoreingenommen und schonungslos an, was ist. Er spricht von »Erkundungen mit offenem Ausgang«, die verstören werden – denn wir werden sehen, dass unsere »vorgefertigten Erzählungen« über uns selbst nicht stimmen.[159] Mettā meint auch auf dieser kollektiven Ebene eine Liebe, die stark genug ist, sich nicht von »Alles-wird-gut«-Versprechungen einlullen zu lassen. Mettā ist stark genug, sich auch auf den Schmerz einzulassen, auf den Verlust, auf das Ausmaß der Zerstörung. Erst ein solchermaßen unbestechlicher, furchtloser Blick macht es möglich, den destruktiven Teilen unseres Menschseins, des eigenen wie der Menschheit, mitfühlend ins Auge schauen können, ohne ihnen blind ausgeliefert zu sein. Wer diesen Schritt wagt, setzt den Fuß auf unbekanntes Terrain. Und weiß zugleich, dass es nur diese eine Befreiung gibt: Mitgefühl. Mit uns selbst und mit allen, die mit uns gemeinsam diesen wunderschönen, verstörenden, sich beständig wandelnden Planeten bewohnen.

Nachwort von Werner Vogd

Dieses Buch ist für mich etwas Besonderes. In dieser Publikation kommen vielfältige und wesentliche Aspekte meines bisherigen Lebens zusammen: mein Leben als Wissenschaftler und meine persönliche Begegnung mit den buddhistischen Lehren. Als Soziologe und Anthropologe begleite ich schon lange die Verbreitung buddhistischer Praktiken im Westen mit sozialwissenschaftlichen Methoden. Gleichzeitig praktiziere ich selbst seit mehr als dreißig Jahren Vipassana-Meditation. Hiermit verbinden sich für mich in besonderer Weise die kritische Haltung eines Wissenschaftlers, der den Dingen systematisch auf den Grund gehen möchte, mit meinen persönlichen, mir zutiefst wertvollen Erfahrungen. Auf diese für einen Wissenschaftler sowohl wunderbare wie auch anspruchsvolle Gemengelage möchte ich in diesem Nachwort eingehen.

Zunächst möchte ich meinen Dank aussprechen: der Deutschen Forschungsgemeinschaft für die Förderung zweier größerer Projekte, in denen wir sechs unterschiedliche im Westen verbreitete buddhistische Schulungswege untersucht haben.* Dabei sind wir insbesondere auch folgenden Fragen nachgegangen: Wie entwickelt sich die Biografie von Menschen, die sich intensiv auf eine langjährige Meditationspraxis einlassen? Gibt es neben den positiven Effekten auch problematische Aspekte? Wenn ja, welche Weichenstellungen entscheiden darüber? Worin unterscheiden sich unterschiedliche spirituelle Pfade? Gibt es typische Missverständnisse auf dem Pfad? Und wenn es ein »richtiges« und ein »falsches« Verstehen gibt, wie lassen sich diese voneinander unterscheiden?

All dies haben wir mittels einer Vielzahl von Interviews mit Meditierenden in den Blick genommen (darunter Anfänger, Langzeitmeditierende, sogenannte Drop-outs, also Menschen, die die Praxis wieder aufgegeben haben, sowie Lehrer und Lehrerinnen). Viele dieser Gespräche sind mir noch lebhaft in Erinnerung. Ich bin dankbar für die Offenheit der Gesprächspartner, aber auch für die tiefe Weisheit,

---

* Es handelt sich hier um die Studien *Buddhismus im Westen: Eine praxistheoretisch informierte Rekonstruktion buddhistischer Schulungsinstitutionen im deutschsprachigen Raum* (Laufzeit 1.4.2013–31.3.2016) und *Habitustransformation durch westlichen Buddhismus? Eine praxistheoretisch informierte Längsschnittstudie* (Laufzeit 1.10.2016–31.12.2020).

die in vielen dieser Dialoge aufschien. Nicht selten wurden hierdurch auch bei mir Gefühle von Zartheit und Glück wiedererweckt sowie Dankbarkeit dafür, den spirituellen Pfad der Vipassana-Praxis lernen und ausüben zu können.

Hingabe und eigene Erfahrung auf der einen Seite sowie auf der anderen Seite die kritische Reflexion und der Versuch, sich den Dingen auch von der theoretischen Seite anzunähern, stehen für mich dabei nicht im Widerspruch, sondern befruchten sich wechselseitig.

Wenn die zweieinhalbtausend Jahre alten buddhistischen Lehren und vor allem ihre Praxis uns heute etwas sagen und bedeuten können, dann vor allem deshalb, weil sich ihre Begriffe und Konzepte in unser heutiges Denken und Empfinden übertragen lassen. Die hiermit einhergehende spirituelle Praxis ist gewissermaßen zeitlos. »Spiritualität« erscheint mir dabei als eine gute Bezeichnung für das, um was es in diesem Buch geht. Der Begriff hilft, der Tatsache gerecht zu werden, dass auch Menschen, die nicht mit einer bestimmten Religion verbunden sind, existenzielle Fragen haben können, die einer Antwort bedürfen. Dieses Buch ist damit auch eine Annäherung an die Frage, was einen spirituellen Weg, im Buddhismus »Pfad« genannt, ausmacht. Wie kann ein zugleich offener und tiefer sowie den modernen Haltungen und Denkweisen angepasster spiritueller Zugang aussehen? Welche Weichenstellungen treten dabei auf, an welchen Stellen ist es wichtig, den Pfad richtig zu verstehen, wenn man nicht auf Abwege geraten und sich verirren will? Was lässt sich diesbezüglich von den alten Weisheitslehren lernen? Welche Strukturen und Haltungen sind essenziell, und welche Dogmen sind nur kulturell geprägte religiöse Ausschmückungen? Wie lassen sich Begriffe und Konzepte, die vor 2500 Jahren im indischen Kontext formuliert wurden, in unsere gegenwärtige Kultur mit den hier vorherrschenden Weltanschauungen übertragen, ohne dass Wesentliches an Bedeutung verloren geht?

Mir wurde schnell klar, dass ich dieses Buch nicht allein schreiben kann – gerade weil es so persönlich ist.* Sowohl in Hinblick auf die vielfältigen wissenschaftlichen Zugänge, mit denen ich mich an das Thema angenähert habe, als auch aufgrund meiner vielfältigen eigenen Erfahrungen würde ich einfach viel mehr sagen wollen, als

* Aus diesem Grunde hatte ich mit Dr. Jonathan Harth und Dr. Ulrike Selma Ofner zwei Wissenschaftler im Projekt, die ihrerseits noch keine Erfahrung mit buddhistischen Praxen hatten und entsprechend leichter Distanz halten konnten.

in solch ein Buch hineinpassen würde. Die vorangehenden Kapitel sollten sich nicht nur an einige wenige Kenner und Spezialisten richten. Vielmehr war es mir ein Anliegen, mit diesem Buch in einer verständlichen Sprache allen Interessierten wichtige Einsichten meiner Untersuchungen zur Vipassana-Meditation zugänglich machen.

Aus diesem Grunde bin ich Dunja Batarilo außerordentlich dankbar, dass sie zugesagt hat, das Material zu sortieren und zu gewichten sowie eine Struktur und eine angemessene Sprache dafür zu finden – und schließlich dieses Buch zu schreiben. Dunja hat als Journalistin und Kulturwissenschaftlerin nicht nur die Fähigkeit, mit dem Material in offener und sensibler Weise in Dialog zu treten, sondern auch die besondere Gabe, lebendige Worte zu finden. Sie meditiert selbst Vipassana, wenngleich sie sich eher als Anfängerin bezeichnen würde.

Dieses Nachwort ist der Ort, an dem ich persönlich einige der Stationen meines Lebens schildern möchte, die zu diesem Projekt geführt haben, sowie einige wichtige Ergebnisse vorangehender Studien in meinen eigenen Worten zusammenfassen.

Mitte der 1980er-Jahre studierte ich Biologie und begann auch Kurse in Psychologie zu belegen, da ich die Beziehung zwischen meinen bewussten und unbewussten Prozessen besser verstehen wollte. Ich war voller Fragen an mein Leben und begann, mich für körperorientierte Psychotherapieverfahren zu interessieren. Ich besuchte in Berlin eine Vielzahl von Gruppen, um eigene Erfahrungen zu machen. Mein Leben, das bisher sehr durch Lesen, Studium und politisches Engagement geprägt war, bekam hierdurch schlagartig eine neue Wendung: Ich begann meine Leiblichkeit und meine Gefühle zu entdecken. Dies war für mich wie eine Offenbarung. Etwas viel zu lang Verborgenes begann an die Oberfläche zu drängen: Die Trauer über den viel zu frühen Verlust meines Vaters und der damit einhergehende Verlust an Lebendigkeit.

1987 begann ich eine Psychotherapieausbildung in Gestalttherapie. Im gleichen Jahr empfahl mir Beate, eine Freundin, ich solle doch mal einen Vipassana-Kurs machen. Dies würde mir sicher gefallen und zudem sehr guttun. Wie auch immer, das Programm – zehn Tage Schweigen und den ganzen Tag lang meditieren – sprach mich unmittelbar an, ich meldete mich sofort beim nächsten freien Kurs an. In einer Art Jugendherberge in der Schweiz machte ich meine erste Erfahrung mit Vipassana.

Jeder Tag war eine große Herausforderung für mich. Ich konnte mich nicht so recht konzentrieren. Im ganzen Körper spürte ich die Schmerzen vom langen Sitzen, das ich damals noch nicht gewohnt war. Dennoch war ich fest entschlossen, jede Minute genau so zu üben, wie es die Lehrer angewiesen haben. Ich erschien pünktlich zu den Meditationssitzungen, hielt die sogenannten Adiṭṭhāna-Sitzungen durch. Phasen großer Unruhe wechselten sich mit friedlicheren Stunden ab, doch in all dem war ich immer bemüht, ernsthaft bei der Übung zu bleiben – also zu versuchen, halbwegs gleichmütig meinen Atem und meine Körperempfindungen zu beobachten.

Als besonders wertvoll habe ich die liebevolle Unterstützung der beiden Lehrer John und Johanna Luxford wie auch der betreuenden Kurshelfer empfunden, die für uns Meditierende sorgten. Ich fühlte mich gut aufgehoben.

Im Hinblick auf meditative Ekstasen oder außerordentliche Erlebnisse, die ich vielleicht doch ein wenig erwartet hatte, war der Kurs eigentlich recht unspektakulär. Hier gibt es nichts »Besonderes« zu berichten. Doch was ich in diesen zehn Tagen lernte, war viel wichtiger als die vergänglichen meditativen Ekstasen, die mich dann später ab und zu überkamen. Sei es über die Schmerzen oder andere leibliche Empfindungen – ich bekam wieder Zugang zu der Lebendigkeit meines Körpers. Zudem hatte die im Kurs gelebte Disziplin – insbesondere die innere Haltung, Schmerzen nicht auszuweichen, sondern sie zu untersuchen – einen sehr positiven Effekt auf mein psychisches und soziales Befinden. Ich gewann in diesen zehn Tagen das Vertrauen, dass ich mich durch Krisen und die hiermit einhergehenden unangenehmen körperlichen und geistigen Zustände hindurcharbeiten konnte, auch wenn dies mit Schmerzen verbunden war. Nach dem Kurs fühlte ich mich lebendig, kräftig und zuversichtlich, wie lange nicht mehr. Wichtige Dinge, die ich zuvor aufgeschoben hatte – etwa mein Biologiestudium zu beenden und mir ein Thema für die Abschlussarbeit zu suchen – konnte ich im Anschluss an den Kurs zügig angehen und umsetzen. Ich fand eine neue Qualität der Beziehung zu meiner Mutter und auch zu anderen mir wichtigen Menschen. All dies war so deutlich und signifikant, dass mir bereits bei der Heimfahrt klar war: Damit mache ich weiter. Ich bin bis heute bei Vipassana geblieben.

Wenn möglich, versuche ich einmal im Jahr einen Kurs zu besuchen. Am liebsten sitze ich mehrwöchige Kurse. Diese relativ lange

Zeit in der Stille und Konzentration des Kurssettings zu verbringen, scheint für mich dabei weniger ein Rückzug aus der Welt, als vielmehr eine weitere Chance, meiner Welt zu begegnen; als Möglichkeit, erneut die Hemmungen auszuräumen, die mich hindern, mir und meiner Mitwelt in lebendiger Frische gegenüberzutreten.

Gerade die intensiven, langen Vipassana-Kurse sind dabei eine schonungslose Reise zu dem, was ich bin: Sie offenbaren mir meine Reaktionsmuster, meine Sehnsüchte und Depressionen, meine Wut und Langeweile, meine Ängste und Begierden. Zugleich führen sie mich immer wieder zurück zu meiner Lebenskraft, meiner Sensibilität, meiner Freude und meiner Liebe. Gerade in der Stille offenbart sich jede Spannung und Unruhe in meinem Körper und meinem Geist, sodass ich immer wieder von Neuem die Chance bekomme, den hiermit einhergehenden kleineren und größeren Dramen mit Mitgefühl für mich selbst, aber auch mit allen anderen, die Ähnliches erlebt haben, zu begegnen.

Ich bin Heinz Bartsch dankbar, dass er mir schon bald die andere Seite von Vipassana zeigte, indem er fragte, ob ich nicht Lust hätte, bei der Betreuung von Kursen mitzuhelfen. Denn erst hierdurch schließt sich der Kreis: Sei es im Guten wie im Schlechten, wir hängen von anderen ab. Dies gilt gerade auch für Vipassana: Seien es die Generationen von Mönchen, welche Vipassana überliefert haben, die Lehrer, welche die Kurse begleiten, die vielfältigen Helfer, welche die Kurse möglich machen, oder auch einfach nur die Menschen, welche als Mitmeditierende eine Gemeinschaft ermöglichen, in der die Gnade der Selbsterkenntnis geschehen kann – es bedarf des mitfühlenden anderen.

Über viele Jahre hinweg habe ich seitdem oft bei Kursen mitgeholfen, eine Zeit lang habe ich mich in die Vipassana-Vereinigung Deutschland e. V. in verantwortlicher Position mit eingebracht. Ich hatte die Gelegenheit in Indien Kurse zu besuchen, die von S. N. Goenka persönlich geleitet wurden. Es liegt in der Natur der Sache, dass in all den Bereichen, wo Menschen zusammenarbeiten und im Guten etwas gestalten wollen, auch die menschlichen Schwächen deutlich werden. Ich habe einige Jahre gebraucht, um zu verstehen, dass dies nicht schlimm oder problematisch, sondern im Gegenteil gut so ist: Vipassana ist etwas für normale Menschen. Niemand braucht – oder sollte – sich verstellen, um heiliger und vollkommener zu erscheinen, als wir Menschen es eben sind. Gerade dies mit der Zeit akzeptieren zu können, habe ich als sehr befreiend erlebt. Jeder versucht sein Bestes – nicht mehr und nicht weniger. Auch langjährige Praktizierende, selbst der Lehrer oder die Lehrerin, dürfen mal schlecht gelaunt sein oder können sich an dem einen oder anderen Punkt verheddern. Vielmehr bin ich heutzutage aus gutem Grunde eher misstrauisch, wenn Lehrer zu vollkommen erscheinen. Sie als Quasi-Gott oder Übermensch zu sehen, etwa mit Fähigkeiten ausgestattet, mich mit einem magischen Schlag in himmlische Gefilde zu führen oder mich von meinem Ego zu befreien, stellt sich über kurz oder lang als eine Illusion dar, die letztlich nur zu Enttäuschung führt[160] – jedenfalls kaum zu Einsicht und Selbsterkenntnis.

Auch in dieser Hinsicht bietet Vipassana eine schonungslose Reise zu dem, was wir Menschen sind. Denn Vipassana sitzt nicht dem Traum einer utopischen Gemeinschaft auf, die von unfehlbaren Heiligen geführt wird – was noch niemals in der Menschheitsgeschichte gut gegangen ist. Die mit Vipassana einhergehende Selbsterkenntnis erlaubt vielmehr, auch im Hinblick auf unsere sozialen Beziehungen, die Dinge so zu sehen, wie sie eben sind.

Im Privaten heißt das, nicht zu wissen, was die Begegnung mit uns selbst und dem anderen bringen und bedeuten wird. Es bedeutet zu fühlen, wie verwundbar wir sind. Liebe ist ein anderes Wort dafür, sich auf diese Ungewissheit, dieses Risiko einlassen zu können und zu wollen. Doch zugleich können wir uns der Liebe gerade deshalb so schwer hingeben, weil sie uns an die Daseinsmerkmale unserer eigenen Endlichkeit und der abhängigen Bedingtheit unserer Existenz erinnert. Doch in der »Weigerung«, sterblich und »unvollkommen sein zu wollen«[161], verlieren wir nicht nur die Fähigkeit, über die Welt zu staunen. Wir verwickeln uns darüber hinaus in die vielfältigen Tragödien, die entstehen, wenn wir den trügerischen Sicherheiten religiöser, philosophischer und wissenschaftlicher Rede folgen. Damit verraten wir auch die Liebe, die Mitfreude und das Mitgefühl, nach denen wir uns in unserem Innersten sehnen – weil eben dies das Leben ausmacht.

1994 ermöglichte mir Prof. Ina Rösing an der Abteilung Anthropologie der Universität Ulm eine Doktorarbeit zu schreiben. Diese hatte als Thema, den Theravāda-Buddhismus mit dem soziologischen und neurobiologischen Konstruktivismus zu vergleichen. Mit dem Buch *Welten ohne Grund* habe ich die Ergebnisse dieser Studien nochmals gründlich und in einer verständlicheren Sprache aufgearbeitet und einem breiteren Publikum zugänglich gemacht.[162]

Für mich war dies zugleich Anlass und Chance, mich mit den kanonischen Schlüsseltexten der Vipassana-Bewegung auseinander zu setzen. Parallel hierzu versuchte ich insbesondere den Schriften der Neurobiologen Humberto R. Maturana und Francisco J. Varela Sinn abzuringen. Seit einigen Jahren hatte es mich zunehmend gereizt, die Verbindungen zwischen Psyche, Leiblichkeit und der Welt des Sozialen zu erkunden, und ich hatte deshalb als Zweitstudium neben der Biologie noch Psychologie angefangen. Die Ergebnisse dieser Studien sind für mich immer noch so wichtig, dass ich sie hier zumindest in knapper Form kurz vorstellen möchte.

Im Anschluss an die neueren Entwicklungen der Kybernetik und der allgemeinen Systemtheorie hat sich in den 1980er-Jahren aus den Kognitionswissenschaften eine eigenständige biologische Theorie des Erkennens unter dem Paradigma der Selbstorganisation entwickelt. Kognition, Geist, Wahrheit und Bewusstsein sind hier nicht mehr als etwas Absolutes oder etwas Dinghaftes anzusehen, sondern entstehen in Koevolution, das heißt im Prozess eines beständigen Werdens mit anderen Wesen zusammen, aus einem Fluss von Materie und Energie. Diese Sichtweise erschien mir sehr nahe an den Grundannahmen der buddhistischen Lehren gebaut. Auch der Buddhismus begreift unsere geistigen Vorgänge, unsere Kognitionen und Empfindungen als verkörperte Prozesse, die darauf beruhen, dass alle Lebewesen durch ihr Handeln und Wahrnehmen mit ihrer Umwelt verschränkt sind. Jeder Mensch, jedes Tier, jede Pflanze bringt im Prozess des ihm eigenen Erkennens aktiv seine eigene Wirklichkeit hervor.

Das Handeln eines Organismus bestimmt also, was der Organismus erkennt. Das Erleben umgekehrt formatiert die kognitiven Prozesse und wird damit in unsere nervlichen und muskulären Strukturen eingeschrieben. Die kognitive Struktur wiederum bestimmt das Handeln. Der selbstreferenzielle Zirkel von Erkennen und Handeln gestaltet damit unsere Wirklichkeit, gleichsam im Sinne einer selbsterfüllenden Prophezeiung.

Hiermit enthüllte sich mir eine moderne Fassung der buddhistischen Karma-Lehre: Unsere vergangenen Gedanken, Gefühle und Handlungen machen uns zu dem Menschen, der wir in der Gegenwart sind – und dies machen wir nicht allein, sondern mit anderen Menschen zusammen. Eine besondere Rolle spielt für uns dabei die soziale Koppelung durch unsere Sprache. Worte lösen Worte aus – im Guten wie im Schlechten. Worte können erheben oder verletzen. Mit der Gewöhnung an sprachliche Gesten und Zeichen entstehen damit auch unweigerlich Konstrukte wie »Ich«, »Selbst« und hiermit einhergehend eine von uns selbst abgetrennte »Umwelt«.

Damit ist freilich die Gefahr für das Leiden an einer tiefgehenden Entfremdung gegeben. Dieses Leid beruht darauf, dass sich unsere Erkenntnis- und Handlungspraxen von ihrem sozialen und körperlichen Ursprung lösen, der die Bedingung der Möglichkeit ihrer Verwirklichung darstellt. Wir beginnen gleichsam unsere Quelle zu vergessen – also den lebendigen Zusammenhang, entsprechend dem sich die Qualität unseres Bewusstseins der Güte unserer Beziehungen zu uns selbst und zu unserer Mitwelt verdankt. Stattdessen verheddern wir uns immer mehr in unseren selbstgeschaffenen egozentrischen Konstruktionen. Wie Maturana und Varela herausgearbeitet haben, folgt hieraus eine implizite ethische Dimension: Wir Menschen haben nur die Welt, die wir mit anderen erschaffen – ob wir sie mögen oder nicht. Ohne die Liebe, ohne die Akzeptanz des anderen, der neben uns lebt – wie auch von uns selbst –, verkümmert unsere eigene Menschlichkeit.

Eine der für mich wichtigsten Einsichten meiner Doktorarbeit – ich weiß noch, wie ich lachend auf dem Sofa versank, als ich es endlich begriffen hatte – betrifft die Sinnfrage. Bei genauerer Lektüre der einschlägigen Texte sind mir sowohl in den buddhistischen Schriften als auch in den Formulierungen des neurobiologischen Konstruktivismus zwei Implikationen deutlich geworden, durch welche sich beide Erkenntnissysteme radikal von den meisten anderen philosophischen oder religiösen Systemen unterscheiden: Es gibt hier weder eine im positiven Sinne ausformulierbare absolute Wahrheit noch einen expliziten Zweck oder Sinn außerhalb des gegenwärtig gelebten Lebens.

Maturana und Varela sprechen von der Zweckfreiheit aller biologischen Formen – denn diese entstehen allein im freien Spiel der Evolution, sie entstehen, um wieder zu vergehen und durch neue Formen ersetzt zu werden. Analog hierzu betonen die buddhistischen Lehren immer wieder die Essenz- und Substanzlosigkeit all unserer sinnlichen Erfahrungen, unabhängig ob es sich dabei um unsere höchsten Freuden, leidvolle Erlebnisse oder den normalen Alltagstrott handelt. Gerade deshalb sollten wir uns an diese weder mit unserem Begehren anhaften noch sie durch Ablehnung mit Bedeutung aufladen. Beides bringt nur Leid mit sich, da es uns von dem Fluss des unmittelbaren Lebens trennt und uns als abgespaltene und einsame Existenz verkörpern lässt. Das Leben ist das, was es ist – die Formen, die es annimmt, haben keine über sie selbst hinausweisende Bedeutung.

Doch dies ist kein Grund zur Depression oder nihilistischen Verzweiflung. Es steckt vielmehr eine frohe Botschaft darin. Gerade in der Bodenlosigkeit – im Loslassen jeglichen Anklammerns an das, was sinnhaft sein möge – offenbart sich eine unerwartete Tiefendimension der menschlichen Existenz: Denn erst, wenn wir Ziele und Zwecke sowie die hiermit einhergehenden illusionären Sinngebungen hinter uns lassen, kann sich das Mysterium des Lebens zeigen. Indem wir auf einer tiefen Ebene erkennen, dass unser Bewusstsein und unser Körper nicht verschieden von dem Beziehungsgeflecht zu sehen sind, welches wir in unserer unmittelbaren Lebenspraxis verwirklichen, zeigt sich eine implizite Ordnung.

Francisco Varela, Evan Thompson und Eleanor Rosch schreiben:

> »Zumindest liefert die Reise des Buddhismus in den Westen einige Ressourcen, die wir benötigen, um unsere eigenen kulturellen und wissenschaftlichen Prämissen bis an den Punkt weiterzuverfolgen, wo wir keine Grundlagen mehr brauchen und begehren und uns so der Aufgabe widmen können, Welten ohne Grund zu bauen und darin heimisch zu sein.«[163]

Zudem: Wer in Welten ohne Grund zuhause ist, kann im Bedingungslosen glücklich sein.

All dies ist für mich in den schönen Versen aus dem Lehrgedicht der Dhammapada, einem wichtigen kanonischen Text des Theravāda-Buddhismus, ausgedrückt:

> »Der Mönch in tiefer Einsamkeit, In seinem Herzen wohl gestillt,
> Fühlt übermenschliches Entzücken,
> So er die Wahrheit klar erschaut.
> Wenn immer er die Daseinsgruppen Verstehen und Vergeh'n erwägt,
> Erfüllt Verzückung ihn und Glück, So er das Todlose erkennt.«[164]

Wer also die Veränderlichkeit und die wechselseitige Abhängigkeit schaut und das Leid versteht, was daraus erwächst, sich als ein vermeintlich unabhängiges Seelenwesen vom Leben abzuspalten, der kommt zurück in den Fluss des Lebens.[165] In diesem Sinne würde ich Stephen Batchelor zustimmen, dessen Anliegen es ist, die alten

Quellen in die heutige Zeit zu übersetzen. Er versteht das »Todlose«, von der die buddhistischen Lehren sprechen, gerade nicht als eine transzendente Sphäre, die außerhalb des gegenwärtigen Lebens steht. Vielmehr stellt sich das Verhältnis umgekehrt dar: Denn wenn der Tod das Gegenteil vom Leben ist, dann ist das Todlose nichts anderes als die Gegenwart des jetzigen Lebens – nicht mehr und nicht weniger.[166] Oder um es mit dem Philosophen Wittgenstein auszudrücken:

> »Wenn man unter Ewigkeit nicht unendliche Zeitdauer, sondern Unzeitlichkeit versteht, dann lebt der ewig, der in der Gegenwart lebt.«[167]

Das durch die buddhistischen Lehren gegebene Versprechen der Befreiung zielt also gerade nicht darauf, Krankheit und Tod oder unsichere soziale Verhältnisse dadurch zu überwinden, dass die Seele in eine himmlische Sphäre eintritt, in der all diese Kalamitäten nicht mehr existieren. Solche Vorstellungen sind ebenfalls als Illusion zurückzuweisen – gleichsam als eine plumpe Form des »spirituellen Materialismus«.* Wer sich auf diese oder andere Weise an vermeintliche, auf die Zukunft gerichtete Zwecke, Hoffnungen und Sinngebungen – oder an idealisierte oder schuldbelastete Konstrukte der Vergangenheit – klammert, dem entgleitet das Leben. Dies ist die eigentliche Botschaft der buddhistischen Lehren. Hierum zumindest ansatzweise auf der Erfahrungsebene zu wissen, dies ist der Geschmack von Vipassana: Es gibt nichts zu erreichen, keinen Fluchtpunkt in einer höheren Transzendenz, sondern nur die Gegenwart und die subjektive Qualität der hiermit einhergehenden lebendigen Beziehungen. Das Heil liegt in einer gelungenen Beziehung zu sich selbst, in einer eigenen Leiblichkeit, die untrennbar mit der Mitwelt verflochten und verschränkt ist.**

* Der Begriff des spirituellen Materialismus wurde von Chögyam Trungpa (Trungpa 1973) geprägt.

** Die aufmerksame Leserin wird hier einen Widerspruch entdecken: Wie kann das Todlose im Vergänglichen aufscheinen? Wie können die gegenwärtig gelebten Beziehungen mit sich in Uneinigkeit, in Uneigentlichkeit, in Entfremdung von sich selbst sein? Wie kann Überweltliches, Transzendenz in diesem, konkreten Leben geschehen, indem die Gegenwart angenommen und zugleich als vergänglich betrachtet wird? Die hiermit einhergehenden Fragen und Paradoxien können nicht theoretisch, sondern nur praktisch gelöst werden. Die Vipassana-Praxis zielt letztlich auf nichts anderes als darauf, überweltliches Wissen (die Perspektive von nibbāna) im weltlichen Leben zur Geltung zu bringen – was dem, der nicht selbst praktiziert, als Paradoxon erscheinen muss. Auch deshalb wurde dieses Buch geschrieben: um am Beispiel normaler Menschen zu zeigen, was der hiermit einhergehende spirituelle Pfad bedeuten kann, ganz konkret.

Ganz in diesem Sinne berichten viele der von uns befragten Menschen, welche sich ernsthaft auf den buddhistischen Pfad begeben haben, wie sie durch Vipassana lebendiger geworden sind. Die wörtlichen oder indirekten Zitate aus den aus den vorigen Kapiteln zeugen davon. Bei manchen manifestiert sich diese Einsicht als ein diskreter, abrupter Übergang: »Heureka!«, »Ich habe es gefunden!«, »Wie konnte ich mich nur so verrennen?« mag dann vielleicht mit einem befreienden Lachen ausgestoßen werden. Die Absurdität des bisherigen Lebens und Strebens wird dann schlagartig gewahr, das Hinterherrennen und Hängen an Dingen, die keine Realität haben. Ebenso das Heilende des hiermit einhergehenden Verstehens. Bei vielen anderen Meditierenden entwickelt sich dieses Verständnis in einem langsamen, kontinuierlichen Prozess, vielleicht zunächst nur als eine Intuition, die immer stärker wird.

Wie auch immer, sei es als schlagartige Einsicht oder als langsam wachsende Intuition, ab einem gewissen Punkt wird unwiderruflich klar, dass Vipassana einfach schon deshalb zum eigenen Leben gehört, weil es eben dieses Leben in seiner vollen Blüte zum Ausdruck bringt. Vipassana erscheint dann als nichts anderes als »die Kunst des Lebens«, wie es William Hart im Titel seines gleichnamigen Buches ausgedrückt hat.[168] Doch wie jede Kunst bedarf auch diese Praxis der Obhut und Pflege.

Ich selbst hatte eine Phase – die biografischen Gründe sind hier unerheblich –, in der ich Vipassana für einige Zeit beiseitegelegt habe. Aus weltlicher Perspektive lief eigentlich mit meinem Leben alles gut, ich war beruflich erfolgreich und hatte in der Zwischenzeit geheiratet. Und dennoch bekam ich nach einiger Zeit immer mehr das Gefühl, etwas Wesentliches verloren zu haben. Mein Leben schien immer uneigentlicher zu werden, subjektiv gefühlt immer weniger mein eigenes zu sein. Als ich dann nach ein paar Jahren wieder bei einem Vipassana-Kurs war, rannen mir stundenlang Tränen über die Wangen. Ich war glücklich. Meine Sensibilität und Verletzlichkeit waren wieder da, ich konnte mich wieder spüren, fühlte mich dort, wo ich hingehörte. Auf einmal fühlte ich mich wieder lebendig. – Es ist schwierig, all dies mit Worten auszudrücken, aber ich finde die Bezeichnung, die ich hierfür in meiner Dissertation gefunden habe, trifft es immer noch: »Nachhausekommen im Sein ohne Sinn«.[169]

Genau dies habe ich in den leuchtenden Augen der Interviewpartner und -partnerinnen, mit denen ich selbst gesprochen habe, aufscheinen sehen: die Erinnerung, Vipassana geschmeckt zu haben. Wenn dies einmal geschehen ist, dann verschwindet die hiermit einhergehende Sehnsucht nach dem eigentlichen Leben nicht wieder. Seitdem habe ich meine tägliche Praxis erneut aufgenommen und regelmäßig auch wieder lange Kurse besucht – und darüber bin ich sehr glücklich.

An dieser Stelle ein Hinweis zu den im Text verwendeten Interviewzitaten: Alle Namen und andere Hinweise, welche zur Identifizierung der Gesprächsteilnehmer und -teilnehmerinnen führen könnten, sind – wie in solchen Forschungsprojekten üblich – verändert worden, um die Persönlichkeitsrechte zu wahren.

Meine jüngeren Forschungsprojekte ermöglichten mir, neben Vipassana auch andere Schulen aus buddhistischen Traditionen eingehender zu untersuchen, darunter zwei Zen-Linien und zwei Schulen aus dem tibetischen Buddhismus. Ich habe mit tibetischen Lamas und Zen-Meistern gesprochen, mit Lehrern anderer Vipassana-Richtungen und einer Vielzahl von Meditierenden – mit einigen von ihnen im Rahmen einer Längsschnittstudie mit wiederholter Befragung auch mehrmals.

Der Vergleich der Schulen hat für mich dabei auch gewisse Herausforderungen mit sich gebracht. Unweigerlich entstehen Fragen wie: Machen die anderen alles falsch und nur »wir« es richtig? Oder sind die anderen besser, auf einem »richtigeren« Weg? Was sind die Dogmen der eigenen Schule, und sind diese überhaupt nötig? Haben andere Traditionen nicht viel poetischere Texte und charismatischere Lehrer als meine eigene Vipassana-Tradition? Führen die unterschiedlichen Wege zu verschiedenen Zielen oder geht es in allen Schulen im Kern um das Gleiche? Die Vergleichsmöglichkeiten, die eine systematische wissenschaftliche Studie bietet, haben dabei nochmals meine persönlichen Erfahrungen und die hiermit einhergehenden Überzeugungen herausgefordert und in ein neues Licht gestellt. Das Schöne an der wissenschaftlichen Haltung ist, dass sie nichts für selbstverständlich gelten lässt und damit ihrerseits einen offenen Raum schafft, den Dingen neu zu begegnen.

Die Antworten, die wir auf diese Fragen gefunden haben, sind komplex. – Ja, die Praktiken sind unterschiedlich, und die Gemeinschaften unterscheiden sich in der Art und Weise, wie sie die buddhistischen Lehren umsetzen, etwa auch im Hinblick auf die Frage der Bedeutung formaler Regeln. Dieses Nachwort bietet nicht den

Raum, auf die vielfältigen Ergebnisse meiner Studien einzugehen. Nur so viel: Ich bin der Überzeugung, dass es weniger darauf ankommt, welchen Pfad ein Mensch auf sich nimmt, sondern vielmehr darauf, dass man sich wirklich für einen Weg entscheidet, ihn beschreitet und sich auf der langen Reise konsequent den Höhen und Tiefen der eigenen Selbsterkenntnis stellt. Freilich ist dabei Voraussetzung, dass die vermittelten Lehren nachvollziehbar und nicht zuletzt die Lehrer und Lehrerinnen sowie andere wichtige Vertreter der Organisation redlich sind, also ernsthaft um die Menschen bemüht, die zu ihnen kommen – was natürlich zu prüfen ist, denn sehr wohl gibt es auch korrupte Lehrer.

Wenn es die Schule ehrlich meint, zeigt sich, dass viele der typischen Probleme, die bei den Praktizierenden der einen Schule auftreten, die Adepten anderer Schulen auch durchmachen. Es liegt gewissermaßen in der Natur eines jeden ernst zu nehmenden spirituellen Pfades, dass Krisen auftauchen, dass es typische Missverständnisse gibt und Weichenstellungen auftreten, an denen sich die Chancen tieferer Einsicht und Entwicklung entweder eröffnen oder verschließen.

Vipassana, auch in der Laientradition in Folge von S. N. Goenka – und in diesem Buch geht es ausschließlich hierum –, mag vom Setting her relativ unspektakulär daherkommen, es ist aber nach meinem besten Wissen als ein vollständiges spirituelles System anzusehen.

Gleiches trifft aber auch auf viele andere Schulen zu. In diesem Sinne gilt der bewährte Ratschlag von Goenka: Probiere zu Beginn einige Angebote aus und schau, was zur eigenen Mentalität einigermaßen passt, bleibe aber dann auf dem eingeschlagenen Weg und renne bei Hindernissen nicht gleich davon, und vor allem: Übe dich in Geduld. Manchmal offenbaren sich die Früchte harter Arbeit erst nach Jahrzehnten. Wer nicht dabeibleibt, dem wird die Ernte sicherlich entgehen.

Die Vipassana-Bewegung ist interessant, weil sich anhand ihrer klaren Struktur auch die Grundstruktur eines jeden ernst zu nehmenden spirituellen Pfades verstehen lässt. Diese drückt sich in der Lebensgeschichte von Siddharta Gotama, dem Buddha, im Setting der Vipassana-Kurse wie auch in der Entwicklung von Schülern und Schülerinnen aus. In diesem Buch haben wir immer wieder auf diese Trias zurückgegriffen, um die Besonderheiten eines ernsthaften spirituellen Weges pars pro toto zu rekonstruieren.

Schon die Visuddhi-Magga, die älteste buddhistische Lehrsystematik, von dem Mönch Buddhaghosa im 5. Jahrhundert n. Chr. verfasst, benennt eine Landkarte des »fortschreitenden Erkenntnisblicks« von Vipassana.[170] Sich auf einen spirituellen Pfad einzulassen, ist etwas grundsätzlich anderes, als schnelles Glück zu suchen und dazu Methoden der positiven Psychologie oder auch MBSR* anzuwenden. Wahre Heilung bedeutet, sich auch den »negativen«, schmerzhaften Seiten unseres menschlichen Daseins zu stellen. Die christliche Mystik kennt dieses Phänomen als die »dunkle Nacht der Seele«.** Gemeint sind hiermit all die bitteren und qualvollen Zustände, die wir normalerweise abwehren und verdrängen. Genau das ist in den alten Texten systematisch beschrieben. Für mich ist es wichtig, dieses Koordinatensystem zu kennen, um nicht vorschnell aufzugeben, sondern stattdessen Krisen als notwendige Meilensteine auf dem Weg zu erkennen und gereift daraus hervorzugehen. Für beides liefert Vipassana sozusagen die Gebrauchsanweisung. Auch dieses Phänomen haben wir in diesem Buch anhand von lebendigen Beispielen deutlich gemacht.

Vipassana ist gleichsam die Alchemie des Leids. Es ist ein niemals endender Zyklus, in dem aus eigener – immer wieder auch schmerzhafter – Erfahrung Einsicht, Mitgefühl und Liebe geboren werden.

Vipassana ist damit zugleich die Kunst, das eigene Leben in eine Form zu bringen, in der sich die Sinnfrage nicht mehr stellt, weil das Potenzial des eigenen Lebens gelebt werden kann – ein Leben, das seiner Natur nach auf Instabilität, Berührbarkeit und Verletzlichkeit gebaut ist, ein Leben, dass gerade deshalb lebt, weil es auf dem Fluss ständiger Dynamik und Veränderlichkeit beruht.

In den Kursen der Tradition von Goenka, aber auch in anderen buddhistischen Schulungssystemen, erscheint Vipassana als eine Methode beziehungsweise als eine Meditationstechnik. Dies heißt jedoch nicht, dass Menschen, die keine formelle Meditationspraxis begonnen haben, nicht auch in den benannten spirituellen Zyklus eingetreten können.

Persönlichkeiten, wie Martin Luther King, Dietrich Bonhoeffer, Nelson Mandela, Malcom X und viele andere wohlbekannte wie unbekannte Menschen zeugen durch ihr Leben sowie ihre Reden und

---

* Die Abkürzung MBSR steht für *Mindfulness-Based Stress Reduction*.

** Hier in Referenz auf das Gedicht »En una noche oscura« des katalanischen Mystikers Johannes vom Kreuz.

Schriften davon, dass sie die vorangehend beschriebenen Prozesse in vielfältiger Weise durchlaufen haben. Es gibt diese großen Geister, die in der Geschichte der Menschheit Spuren der Wärme und Liebe hinterlassen und sie scheinen etwas gemeinsam zu haben. Sie sind nicht vor der Wahrheit des Leidens anderer zurückgewichen, sondern haben die Grenzen ihrer eigenen Egozentrik immer wieder überwunden, um auf diese Weise erneut mit sich selbst und anderen mitfühlend im Leben anzukommen – um dann das zu tun, was getan werden muss.

Wenige Menschen – vielleicht aber mehr als man gemeinhin denkt – begreifen die Kunst des Lebens von ganz allein, ohne einen methodisch aufgebauten Schulungsweg wie Vipassana aufzunehmen. Ich meinerseits bin jedoch äußerst dankbar, dass mir andere Menschen diesen Weg gezeigt haben und ich in den Kursen immer wieder Unterstützung finde, auf einer noch tieferen Ebene zu lernen, wohin mich mein Schicksal führt und mit wem und womit ich in meinem tiefsten Inneren schon immer verbunden bin. Vipassana bleibt für mich das größte Geschenk meines Lebens.

Berlin im Oktober 2021,
Werner Vogd

Anmerkungen

1 Batchelor 2017, S. 40.
2 Fleischman 2007. Alle Zitate aus Vorträgen von Paul R. Fleischman sind von den Autoren aus dem englischen Original frei übersetzt.
3 Pagis 2019, S. 40. Dieses und alle folgenden Zitate sind von den Autoren aus dem englischen Original frei übersetzt.
4 Vgl. Pagis 2019, S. 43.
5 Mehr zum Thema »Frauen im Buddhismus« findet sich in den Arbeiten von Carla Roloff. Siehe etwa den Vortrag »Geschlecht und Sexualität im Buddhismus und die Wechselwirkung von Gender und Religion in gesellschaftlichen Dialogprozessen«, verfügbar unter https://www.youtube.com/watch?v=QRdKa7rFxYU&feature=youtu.be [8.2.2021].
6 Siehe zu einer kritischen Betrachtung der Beziehung des buddhistischen Heilsziels und des mönchischen Lebens Asiens insbesondere Sharf 1995.
7 Mehr zum Thema der burmesischen Bewegung der Laien-Meditation bei Jordt 2007.
8 Siehe zur Bedeutung von Ledi Sayadaw, seinen historischen Kontext und seine Aufarbeitung und Interpretation der buddhistischen Lehren auch die Arbeit von Eric Braun (Braun 2013).
9 Pagis 2019, S. 26 f.
10 Siehe zur Illustration den Schweizer Dokumentarfilm »Hippie Masala – Für immer in Indien« des Filmemachers Ulrich Grossenbacher und der Anthropologin Damaris Lüthi aus dem Jahr 2006.
11 *Time Magazine*, Mai 8–15, 2005.
12 Goleman a. Davidson 2017, S. 188.
13 Siehe als gute Einführungen: Lutz, Dunne a. Davidson 2007 sowie Goleman a. Davidson 2017, S. 187.
14 Goleman a. Davidson 2017, S. 187.
15 Vgl. Kabat-Zinn 2003.
16 Goleman a. Davidson 2017, S. 250.
17 *Time Magazine*, Februar 4–11, 2019, S. 86.
18 Siehe Perelman et al. 2012.
19 Goleman a. Davidson 2017, S. 117.
20 Siehe etwa Singer u. Bolz 2013.
21 Siehe etwa Ophir, Nass a. Wagner 2009.
22 Goleman a. Davidson 2017, S. 145.
23 Goleman a. Davidson 2017, S. 189.
24 Siehe Kaliman et al. 2014.
25 Zu MBSR bei chronischen Schmerzen siehe Morone et al. 2016.
26 Schutte a. Malouff 2014.
27 Vgl. Goleman a. Davidson 2017, S. 177.
28 Siehe Jacobs et al. 2010.
29 Vgl. Goleman a. Davidson 2017, S. 180 f.
30 Segal, Williams a. Teasdale 2003.
31 So dann auch die Neurobiologen Humberto R. Maturana und Francisco J. Varela (Maturana u. Varela 1987). Vgl. auch das Kapitel »primed for love« in Goleman a. Davidson 2017.
32 Verfügbar unter https://www.welt.de/wissenschaft/article123325891/Wie-Meditation-Gehirn-und-Geist-veraendert.html [19.3.2021].
33 Jacquemont u. Davidson 2020.
34 Siehe zur Einführung, Quellenverweisen und dem Versuch, historische Gegebenheiten, Hagiographie und Legende in eine Beziehung zu setzen Michaels 2011 und Schuhmann 1994.

35 Siehe etwa den Bildband und die Dokumentation von Bedi 1991.
36 Nationalism in the 21st Century – Yuval Noah Harari at the *India Today* Conclave 2018. Verfügbar unter https://www.youtube.com/watch?v=8x3zaIYrHTs [6.1.2021].
37 Harari 2019, S. 407.
38 Harari 2019, S. 410.
39 So im Abenddiskurs zum ersten Kurstag. Verfügbar unter https://www.youtube.com/watch?v=cz7QHNvNFfA [6.7.2021].
40 Goenka 1991, S. 26.
41 Goenka 1991, S. 26.
42 Abenddiskurs, Tag 3. Verfügbar unter https://www.youtube.com/watch?v=rXXnSK2a47w [7.7.2021].
43 Maturana u. Varela 1987, S. 32.
44 Vgl. Vogd 2020.
45 Batchelor 2017, S. 22.
46 Referenz anhand der Pali-Quellen: Majjhima Nikāya 121 ff., Suññatavaggo. Eine Zusammenstellung der deutschen Übersetzungen der Pali-Quellen findet sich im Internet unter http://www.palikanon.com.
47 Batchelor 2017, S. 22.
48 So gesagt in einem persönlichen Gespräch im Rahmen der Konferenz »Säkularer Buddhismus und Ethik« am 19.10.2018.
49 Batchelor 2017, S. 22.
50 Pali-Quelle: Udāna 1.10, Bāhiya Sutta.
51 Valentin 2021.
52 Goenka 1991, S. 43.
53 Goenka 1991, S. 43.
54 Goenka 1991, S. 35.
55 Fleischman 2007.
56 Pagis 2014.
57 Pagis 2014, S. 54.
58 Fleischman 2007.
59 Fleischman 2007.
60 Pagis 2019, S. 45.
61 Pali-Quelle: Sutta Nipāta, Khagaggavisāṇa-sutta.
62 Goenka 1991, S. 35.
63 Goenka 1991, S. 35.
64 Pagis 2019, S. 72 f.
65 Zitiert nach Bolle u. Keller 2018, S. 65.
66 Pagis 2019, S. 130 ff.
67 Pagis 2019, S. 132.
68 Fleischman 1999.
69 Fleischman 2007.
70 Fleischman 2007.
71 Csíkszentmihályi 1985.
72 Goenka 1991, S. 75.
73 Goleman a. Davidson 2017, S. 44.
74 Siehe zum Beispiel Kornfield 2010.
75 Assagioli 1989.
76 Wilber 1993.
77 Vgl. dazu Vogd u. Harth 2015, S. 55.
78 Ende 1979.
79 Nationalism in the 21st Century – Yuval Noah Harari at the *India Today* Conclave 2018. Verfügbar unter https://www.youtube.com/watch?v=8x3zaIYrHTs [6.1.2021].
80 Harari 2019, S. 414.
81 Buddhaghosa 1993, S. 805 f.
82 Goenka 1991, S. 57.
83 Goenka 1991, S. 57.
84 Goenka 1991, S. 59.
85 Vgl. Di Paolo, Cuffari a. De Jaegher 2018 wie auch Vogd u. Harth 2015, S. 163 ff.
86 Fleischman 2007.
87 Batchelor 2017, S. 120.
88 Goleman a. Davidson 2017, S. 83 f.
89 Pali-Quelle: Majjhima Nikāya 79, 7. Hier zitiert nach Batchelor 2017, S. 89.
90 Paṭicca-samuppāda Sutta, Saṃyuttankāya XII, 1, zitiert nach Nyanatiloka 1981, S. 206.
91 Hart 2006, S. 43.
92 Zitiert nach Tworuschka u. Tworuschka 2018, S. 2.
93 Batchelor 2017.
94 Vgl. Tworuschka u. Tworuschka 2018.
95 So die dreifache Zuflucht, wie sie bereits in den Pali-Quellen formuliert wird. Siehe etwa Anguttara-Nikaya VIII.39.

96 So im Interview mit dem Guardian. Verfügbar unter https://www.theguardian.com/culture/2015/jul/05/yuval-harari-sapiens-interview-age-of-cyborgs [6.1.2021].
97 Siehe im Pali-Kanon etwa Sutta Nipāta 843.
98 Siehe zur Aufarbeitung dieser Geschichte aus den Pali-Quellen Batchelor 2017, S. 390.
99 Goenka 1991, S. 44.
100 Goenka 1991, S. 60.
101 Goenka 1991, S. 60.
102 Batchelor 2017, S. 69.
103 Vgl. Pagis 2019, S. 118.
104 Kübler-Ross 1972.
105 Aus »Why I sit« in Fleischman 1999, S. 11.
106 Fleischman 2007.
107 Fleischman 2007.
108 Vgl. Fleischman 2018.
109 Fleischman 2018.
110 Goleman a. Davidson 2017, S. 251.
111 Vgl. dazu Goleman a. Davidson 2017, S. 159 f.
112 Batchelor 2017, S. 128.
113 Verfügbar unter http://host.pariyatti.org/treasures/IMC_Personal_Experiences_of_Candidates.pdf [19.3.2021].
114 Siehe hierzu aus einer kritischen Perspektive auch Arbeiten von Sharf 1995 und 2000.
115 So dann Chögyam Trungpa 1973.
116 Mehr zu diesem Thema in Vogd 2019.
117 Udana VIII, 3, zitiert nach Nyanatiloka 1989b, S. 136.
118 Batchelor 2017, S. 95.
119 Batchelor 2017, S. 99.
120 Pali-Quelle: Aṅguttara Nikāya III.56, hier zitiert nach Batchelor 2017, S. 93.
121 Pali-Quelle: Majjhima Nikāya 79, 7.
122 Mehr zu den Gemeinsamkeiten von buddhistischer Philosophie und Systemtherorie in *Welten ohne Grund* (Vogd 2014).
123 Batchelor 2017, S. 131.
124 Visuddhi-Magga VIII 1.8, hier zitiert nach Govinda 1992, S. 167.
125 Pali-Quelle: Majjhima Nikāya 79, 7.
126 Sotāpattisamyatta, zitiert nach Batchelor 2017, S. 131.
127 Batchelor 2017, S. 67.
128 Batchelor 2017, S. 74.
129 Batchelor 2017, S. 18.
130 Hart 2006, S. 45.
131 So Batchelor 2017, S. 189.
132 Pali-Quelle: Udāna I.10.
133 Pali-Quelle: Visuddhi-Magga IX.1, hier zitiert nach Nyanatiloka 1989a, S. 53.
134 Maturana 1994a, S. 170.
135 Dürckheim 1989, S. 7.
136 Kantowsky 1993, S. 232.
137 Aus Erich Fromm, *Die Kunst des Liebens*, Fromm 1980, S. 37.
138 Zitiert nach Goleman a. Davidson 2017, S. 119.
139 Fleischman 2020.
140 Zitiert nach Goleman a. Davidson 2017, S. 159.
141 Zitiert nach Goleman a. Davidson 2017, S.159.
142 Vgl. Goleman a. Davidson 2017, S. 107 ff.
143 Klimecki, Ricard u. Singer 2013, S. 289.
144 Siehe auch Klimecki et al. 2012.
145 Zitiert nach Brach 2005, S. 26.
146 Davidson a. Goleman 2017, S. 120.
147 Davidson a. Goleman 2017, S. 121.
148 Siehe hierzu auch die Beschreibungen von Roland Mierzwa. Verfügbar unter https://www.glaubenssachen.de/religionsloses-christentum.html [27.12.2020].
149 Bonhoeffer 2005, S. 394.
150 Goleman a. Davidson 2017, S. 111.
151 Maturana 1994b, S. 122.
152 Maturana u. Verden-Zöller 1994, S. 96.

153 Maturana u. Verden-Zöller 1994, S.107.
154 Fleischman 2020.
155 Havel 1990, S. 220.
156 Batchelor 2017, S. 122 ff.
157 Pali-Quelle: Upacālā Sutta, Saṃyutta Nikāya V.7, hier zitiert nach Goenka (1991)
158 Verfügbar unter https://time.com/5820613/dalai-lama-coronavirus-compassion/ [29.12.2020].
159 Harari 2019, S. 426 f.
160 Siehe zur Aufarbeitung dieser Problematik mein Buch *Der ermächtigte Meister* (Vogd 2019).
161 Hier in Referenz und Anklang an Stanley Cavell: Cavell 2016, S. 779.
162 Vogd 2014.
163 Varela, Thompson u. Rosch 1992, S. 325.
164 Dhammapada 373/374, zitiert nach Visuddhi-Magga, Buddhaghosa 1993, S. 761.
165 Siehe zum praktischen Verständnis dieser Verse aus der Dhammapada ausführlicher Vogd 2014, S. 212 ff.
166 Batchelor 2017, S. 124.
167 Wittgenstein 1963, Proposition 6.4312.
168 Hart 2006.
169 Vogd 1996, S. 235.
170 Siehe Kapitel XXI der Visuddhi-Magga, Buddhaghosa 1993.

Literatur

Assagioli, R. (1989): Self-realization and psychological disturbances. In: S. Grof a. C. Grof (eds.): Spiritual emergency. When personal transformation becomes a crisis. Los Angeles (Penguin), pp. 27–48.

Batchelor, S. (2017): Jenseits des Buddhismus. Eine säkulare Version des Dharma. Berlin (edition steinrich).

Bedi, R. (1991): Sadhus. The holy men of India. New Delhi (Brijbasi).

Bolle, P. u. Keller, A. (2018): Guten Tag, haben Sie mein Glück gefunden? Im Fundbüro für Gefühle, Hoffnungen und Wünsche. Reinbek bei Hamburg (Rowohlt).

Bonhoeffer, D. (2005): Widerstand und Ergebung. Briefe und Aufzeichnungen aus der Haft (Werkausgabe, Bd. 8). Gütersloh (Gütersloher Verlagshaus).

Brach, T. (2005): Mit dem Herzen eines Buddha. Heilende Wege zu Selbstakzeptanz und Lebensfreude. München (O. W. Barth).

Braun, E. (2013): The birth of insight. Meditation, modern buddhism, and the Burmese monk Ledi Sayadaw. Chicago (University of Chicago Press).

Brück, von M. (2015): Weltinnenraum. Rainer Maria Rilkes »Duineser Elegien« in Resonanz mit dem Buddha. Freiburg/Basel/Wien (Herder).

Buddhaghosa (1993): Visuddhi-Magga. Der Weg zur Reinheit: Die grösste und älteste systematische Darstellung des Buddhismus. Aus dem Pali übersetzt von Nyanatiloka Mahathera. Konstanz (Christiani), 6. Aufl.

Cavell, S. (2016): Der Anspruch der Vernunft. Wittgenstein, Skeptizismus, Moral und Tragödie. Berlin (Suhrkamp).

Conze, E. (1988): Buddhistisches Denken. Frankfurt a. M. (Suhrkamp).

Csíkszentmihályi, M. (1985): Das Flow-Erlebnis: Jenseits von Angst und Langeweile im Tun aufgehen. Stuttgart (Klett-Cotta).

Di Paolo, E. A., E. C. Cuffari a. H. De Jaegher (2018): Linguistic bodies. The continuity between life and language. Cambridge, MA (MIT Press).

Dürckheim, K. G. (1989): Überweltliches Leben in der Welt. Der Mensch im Zeichen der Ganzwerdung. Aachen (Norbert Friedrich Weitz).

Ende, M. (1979): Die unendliche Geschichte. Stuttgart (Thienemann).

Fleischman, P. R. (1999): Karma and chaos. New and collected essays on Vipassana meditation. Onalaska, WA (Vipassana Research Publications).

Fleischman, P. R. (2007): »Vipassana. A way of life«. Vortrag, erstmals gehalten an der Harvard Medical School am 1. und 2. Juni 2007. Verfügbar unter http://events.dhamma.org/presskit/pauls-writings/A-Way-of-Life-en.pdf [24.2.2021].

Fleischman, P. R. (2018): »Don't use your meditation practice to harm yourself.« Gespräche mit »Alten Schülern«. Verfügbar unter https://store.pariyatti.org/Dont-Harm-Yourself-Old-Student-Talks-by-Paul-Fleischman-Download-and-Streaming-Audio-Vipassana [4.2.2021].

Fleischman, P. R. (2020): »Meditating in Troubled Times 2020«. Vortrag, aufgenommen am 18.4.2020. Verfügbar unter https://store.pariyatti.org/Meditating-in-Troubled-Times-Dr-Paul-R-Fleischman-Vipassana [4.2.2021].

Fromm, E. (1980): Die Kunst des Liebens. Frankfurt a. M. (Ullstein).

Goenka, S. N. (1991): Die Zusammenfassung der Diskurse. Seligenstadt (Vipassana Vereinigung Deutschland e. V.).

Goleman, D. a. J. R. Davidson (2017): The science of meditation. How to change your brain, mind and body. London (Penguin Random House).

Govinda, L. A. (1992): Die Dynamik des Geistes – Die psychologische Haltung der frühbuddhistischen Philosophie und ihre systematische Darstellung nach der Tradition des Abhidhamma. Bern/München/Wien (Scherz).

Harari, Y. N. (2019): 21 Lektionen für das 21. Jahrhundert. München (C. H. Beck), 5. Aufl.

Hart, W. (2006): Die Kunst des Lebens. Vipassana-Mediation nach S. N. Goenka. München (dtv).

Havel, V. (1990): Fernverhör: Ein Gespräch mit Karel Hvízd'ala. Hamburg (Rowohlt), 4. Aufl.

Jacobs, T. L., E. S. Epel, J. Lin et al. (2010): Intensive meditation training, immune cell telomerase activity, and psychological mediators. *Psychoneuroendocrinology* 36 (5): 664–681.

Jacquemont, G. u. R. Davidson (2020): So ändere ich mein Emotionsprofil. *Spektrum Psychologie* 5/2020. Verfügbar unter https://www.spektrum.de/news/so-aendere-ich-mein-emotionsprofil/17414788 [4.2.2021].

Jordt, I. (2007): Burma's mass lay meditation movement: Buddhism and the cultural construction of power. Athens (Ohio University Press).

Kabat-Zinn, J. (2003): Mindfulness-based intervention in context: Past, present, and future. *Clinical Psychology: Science and Practise* 10 (2): 144–156.

Kaliman, P., M. J. Alvarez-López, M. Cosín-Tomáss et al. (2014): Rapid changes in histone deacetylases and inflammatory gene expression in expert meditators. *Psychoneuroendocrinology* 40: 96-107. DOI: 10.1016/j.psyneuen.2013.11.004.

Kantowsky, D. (1993): Buddhismus. Braunschweig (Aurum).

Klimecki, O., S. Leiberg, C. Lamm a. T. Singer (2012): Functional neural plasticity and associated changes in positive affect after compassion training. *Cerebral Cortex* 23 (7): 1552–1561. DOI: 10.1093/cercor/bhs142.

Klimecki, O., M. Ricard u. T. Singer (2013): Empathie versus Mitgefühl. Erkenntnisse aus der Forschung mit Erster-Person- und Dritter-Person-Methode. In: T. Singer u. M. Bolz (Hrsg.): Mitgefühl in Alltag und Forschung [E-Book]. München (Max Planck Society), S. 282–297.

Kornfield, J. (2010): Nach der Erleuchtung Wäsche waschen und Kartoffeln schälen. Wie spirituelle Erfahrung das Leben verändert. München (Goldmann).

Kübler-Ross, E. (1972): Interviews mit Sterbenden. Berlin (Kreuz-Verlag).

Lutz, A., J. D. Dunne a. R. J. Davidson (2007): Meditation and the neuroscience of consciousness: An introduction. In: P. D. Zelazo, M. Moscovitch a. E. Thompson (eds.): The Cambridge handbook of consciousness. New York (Cambridge University Press), pp. 499–551.

Malin, S. (2006): Dr. Bertelsmanns Socken. Wie die Quantenphysik unser Weltbild verändert. Reinbek bei Hamburg (Rowohlt).

Maturana, H. R. (1994a): Neurophilosophie. In: J. Fedrowitz, D. Matejovski a. G. Kaiser (eds.): Neuroworlds. Gehirn – Geist – Kultur (Schriftenreihe des Wissenschaftszentrums Nordrhein-Westfalen, Bd. 3). Frankfurt a. M./New York (Campus), S. 152–174.

Maturana, H. R. (1994b): Was ist Erkennen? München/Zürich (Piper).

Maturana, H. R. u. F. J. Varela (1987): Der Baum der Erkenntnis: Die biologischen Wurzeln des menschlichen Erkennens. Bern/München (Goldmann), 2. Aufl.

Maturana, H. R. u. G. Verden-Zöller (1994): Liebe und Spiel: Die vergessenen Grundlagen des Menschseins. Heidelberg (Carl-Auer), 2. Aufl.

Michaels, A. (2011): Buddha: Leben, Lehre, Legende. München (C.H. Beck).

Morone, N. E., C. M. Greco, C. G. Moore et al. (2016): A mind-body program for older adults with chronic low back pain: A randomized clinical trial. *JAMA Internal Medicine* 176 (3): 329–337. DOI: 10.1001/jamainternmed.2015.8033.

Nyanatiloka (1981): Der Weg zur Erlösung. In den Worten der buddhistischen Urschriften. Konstanz (Christiani), 2. Aufl.

Nyanatiloka (1989a): Buddhistisches Wörterbuch. Konstanz (Verlag Christiani), 4. Aufl.

Nyanatiloka (1989b): Das Wort des Buddha: eine systematische Übersicht der Lehre des Buddha in seinen eigenen Worten. Konstanz (Christiani), 4. Aufl.

Ophir, E., C. Nass a. A. D. Wagner (2009): Cognitive control in media multitaskers. *Proceedings of the National Academy of sciences of the United States of America* 106 (37), 15583-15587. DOI: 10.1073/pnas.0903620106.

Pagis, M. (2014): Evoking equanimity: Silent interaction rituals in Vipassana meditation retreats. *Qualitative Sociology* 38: 39–56. DOI: 10.1007/s11133-014-9295-7

Pagis, M. (2019): Inward. Vipassana meditation and the embodiment of the self. Chicago (University of Chicago Press).

Perelman, A. M., S. L. Miller, C. B. Clements et al. (2012): Meditation in a deep south prison: A longitudinal study of the effects of Vipassana. *Journal of Offender Rehabilitation* 51 (3): 176–198. DOI:10.1080/10509674.2011.632814.

Pérez-Remón, J. (1980): Self and non-self in early buddhism. Den Haag (Mouton Publishers).

Schuhmann, H. W. (1994): Der historische Buddha. München (Diederichs), 3. Aufl.

Schutte, N. S. a. J. M. Malouff (2014): A meta-analytic review of the effects of mindfulness meditation on telomerase activity. *Psychoneuroendocrinology* 42: 45–48. DOI: 10.1016/j.psyneuen.2013.12.017.

Segal, Z., M. Williams a. J. Teasdale (2003): Mindfulness-based cognitive therapy for depression. New York (Guilford Press).

Sharf, R. H. (1995): Buddhist modernism and the rhetoric of meditative experience. *Numen* 42 (3): 228–283.

Sharf, R. H. (2000): The rethoric of experience and the study of religion. *Journal of Conscious Studies* 7 (10-11): 267–287.

Singer, T. u. M. Bolz (eds.) (2013): Mitgefühl in Alltag und Forschung [E-Book]. Verfügbar unter www.compassion-training.org [22.6.2021].

Trungpa, C. (1973): Den spirituellen Materialismus durchschneiden. Boston (Shambala).

Tugendhat, E. (2006): Egozentrizität und Mystik. Eine anthropologische Studie. München (Beck'sche Reihe), Neuauflage.

Tworuschka, M. u. U. Tworuschka (2018): Die großen Religionsstifter: Buddha, Jesus und Muhammad – ein Vergleich. Stuttgart (J. B. Metzler).

Valentin, K. (2021): Ich freue mich, wenn es regnet, denn wenn ich mich nicht freue, regnet es auch. Gerade Gedanken eines Schrägdenkers. Wiesbaden (matrix).

Varela, F., E. Thompson u. E. Rosch (1992): Der Mittlere Weg der Erkenntnis: Die Beziehung von Ich und Welt in der Kognitionswissenschaft – Der Brückenschlag zwischen wissenschaftlicher Theorie und menschlicher Erfahrung. Bern/München/Wien (Scherz).

Vogd, W. (1996): Radikaler Konstruktivismus und Theravada-Buddhismus: Ein systematischer Vergleich in Erkenntnistheorie und Ethik. (Ulmer Kulturanthropologische Schriften, Bd. 7). Ulm (Universität Ulm Kulturanthropologie).

Vogd, W. (2014): Welten ohne Grund. Buddhismus, Sinn und Konstruktion. Heidelberg (Carl-Auer).

Vogd, W. (2019): Der ermächtigte Meister. Eine systemische Rekonstruktion am Beispiel des Skandals um Sogyal Rinpoche. Heidelberg (Carl-Auer).

Vogd, W. (2020): Quantenphysik und Soziologie im Dialog. Betrachtungen zu Zeit, Beobachtung und Verschränkung. Berlin (Springer Spektrum).

Vogd, W. u. J. Harth (2015): Die Praxis der Leere. Zur Verkörperung buddhistischer Lehren in Erleben, Reflexion und Lehrer-Schüler-Beziehung. Weilerswist (Velbrück Wissenschaft).

Whitehead, A. N. (2015): Prozess und Realität. Entwurf einer Kosmologie. Frankfurt a. M. (Suhrkamp), 7. Aufl.

Wilber, K. (1993): The spectrum of pathologies. In: R. Walsh a. F. Vaughan (eds.): Paths beyond ego: The transpersonal vision. New York (Penguin), pp. 148–152.

Wittgenstein, L. (1963): Tractatus logico-philosophicus. Logisch-philosophische Abhandlung (Edition Suhrkamp, Bd. 12). Frankfurt/Main (Suhrkamp).

Über den Autor und die Autorin

Werner Vogd, Dr., Professor für Soziologie an der Fakultät für Gesundheit der Universität Witten/Herdecke. Schwerpunkte: Systemtheorie und rekonstruktive Sozialforschung, Organisation und Entscheidungsprozesse, Naturwissenschaftliche Denkformen, Religionssoziologie, insbesondere Buddhismus. Aktuell: DFG-Projekt Buddhismus im Westen. Veröffentlichungen: *Welten ohne Grund. Buddhismus, Sinn und Konstruktion* (2014), *Der ermächtigte Meister. Eine systemische Rekonstruktion am Beispiel des Skandals umd Sogyal Rinpoche* (2019).

Dunja Batarilo, Journalistin und Sachbuchautorin; Studium der Medizin, Philosophie und Kulturwissenschaften an der Universität Witten/Herdecke, Ausbildung an der Berliner Journalistenschule. Ihre Reportagen und Artikel erscheinen u. a. bei brandeins, P. M., NZZ, Frankfurter Rundschau, DER SPIEGEL, DIE ZEIT, Welt am Sonntag. Schwerpunkte: Nachhaltigkeit, Tiere, Soziales, Reportage und Portrait. Sie hat u. a. das Stipendium »Fleiß und Mut« der Stiftung Mercator und den Journalistenpreis der Agentur für Nachhaltigkeit »Unendlich viel Energie« erhalten.